알록달록 세계 문화를 입은

싱가포르
건축여행

| 만든 사람들 |

기획 인문·예술기획부 | **진행** 윤지선, 단홍빈 | **저자** 비비시스터즈
표지디자인 원은영 · D. J. I books design studio | **편집디자인** 이선주

| 책 내용 문의 |

도서 내용에 대해 궁금한 사항이 있으시면
저자의 홈페이지나 J&jj 홈페이지의 게시판을 통해서 해결하실 수 있습니다.
제이앤제이제이 홈페이지 www.jnjj.co.kr
디지털북스 페이스북 www.facebook.com/ithinkbook
디지털북스 인스타그램 instagram.com/dji_books_design_studio
디지털북스 유튜브 유튜브에서 [디지털북스] 검색
디지털북스 이메일 djibooks@naver.com
저자 연락처 info@bbsisterstours.com

| 각종 문의 |

영업관련 dji_digitalbooks@naver.com
기획관련 djibooks@naver.com
전화번호 (02) 447-3157~8

알록달록 세계 문화를 입은

싱가포르
건축여행

차례

▌ 국립박물관 도슨트 자원봉사를 하며 만난 진짜 싱가포르

부푼 희망과 설렘을 안고 싱가포르에서의 새로운 삶을 꿈꾸며 창이 공항에 내린 지도 어느덧 십년 이상의 세월이 흘렀다. 깨끗하고 질서 정연하게 가꾸어진 도시의 풍경, 그리고 한국 사람이라 하면 더욱 관심을 보이며 친근하게 대해주는 이곳 사람들, 어디를 가더라도 냉방 시설이 잘 되어 있어 적도 근처에 있다는 사실을 까맣게 잊게 해주는 이 쾌적함, 어찌 보면 모든 것이 완벽했던 싱가포르와의 첫만남은 여전히 생생한 기억으로 남아 있다.

그러나 달콤한 허니문처럼 마냥 다 좋았던 싱가포르 생활에도 슬슬 무기력이라는 녀석이 찾아 왔다. 그제야 문득 생각이 났다. 창이 공항 밖으로 한걸음 나서자마자 폐 속으로 훅 들어온 뜨겁고 습한 공기가 얼마나 우리를 숨막히게 했는지 말이다. 조금만 걸어도 비 오듯 쏟아지는 땀줄기에 나름 공들인 화장은 금세 녹아 내리기 일쑤였고, 싱가포르 풍경은 멀리서 눈으로만 보는 것이 가장 아름답다고 외치며 실외 활동을 최소화하다 보니 어느새 살도 많이 붙었더랬다. 꿈꿔왔던 외국 생활은 물론 행복했지만 어쩔 수 없이 직장을 그만 두어야 했던 아쉬움과 함께, 비록 외국 땅에 있지만 아웃사이더로만 있다 갈 것이 아니라 뭔가 의미 있는 일을 해보고 싶은 소망이 슬쩍 고개를 들었다.

그 무렵, 우리는 '프렌즈 오브 더 뮤지엄Friends of the Museums'이라는 비영리 단체를 우연히 알게 되었다. 이곳에서 정식으로 교육을 받으면 '싱가포르 국립박물관'에서 자원봉사 도슨트가 되어 박물관 해설을 할 수 있다고 했다. 세계 각국에서 온 사람들과 어울려 익숙하지 않은 영어로 공부하고 투어를 진행하는 것도 쉽지 않았지만, 전혀 모르던 분야인 싱가포르 역사를 공부하는 것은 큰 도전이었다. 그리고 한국에서 온 이방인인 우리가 과연 타국의 역사를 방문객들과 잘 나눌 수 있을지도 걱정이 앞섰다. 그러나 우리가 내세울 것은 단 한가지, 한국인의 성실함이었다! 공부한다는 핑계로 얼굴도 잘 못 내밀다 보니 '무슨 공부를 대학원 다니는 것처럼 하느냐, 그러느니 학위를 따는게 낫겠다'는 말도 심심치 않게 들었다. 무척이나 어렵고 힘들었지만 돌이켜보면 국립박물관 도슨트가 된 것은 싱가포르에서 제일 잘 한 일 중 하나라는 생각이 든다.

역사를 알게 되자 싱가포르가 진심으로 보이기 시작했다. 어떻게 싱가포르 사람들이 2개 이상의 언어를 구사할 수 있는 것인지도, '아이엠 차이니즈'라는 이들의 말이 꼭 중국 사람이라는 의미가 아니고 싱가포르 국적을 가진 싱가포르 사람이지만 중국계 민족을 뜻하는 말이라는 것도 알게 되었다. 또한 낯설게만 느껴졌던 힌두 사원이나 모스크에도 가 보고, 비주얼만 보고 겁내던 다른 문화권의 음식도 용기 내어 도전해보았다. 그리고 무엇보다도 투어를 통해 싱가포르에서 공부하고 경험한 것들을 많은 이들과 공유할 수 있다는 사실에 감사했다. 한국에서 나고 자라 평범한 직장 생활을 하던 우리가 전세계 사람들과 싱가포르 역사를 논하고 있다니! 특히 한국어 투어를 시작하면서부터는 싱가포르 이야기를 모국어로 속 시원하게 풀어낼 수 있었는데, 아무래도 영어 사용자들에 비해 양질의 컨텐츠를 접하기 어려웠던 한국인 방문객들의 반짝이는 눈빛과 뜨거운 반응에 더욱 큰 보람을 느낄 수 있었다.

여기까지 보면 우리 둘은 마치 같은 시기에 싱가포르에 건너와 쭉 함께였던 듯하다. 하지만 우리 비비시스터즈가 만난 것은 각자 박물관 도슨트가 되어 한참을 활동한 후였다. 그럼에도 이야기를 나누면 나눌수록 아주 오래전부터 알고 지낸 사이처럼 싱가포르 생활에서 느낀 생각들이 놀랍도록 비슷했다. 그리고 더 나아가 박물관 밖에도 살아 숨쉬는 역사와 문화의 현장들이 많으니 골목골목을 누비며 싱가포르의 다양한 명소를 재미나게 소개해보자는 열정으로 의기투합하여 싱가포르 최초의 한국어 워킹투어 회사인 '비비시스터즈 워킹투어'를 설립하였다. 창업이라 하기엔 거창하고 그저 우리만 알기는 아쉬운 마음으로 시작한 일이었다. 그러나 너무나 감사하게도 많은 분들께서 우리의 뜻을 알아봐 주셨고, 같은 마음의 여행자들과 만나 소중한 인연을 맺을 수 있었던 것이 무엇보다 큰 기쁨이었다. 그리고 그분들의 칭찬과 응원에 힘 입어 전에는 상상도 하지 못했던 책을 쓰는 소중한 기회도 얻게 되었다! 이 책에서는 흔히 알려진 휘황찬란한 글로벌 도시 국가로서의 싱가포르 뿐 아니라 알록달록 다양한 문화의 색깔을 입은 컬러풀한 싱가포르를 함께 소개하고자 한다. 싱가포르는 동남아시아 말레이 반도 끝에 있는 작은 섬나라에 불과하지만, 무역항구를 기반으로 일찍부터 세계와 교류해왔고 그 결과 흥미로운 역사와 다채로운 디자인을 지닌 건축물들이 공존하는 나라로 성장할 수 있었다. 싱가포르가 가진 이 훌륭한 재료에 박물관 도슨트 및 워킹투어 가이드로서의 경험과 오랜 싱가포르 생활에서 느낀 우리만의 감성을 더해보았다. 간단한 검색만으로도 여행 정보가 차고 넘치는 요즘이지만 이 책을 통해 우리와 어깨를 맞대고 수다 떨며 함께 여행하는 기분을 느낄수 있기를, 그리고 이 책이 싱가포르 곳곳에 숨겨진 보물을 찾는 작은 길잡이가되어 보다 의미 있는 여행을 만드는데 작은 보탬이 되기를 소망해본다.

▌ 일러두기

1. 책 속에 등장하는 외국어 단어, 지명, 이름 등은 최대한 외래어 표기법을 따랐으나, 현지에서 통용되는 발음과 차이가 커서 소통이 어렵다고 판단되는 경우에는 현지 발음 그대로 표기하고 영문명을 함께 실었다.

2. 박물관, 사원, 어트랙션, 쇼핑몰, 식당 소개에 표기된 영업시간 및 가격 정보는 해당 영업장의 사정에 따라 변동이 있을 수 있으므로, 방문 전 공식 홈페이지나 구글맵 등을 통해 다시 확인하길 추천한다.

PART 1

잘 몰랐지만
알면 알수록 빠져드는
싱가포르의 역사와 다문화 이야기

Chapter 1

쏙쏙 들어오는
싱가포르 역사이야기

'알면 알수록 보인다'는 말은 이제는 너무 들어 식상한 이야기일지 모른다. 그러나 한 나라의 역사를 안다는 것은 그 나라에 대한 시각을 넓혀주고, 그 나라에 대해 가졌던 제법 많은 의문점들을 해결해준다. 처음 싱가포르에 살게 되면서 궁금한 점이 참 많았는데, 가령 왜 사자 머리를 한 멀라이언이 싱가포르를 대표하는지, 왜 싱가포르에는 여기저기 래플즈라는 이름이 많은 건지, 각기 다른 생김새의 사람들 중 도대체 누가 싱가포르 사람인지, 왜 물가는 서울 이상으로 비싼 건지 등… 궁금했지만 어느 누구도 속 시원하게 풀어주지 못했던 것들을 싱가포르 역사를 통해 조금씩 답을 찾아갈 수 있었다.

'알면 알수록 더 사랑하게 된다'는 말은 우리가 싱가포르 역사를 공부하며 더욱 실감했던 이야기다. 3박 5일간의 짧은 여행이 되든, 몇 년간의 주재원 생활이 되든, 어쩌다 보니 10년이 넘게 장기 이민 생활을 하든 내가 머무는 이 나라에 애정을 갖는 것은 꽤 중요한 일이다. 왜냐하면 애정을 가진 만큼 더 많이 보고 깊이 경험할 수 있기 때문이다. 본격적으로 이 책을 시작하기에 앞서 아직은 낯선 싱가포르 역사 이야기를 쉽고 재미있게 알아보자. 역사를 알면 싱가포르에서의 여행과 삶이 몇 배는 더 즐거워질 거라는 것, 우리도 경험해봤기에 자신 있게 약속할 수 있다.

▌ 고대 싱가푸라(1300년대-1800년대) : 싱가포르는 왜 싱가포르가 되었나?

싱가포르의 상징인 멀라이언 동상

말레이 반도 끝 작은 섬나라 싱가포르는 약 700년 전까지만 하더라도 '테마섹 Temasek'이라는 이름으로 불렸다. 그렇다면 어떻게 해서 지금의 이름을 갖게 되었을까? 말레이 역사서에 담긴 오랜 전설에 따르면, 1299년 수마트라 섬에는 상닐라우타마Sang Nila Utama라는 왕자가 살고 있었다고 한다. 왕자는 어느 날 사냥을 나왔다가 우연히 바다 건너 보이는 반짝이는 예쁜 섬, 테마섹을 발견했다. 테마섹 섬이 마음에 쏙 들었던 왕자는 신하들과 함께 배를 타고 폭풍우를 헤치며 어려운 항해 끝에 마침내 그 섬에 도착했다. 섬을 탐험하던 중 우연히 붉은색 몸통에 검은색 머리를 한 희한한 동물을 발견하였는데, 모두들 이 동물이 사자일 거라고 했다. 당시 사자는 왕족을 뜻하는 좋은 징조였기에 그는 이곳에 새로운 나라를 세웠고, 그 나라에 '싱가푸라'라는 이름을 붙였다. 산스크리트어로 '싱가'는 사자, '푸라'는 도시를 뜻한다. 이것이 바로 사자의 도시, 싱가포르의 시작이며, 상닐라우타마 왕자는 싱가푸라 왕국의 첫번째 왕이 되었다. 이제 왜 사자 얼굴을 한 멀라이언 동상이 싱가포르를 대표하는지 고개가 끄덕여질 것이다.

▌ 영국 식민지 시대(1819년-1941년) : 왜 여기저기 래플즈인가?

싱가포르는 오랜 기간 영국의 식민지였다. 그 시작은 1819년 영국 동인도 회사 직원이었던 스탬포드 래플즈경이 1819년 싱가포르에 영국 항구를 설립하면서부터다. 래플즈경은 동서양을 잇는 거점에 위치한 싱가포르가 영국의 새로운 항구로 발

©비비시스터즈

싱가포르 강변에서 볼 수 있는 래플즈경 동상

전하기에 아주 좋은 입지 조건을 갖추었다고 보았다. 그러나 항구 설립을 위한 과정은 결코 쉽지만은 않았다. 당시 싱가포르를 통치하던 조호 왕국의 술탄(왕)은 이미 영국의 라이벌이었던 네덜란드와 협력관계에 있었기 때문에 영국이 항구를 세우는 것에 동의하지 않았다. 이에 래플즈경은 과거 조호 왕국 형제 간에 왕위 다툼이 있었던 것을 알고, 당시 왕좌에서 밀린 큰아들 후세인 왕자를 찾아가 싱가포르의 새로운 술탄으로 세운다. 새롭게 싱가포르의 왕이 된 술탄 후세인이 래플즈경과의 조약에 서명하며 우여곡절 끝에 무역항구가 세워질 수 있었다.

싱가포르는 곧 수많은 상인들이 오가고 차, 향신료, 도자기 등이 활발히 거래되는 성공적인 무역항으로 발전하게 된다. 그리고 생김새와 문화가 서로 다른 유럽인, 중국인, 말레이인, 인도인 등 다양한 민족들이 새로운 기회를 좇아 싱가

포르로 모여들면서 다민족 사회로의 모습을 갖추게 된다. 싱가포르가 세계적인 무역항구로 성장하며 지금의 글로벌 도시국가의 모습을 갖추게 된 데는 래플즈 경의 업적이 상당히 크다. 그래서 지금까지도 래플즈경은 '싱가포르 건국의 아 버지'로 불리고 있으며, 그의 발자취는 여전히 싱가포르 곳곳에 남아 있다. 싱가 포르에 지내다 보면 래플즈 호텔, 래플즈 플레이스, 래플즈 시티 쇼핑몰 등 그의 이름이 붙은 장소를 반드시 한 번쯤은 지나게 될 것이며, 래플즈경의 얼굴은 싱 가포르 국립박물관의 초상화 속에서, 자신만만한 포즈의 동상은 싱가포르 강변 에서 만날 수 있다.

1826년 싱가포르는 또다른 영국의 무역항구가 있던 말레이시아의 페낭, 말 라카와 함께 해협식민지Straits Settlements로 지정되어 동인도회사의 지배 하에 있다 가, 1867년에는 그 중요성이 점차 커지면서 영국 왕의 직할 식민지로 승격되어 본격적인 영국 식민지 시대가 시작된다. 특히 1869년 수에즈 운하가 개통되면 서 싱가포르 항구는 더욱 접근성이 좋아졌고 이에 따라 무역량이 폭증하여 아시 아의 대표 중계무역 항구로 세계의 주목을 받게 되었다.

▌쇼난토-일제강점기(1942년-1945년) : 우리와 같은 아픈 역사를 겪은 싱가포르

© Whoosises

창이박물관 전경

영국이 '난공불락의 요새'라고 칭 하며 안전을 자신했던 싱가포르는 1942 년 2차 세계대전에서 일본에 항복하며 우리와 같은 일제 강점기를 겪게 된다. 약 3년 반의 시간 동안 싱가포르는 '쇼 난토'라는 이름으로 불렸다. 쇼난토는 일본어로 남쪽의 빛이라는 뜻으로 굉장 히 아름다운 이름처럼 보이지만, 싱가 포르 사람들에게 쇼난토는 우리가 일제 강점기를 기억하는 것처럼 가장 어둡고 힘들었던 시기로 남아 있다. 이 시기에 가장 어려움을 겪은 민족은 싱가포르에 거주하던 중국계 이민자들이었는데 일본군에게 잔인하게 학살당했던 기록이 남아 있다. 1945년 일본이 2차 세계대전에서 패망하며 쇼난토 시기는 막을 내린다. 전쟁 후 일본이 영국에 항복했던 장소를 확인하고 싶다면 현재 내셔널 갤러리 옛 시청 건물의 시청 회의실City Hall Chamber로 가보자. 또한 싱가포르의 2차대전 역사에 대해 더 자세히 알고 싶다면 창이 박물관Changi Chapel and Museum이나 포트 실로소에 가보는 것을 추천한다.

▍독립국가 싱가포르(1946년-현재) : 싱가포르는 언제 독립국가가 되었나?

싱가포르 독립기념일 행사인 내셔널 데이 퍼레이드

일제 강점기가 끝나고 싱가포르는 다시 영국의 통치를 받게 되지만, 1959년 선거에서 싱가포르 근대사에서 아주 중요한 인물인 리콴유 총리가 초대 총리로 당선되며 싱가포르의 첫 자치정부가 탄생한다. 당시 리콴유 초대 총리가 만든 인민행동당PAP, People's Action Party은 현재까지도 싱가포르 국민들의 열렬한 지지를 받고 있다.

자치정부가 세워졌음에도 여전히 영국으로부터 완전히 독립하지 못했던 싱가포르는 1963년 말라야 연방에 편입되면서 말레이시아와 한 나라가 된다. 하지만 2년간의 짧은 합병 기간 후 싱가포르는 결국 말레이시아에서 분리되었고, 비로소 진정한 독립국가가 되었다. 이 날이 바로 1965년 8월 9일이었는데, 지금도 매년 8월 9일이 되면 싱가포르에서는 독립기념일National Day을 축하하는 큰 축제가 펼쳐진다. 싱가포르 국민들은 싱가포르 국기 색깔인 빨간색, 하얀색 옷을 맞춰 입고 내셔널 데이 퍼레이드와 화려한 불꽃놀이를 즐긴다. 독립 후 리콴유 정부의 강력하고 혁신적인 정책으로 싱가포르는 빠른 기간 내 경제 성장을 이루었으며, 글로벌한 도시 국가로 우뚝 서게 되었다. 2015년에는 싱가포르 건국 50주년을 맞아 평소보다 더욱 성대한 기념행사가 진행되었다.

Chapter 2

건국의 아버지 래플즈경의 타운 플랜
: 최초로 싱가포르 구획을 나누다

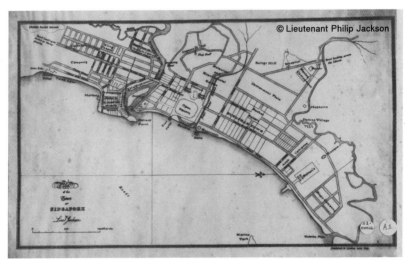

© Lieutenant Philip Jackson

래플즈 타운 플랜

여행을 다니다 보면 종종 큰 도시에는 차이나타운, 리틀 그리스, 리틀 이탈리아 등의 이름을 가진 동네를 발견할 수 있다. 이민자들이 건너와 정착한 동네로 그들의 문화를 엿볼 수 있고 무엇보다도 현지 만큼이나 맛있는 각 지역 음식을 맛볼 수 있어 이따금씩 들르게 된다. 싱가포르의 차이나타운이나 리틀인디아도 관광지로서의 역할을 톡톡히 하고 있는데, 놀랍게도 이 지역들은 200여년 전 래플즈경의 계획 하에 만들어진 곳이다!

영국 무역항구가 생기면서 싱가포르에는 일자리와 새로운 사업 기회를 찾아 다양한 사람들이 몰려 오기 시작했다. 새로 이주한 사람들은 다양한 생김새 만큼이나 다양한 문화와 종교를 갖고 있었다. 당시 싱가포르는 막 개발이 시작되어 도로부터 다리, 관공서, 시장, 종교 시설 등 사회 기반 시설 건설이 바쁘게 진행되었다. 그러나 다른 항구도시에서 행정가로 지냈던 경험이 있던 래플즈경은 싱가포르가 마구잡이로 개발되지 않고 잘 정돈된 계획 도시로 성장하기를 바랐다.

이러한 래플즈경의 이상에 따라 1822년 말 싱가포르의 타운 플랜이 세상에 나왔다. 그는 싱가포르의 주요 지역을 기능별, 민족별로 구획을 나누었는데, 이는 싱가포르의 한정된 토지를 좀 더 효율적으로 이용하고, 서로 말도 잘 통하지 않는 이민자들 사이에 생길 수 있는 분쟁을 최소화하기 위함이었다. 먼저 무역의 중심지였던 싱가포르 강을 중심으로 각종 행정기관 설립을 위한 올드시티와 상업지구(현재의 래플즈 플레이스)를 양쪽에 배치했다. 그리고 각 민족별 거주지를 분리하여 올드시티 근처로는 유럽인들의 거주지인 유럽인 마을(현재의 BBB 지역 일부)과 말레이인과 아랍상인들의 거주지인 캄퐁글람을, 상업지구 근처로는 중국인들의 거주지인 차이나타운, 인도인들의 거주지인 리틀인디아 (타운 플랜상에는 원래 차이나타운 근처였지만 후에 현재의 리틀인디아인 세랑군 로드 근처로 옮겨졌다)를 배치했다.

그렇다면 현재 싱가포르는 어떨까? 현재 싱가포르의 전체 인구는 약 570만 명에 육박하며, 다민족 국가로 싱가포르 거주자 중 중국계가 약 74.3%, 말레이계가 약 13.5%, 인도계가 약 9%, 기타 3.2%로 구성되어 있다.[*] 이렇게 인구가 많다 보니 지금은 타운 플랜에서 만들어 놓은 민족별 거주지 안에 나뉘어져 사는 것이 애초에 불가능하다. 그리고 싱가포르 정부에서도 민족별로 나누어져서 살기보다는 서로 다른 민족들이 함께 어울려 사는 것을 권장하고 있다. 다만 타운 플랜에서 형성된 지역들은 현재 대부분이 문화유산 보존지구로 지정되어, 싱가포르를 거쳤거나 혹은 지금도 싱가포르를 지키고 있는 다양한 민족들의 문화와 삶의 흔적들을 고스란히 엿볼 수 있다. 화려한 랜드마크도 좋지만 올드시티, 차이나타운, 리틀인디아, 캄퐁글람을 둘러본다면 한 나라 안에서 여러 나라를 여행하는 듯한 색다른 기쁨을 맛볼 수 있을 것이다.

---

[*] Ethnic Composition of the Resident and Citizen Population, 2020, 싱가포르 통계청

Chapter 3

교회 옆 힌두 사원,
힌두 사원 옆 모스크

© Bahnfrend

다양한 종교시설이 공존하는 사우스 브리지 로드

　싱가포르는 다양한 민족이 모여 사는 곳인 만큼 세계의 거의 모든 종교가 존재한다. 15세 이상 싱가포르 거주자 중 약 80%가 종교를 갖고 있으며, 그 중에서는 불교와 도교가 각각 31.1%, 8.8%로 둘을 합친 신자 수가 가장 많고, 기독교 18.9%, 이슬람교 15.6%, 힌두교 5.0% 의 순으로 그 뒤를 잇는다.[*] 이렇게 다양한 종교를 가진 사람들이 한 국가에 살고 있는 점도 신기하지만 진짜 놀라운 것은 이렇게 다양한 종교가 큰 갈등 없이 평화롭게 공존하고 있다는 점이다.

　차이나타운 관광의 중심지인 사우스 브리지 로드South Bridge Road를 예로 들어보자. 하나의 도로 위에 2-3백 미터 간격으로 이슬람 사원, 힌두 사원, 불교 사원, 기독교 교회가 쭉 늘어서 있어 다양한 종교가 공존하는 싱가포르의 특징을 한눈에 보여준다. 이 종교 시설들은 지금도 신자들이 수시로 방문하며 기도하는 곳인데, 이슬람 사원에서 근처 힌두 사원의 기도 소리가 생생하게 들리는 상황이 상상이 되는지. 심지어 BBB 지역Bras Basah & Bugis, 브라스바사와 부기스를 합친

---

[*]　Resident Population Aged 15 Years and Over by Religion 2020, 싱가포르 통계청

문화 예술 지구 지역의 워털루 스트리트Waterloo Street에는 힌두 사원인 스리 크리슈난 사원과 관세음보살을 모시는 불교 사원이 나란히 붙어있다. 이곳에서는 불교 신자들이 불교 사원 뿐 아니라 힌두 사원에서도 향을 피우며 기도하는 모습도 종종 볼 수 있는데, 다른 종교의 신도 함께 섬기는 보고서도 믿지 못할 상황이 눈 앞에 펼쳐지는 것이다.

싱가포르 종교의 다양성을 보여주는 또 하나의 예로 싱가포르 공휴일을 들 수 있다. 주요 종교의 기념일을 어느 한 편에 치우치지 않고 공평하게 나누어 공휴일로 지정한 정부의 세심함(?)이 돋보인다.

▌ 2022년 싱가포르 공휴일

신정 (New Year's Day)	1월 1일	
구정 (Chinese New Year)	2월 1일 2월 2일	
성금요일 (Good Friday)	4월 15일	부활 주일 전 금요일로 기독교 기념일
노동절 (Labour Day)	5월 1일	
하리라야 푸아사 (Hari Raya Puasa)	5월 3일	라마단 기간이 끝나는 날로 이슬람교 기념일
베삭데이 (Vesak Day)	5월 15일	싱가포르 석가탄신일로 불교 기념일
하리라야 하지 (Hari Raya Haji)	7월 10일	희생절, 메카 성지 순례 마지막 날로 이슬람교 기념일
독립기념일 (National Day)	8월 9일	싱가포르 독립 기념일
디파발리 (Deepavali)	10월 24일	빛의 축제라 불리는 힌두교 최대 명절
성탄절 (Christmas Day)	12월 25일	예수 그리스도의 탄생을 기념하는 기독교 명절

[표] Ministry of Manpower, 날짜는 매년 조금씩 달라질 수 있으니 여행 전 다시 한 번 확인해보자. 공휴일이 일요일인 경우에는 다음날인 월요일이 대체 휴일이 된다.

© Ray in Manila

화려한 스카이라인이 멋진 싱가포르 전경

종교가 다르다는 것은 각자의 식습관, 결혼식, 장례문화 등 일상생활의 많은 부분이 서로 다른 것을 의미한다. 그래서 이에 따른 불편함과 갈등은 흔한 일일 수밖에 없다. 종교 간 갈등이 사회 근간을 흔드는 가장 큰 위협으로 판단한 싱가포르 정부는 1990년 '종교 화합 유지법 Maintenance of Religious Harmony Act'을 제정하여 종교 화합을 저해하는 행동에 대해 강력한 처벌을 규정하고 있다. 타 종교에 대한 적대감과 증오를 유발하는 행동, 종교를 알리고 전도하며 정치적인 활동을 하는 등의 행동은 엄격하게 금지된다. 2019년 10월에는 '종교 화합 유지법 개정안'이 통과되어 최근 빈번해진 소셜미디어를 통한 타 종교에 대한 공격적인 게시물에 대해 국가가 즉각 조치할 수 있는 법적 기반을 마련하기도 했다.

싱가포르에 살면서 종교와 관련해 우리에게 가장 피부로 와 닿았던 문제는 아주 사소한 일일지 모르는 메뉴 선정이었다. 싱가포르 친구들을 초대해 한국 음식을 대접하고 싶어도 종교적인 이유로 소고기나 돼지고기를 금하는 경우가 많아서 늘 고민스러웠기 때문이다. 한국 음식에서 빼놓을 수 없는 소불고기와 돼지고기 수육은 피해야 하니 무엇을 대접해야 하나 힘들었던 시절도 있었지만, 시간이 흐르면서 우리는 점점 닭고기 요리 전문가가 되어 갔고 아예 고기를 뺀 김밥과 잡채는 빠뜨리지 않고 꼭 넣는 단골 메뉴가 되었다.

PART 2

유럽식 건축물로
싱가포르 여행에 낭만을 더해주는
올드시티(Civic District)

올드시티

"올드시티는 무슨 뜻일까요?" 투어를 시작하며 꼬마 손님들에게는 종종 이런 질문을 던진다. 조금 큰 아이들은 그런 쉬운 걸 왜 묻느냐는 표정을 지어 보이기도 하지만, "늙은 도시요!"라는 귀여운 대답이 나오면 다같이 와아 하고 웃음이 터진다. 올드시티는 우리 말로 하면 '오래된 도시' 혹은 '구 시가지'라는 뜻인데 사실 싱가포르 사람들에게 올드시티가 어디냐고 물으면 열이면 열, 모두가 모른다고 할 것이다. 그도 그럴 것이 올드시티는 한국 여행자들끼리만 쓰는 표현이고, 싱가포르에서는 시빅 디스트릭트Civic District라는 말을 쓴다. '시빅'이라는 말을 영어 사전에서 찾아보면 '도시의' 또는 '시민의'로 되어 있는데 그 뜻이 영 알쏭달쏭한 것이 우리 말로 꼭 맞아 떨어지는 표현이 없어 '올드시티'로 굳어진 듯 하다.

올드시티는 현재 지도에서 보면 – 어느 정보를 참고하느냐에 따라 조금씩 다르기도 하지만 – 주로 시청역City Hall 부근에서부터 싱가포르 강변까지의 지역을 말한다. 어느 도시를 여행하든 시청이 있는 곳(혹은 있던 곳, 싱가포르의 경우에는 후자), 그리고 도시를 관통하는 강이 흐르는 곳이 그 도시의 중심지 아니던가? 약 200년 전 래플즈경은 그의 타운 플랜에서 이 지역을 정부 기관 설립 지역으로 지정하였고, 그에 따라 가장 먼저 도심지로 발전되었다. 올드시티라는 별칭처럼 이곳에서는 마치 시간 여행을 떠난 듯 싱가포르에서 가장 역사가 깊은 오랜 건축물들을 한자리에서 만날 수 있다. 저마다의 멋을 뽐내고 있는 옛 유럽식 건축물 사이를 걷노라면 마치 유럽에 와 있는 듯한 착각이 들기도 한다.

정부 기관이 모여 있던 지역인 만큼 옛 건물들은 대부분이 관공서였지만 관공서 건물이라 해서 재미없고 지루할 거라고 생각하면 큰 오산이다! 얼핏 보면 다 비슷비슷해 보여도 각기 다른 디자인을 하고 있어서 어떤 관공서였을까 추측해보는 재미가 있다. 또한 식민지 시대에 세워진 건물들이지만 옛 모습대로 잘 보존하면서

옛 건물과 현대 건물이 조화로운 올드시티 전경

도 현재까지 계속해서 사용하고 있다는 점도 놀랍다. 어떤 건물들은 그 쓰임이 원래의 용도와 전혀 다르게 바뀌었는데 예컨대 옛 시청과 대법원 건물은 현재 국립현대 미술관인 '내셔널 갤러리 싱가포르'가 되었다. 이렇게 건물 각각에 담긴 스토리들은 알면 알수록 흥미진진하다. 한편 올드시티에 새롭게 들어선 현대식 건물들은 현대 싱가포르의 이상과 비전을 담고 있어 또 다른 의미로 매력적이다.

"그러면 싱가포르의 뉴 시티는 어디인가요?" 우리가 종종 받는 질문이다. 글쎄, 어디가 뉴 시티, 신시가지라고 해야할까? 머리를 맞대고 곰곰이 생각해본 끝에 우리는 이렇게 답한다. "바로 여기가 올드시티이자 뉴 시티입니다." 왜냐하면 이곳은 여전히 싱가포르 시내 중심부에 위치하여 도심지 역할을 하고 있으며 싱가포르에서 유동인구가 가장 많은 곳 중 하나이기 때문이다. 그리고 잘 찾아보면 현재의 주요 관공서도 올드시티 안에 은밀(?)하지만 위대하게 자리하고 있다.

마리나베이샌즈 같은 현대 고층 건물이 만들어내는 화려한 스카이라인은 싱가포르에 아무리 오래 살아도 언제나 우리의 가슴을 뛰게 한다. 그러나 올드시티를 걸을때면 늘 마음이 차분해지고 발걸음은 어쩐지 우아해진다. 화려한 도시 속에 감추어진 올드시티에서 옛 건물들을 천천히 둘러 보며 그 정취를 느껴보는 시간은 분명 싱가포르 여행에 낭만을 더해줄 것이다. 발걸음도 우아해진 김에 조금 더 여유를 부려 건물 내부도 탐방해보자. 그동안 잘 모르고 지나쳤던 올드시티의 진짜 매력을 찾을 수 있을 것이다.

Chapter 1

올드시티 여행의 출발점
: 세인트 앤드류 대성당 St Andrew's Cathedral

세인트 앤드류 대성당 St Andrew's Cathedral

- **이용시간 :** 월-토 오전 9시 ~ 오후 6시, 일요일에는 감사성찬례 참석 시에만 입장 가능
- **입장료 :** 없음
- **주의사항 :** 성당 입구에 한글 브로셔도 비치되어 있으니 참고하면 좋다. 성당 내부에서는 신자들에게 방해되지 않도록 조용히 관람하도록 하자.
- **홈페이지 :** https://cathedral.org.sg

ⓒ 비비시스터즈

세인트 앤드류 대성당 전경

한국의 지하철과 비슷한 싱가포르의 MRT를 타고 시청역에 내리면 마치 시간을 거슬러 올라간 듯 새하얗고 아담한 성당 건물이 눈에 쏙 들어온다. 세인트 앤드류 대성당은 싱가포르에 남아 있는 가장 크고 오래된 성당 중 하나로 올드시티 여행의 시작점이 된다. 시청역 근방은 교통이 편리하여 한국 여행자들이 즐겨 찾는 호텔(스위소텔 더 스탬포드, 칼튼 호텔 외)이 많은데, 위에서 내려다보면 이 성당 건물이 십자가 모양을 하고 있는 것을 발견할 수 있을 것이다. 유럽의 높고 화려한 성당 건물에 비해서는 소박하지만, 하얀색 외관으로 순수하고 경건한 느낌을 주는 이곳은 싱가포르의 역사와 함께 한 시간만큼 많은 이야기를 담고 있다.

시청역 하면 '래플즈 시티 쇼핑센터'가 가장 유명하다. 큰 호텔과 MRT역이 연결되어 있고, 쇼핑몰, 슈퍼마켓, 먹거리까지 한 자리에서 해결할 수 있어 참 편리한 곳이다. 그런데 어쩐지 쇼핑센터 이름이 낯설지 않다. 그렇다. '싱가포르 건국의 아버지 래플즈경'의 바로 그 '래플즈'다! 약 200년 전 래플즈경은 - 아마도 자신의 이름이 쇼핑센터 이름이 될지, 심지어 싱가포르에 이렇게 오랫동안 이름이 남을지는 예상치 못했겠지만 - 그의 타운 플랜에서 이곳을 성당 자리로 꼭

찜해 두었고, 싱가포르의 초기 건축가 조지 콜맨George D. Coleman에 의해 1836년 성당이 완성되었다.

싱가포르 도심지에 있는 큰 성당이기에 여행자들 중 카톨릭 신자들이 관심을 갖고 찾아 오는 경우가 종종 있다. 그러나 이곳은 사실 성공회 성당이다. 성공회는 영국의 국교로 6명의 왕비와 여성 편력으로 유명한 헨리 8세로부터 시작되었다. 당시 그는 첫번째 왕비 캐서린과 이혼을 원했지만 당시 유럽을 지배하고 있던 엄격한 카톨릭 교리에서는 이혼을 인정하지 않았다. 그러자 그는 이에 굴하지 않고 영국의 왕이 영국 교회의 수장이 된다는 수장령을 발표하고, 결국 영국의 종교는 로마 카톨릭과 분리되었다. 이렇게 영국 국왕 최초로 이혼을 한 헨리 8세와 성공회 탄생 이야기는 늘 졸기 바빴던 세계사 시간에 눈을 번쩍 뜨게 했던 사건으로 그만큼 많은 사람들에게 알려져 있다.

성당 이름에 세인트 앤드류(성인 안드레)의 이름을 붙인 이유가 궁금했는데 그 이유를 알고 보니 꽤 흥미롭다. 예수 그리스도의 12사도 중 하나인 성인 안드레는 스코틀랜드의 수호 성인이기도 하다. 이 성당을 짓는데 필요했던 건축 비용은 당시 싱가포르에 있던 스코틀랜드 상인들이 모아 기부한 것이라고 하는데, 즉 성당을 짓는데 큰 기여를 한 스코틀랜드 사람들을 기념하기 위해 성인 안드레의 이름을 붙였다고 전해진다.

성당 안 정면에는 화려한 스테인드 글라스를 볼 수 있다. 이 세 장의 스테인드 글라스는 종교적인 의미가 있다기 보다는 영국 식민지 시대의 주요 인물 3인을 기리기 위한 것이다. 가운데 있는 것은 래플즈 경, 양쪽의 두 개는 싱가포르 총독이었던 존 크로포드와 윌리엄 버터워스를 기리기 위한 것으로 유리창에는 그들 가문의 문장이 새겨져 있어 구분이 가능하다. 스테인드 글라스가 보이는 정면 오른편에는 조금 특별한 의자가 눈에 띈다. 우리 말로

ⓒ 비비시스터즈

세인트 앤드류 대성당 내부

는 주교좌라고 하는데 여기에는 싱가포르 교구에 속한 모든 성공회 교회의 수장이자 대표 성직자인 주교Bishop가 감사성찬례(성공회의 예배 의식을 일컫는 말)를 집전할 때 앉는 자리다. 영어로는 'Cathedra'라 하며 주교좌가 있는 곳을 대성당Cathedral이라고 부른다.

세인트 앤드류 대성당 하면 가장 유명한 일화는 성당이 두 번이나 번개를 맞았다는 것이다. 그러나 다행히도 번개를 맞은 건물은 현재의 성당 건물이 아니고 조지 콜맨이 지은 팔라디오 양식*의 오리지널 건물이다. 오리지널 건물의 첨탑 위에는 종이 설치되어 있었다. 리비어 벨Revere Bell이라는 이름을 가진 이 종은 싱가포르에 임명된 첫 미국 영사 조셉 발레스티어Joseph Balestier의 부인인 마리아가 기부하였다. 그녀는 이 종을 기부하면서 '매일 밤 8시가 되면 5분 동안 종을 울려 달라'는 조건을 내걸었다고 한다. 황당한 조건 같기도 하지만 이는 당시 통행금지 시간을 알리기 위함이었다. 싱가포르는 8시면 어두워지는데다 항구가 생긴 초기에는 해적들이 들끓고 범죄가 잇달아 오늘날과 같은 치안 좋기로 유명한 싱가포르가 절대 아니었기 때문이다. 다행히 통행금지령은 약 30년 후 사라졌지만 이 종을 떠올려보면 사람들이 위험을 피해 서둘러 안전한 배나 집으로 돌아가게 했던 그녀의 배려가 느껴진다. 현재 이 종은 싱가포르 국립박물관에서 만날 수 있다. 그러나 이 종이 매달려 있었던 첨탑은 안타깝게도 번개를 두 번이나 맞아 안전 상의 문제로 성당 건물과 함께 철거되었다.

현재의 세인트 앤드류 대성당 건물은 당시 공공사업국Public Works Department의 수석 엔지니어이자 관리자였던 로널드 맥퍼슨 대령이 영국 고딕 양식으로 1856년에 설계하였다. 최대한 신과 가까이 하고자 하는 마음이 담긴 높은 첨탑이 특징적이다. 흥미로운 사실은 성당을 지어 올린 노동자들이 인도의 재소자들이라는 것이다. 오래 전 영국이 재소자들을 호주로 유배 보냈듯이 영국이 인도를 식민지로 다스리는 동안 인도의 재소자들은 동남아시아로 유배를 보냈다. 싱가포르는 초기 약 50여년간 이들의 유배지로 이용됐는데, 도로와 다리를 짓고 건물

---

* 팔라디오 양식은 고대 그리스 로마시대 건축양식에 근거하여 좌우 대칭에 큰 기둥의 장식으로 단순하면서도 웅장하여 영국의 관공서 건물에서도 흔히 볼 수 있는 양식이다.

을 올릴 노동력이 필요해지자 영국은 이들을 값싼 노동력으로 이용했다.

성당 건물은 새하얀 벽 때문에 더욱 특별하게 느껴지는데, 하얀 벽의 비밀은 바로 이 인도 재소자들에게 있다. 그들은 '마드라스 추남'이라고 불리는 특별한 회반죽을 사용했는데 거기에는 석회 가루와 계란 흰자, 설탕, 코코넛 껍질을 담가 두었던 물이 들어간다고 한다. 반죽이 마르고 난 후 돌로 표면을 문지르면 매끄러우면서도 단단한 벽이 되었다. 성당을 완성하기까지 얼마나 많은 노동력이 들어갔을 지 미처 상상하기 어렵지만, 그 덕분에 지금까지도 성당이 예전 모습 그대로 튼튼하게 보존되고 있는 것 같아 새삼 고마운 마음이 든다.

세인트 앤드류 대성당은 현재까지도 많은 성공회 신자들이 신앙생활을 하기 위해 모이는 곳이며, 다인종 국가답게 일요일에는 영어, 중국어, 타밀어, 미얀마어 등을 포함한 다양한 언어로 감사성찬례가 진행된다. 성공회 신자이거나 성공회의 감사성찬례가 궁금하다면 일요일에 시간을 내어 들러보자. 하지만 나에게 익숙한 언어로 진행되는 시간대가 언제인지 미리 홈페이지에서 확인하고 가는 것이 좋겠다.

세인트 앤드류 대성당 전경

Chapter 2

옛 관공서 건물이 문화 예술 공간으로
: 내셔널 갤러리 싱가포르 외

내셔널 갤러리 싱가포르 National Gallery Singapore

● 이용시간 : 매일 오전 10시 ~ 오후 7시
● 입장료 : 성인 20불, 7-12세 아동 및 60세 이상 15불
● 주의사항 : 상설전 외 특별전 입장시 추가 요금이 있을 수 있음.
● 홈페이지 : https://www.nationalgallery.sg

내셔널 갤러리 싱가포르 전경

내셔널 갤러리 싱가포르는 올드시티 여행의 하이라이트이자 우리 비비시스터즈가 사랑하는 보물 같은 핫플레이스다. 2015년 11월 싱가포르 최초의 국립 현대 미술관으로 문을 활짝 연 이곳은 싱가포르에 있는 박물관과 미술관, 전시장을 통틀어 가장 규모가 큰 곳이기도 하다. 이곳에는 19세기부터 현재에 이르기까지 싱가포르 및 동남아시아의 예술 작품 약 8,000여점 이상이 전시되어 있으며 작품을 통해 이 지역의 역사와 문화 유산을 경험하고, 이곳 사람들의 삶의 모습과 사고 방식을 느껴볼 수 있다.

'명화가 넘쳐나는 유럽도 아니고, 싱가포르에서 웬 미술관?'이라는 생각이

들지도 모른다. 동남아시아 현대 미술이 아직 낯설게만 느껴지고, 싱가포르 '최초, 가장 큰'이라는 타이틀 때문에 괜히 부담이 느껴질지 모른다. 우리도 똑같이 그랬다. 그러나 보면 볼수록 내셔널 갤러리에 담긴 스토리와 숨겨진 매력이 너무도 많기에 더 많은 사람들이 경험해봤으면 한다. 일단 내셔널 갤러리 안으로 발걸음을 내딛어 보자. 자신도 모르게 "와" 하는 탄성이 나올 것이다. 우선은 시원한 에어컨 때문일 확률이 99%지만, 들어가보면 절대 후회 없을 것이다.

내셔널 갤러리 싱가포르 로비

시청동과 대법원동을 잇는 연결다리

내셔널 갤러리는 미술관으로서의 역사는 짧지만 올드시티의 대표적인 관공서 건물인 시청과 대법원의 두개의 건물을 합쳐 미술관으로 만들었다는 점에서 역사적으로 매우 의미 있는 건축물이다. 왼편의 푸른 돔이 있는 건물이 대법원, 오른편의 웅장한 기둥이 길게 늘어선 건물이 시청이었다. 중앙의 황금빛 발이 드리워진 내셔널 갤러리 정문으로 들어서면 나오는 로비는 원래 두 건물 사이의 야외 공간이었다. 내셔널 갤러리 프로젝트를 맡은 프랑스 건축가 장 프랑소와즈 밀로는 두 개의 옛 건물을 최대한 보존하면서도 감각적으로 합치는 것이 건축가로서 굉장히 어려운 도전이었다고 강조한 바 있다. 그는 옛 시청과 대법원 건물에 아름다운 옷(또는 베일)을 입혀 보자는 생각으로 황금빛 지붕을 씌웠다고 한다. 로비에서는 두 건물을 잇는 2개의 다리와 지붕을 받치고 있는 나무 모양의 구조물을 볼 수 있는데, 햇살이 좋은 날이면 지붕 틈 사이로 빛이 들어와 포근한 숲에 들어온 느낌이 든다.

싱가포르의 시청과 대법원이 처음으로 지어진 때는 각각 1929년과 1939년이다. 수많은 배들이 드나드는 항구 옆 해안가에 위치하고 있어 싱가포르로 들어오

시청 회의실

는 여행자들이 제일 먼저 볼 수 있는 건물이면서도 마치 지금의 마리나베이 샌즈 호텔과 같은 싱가포르의 랜드마크였던 것이다. 특히 영국 식민지 최전성기 때 지어진 시청 건물은 당시 영국에서 유행하던 네오클래식 양식으로 지어졌으며 식민지의 위상과 권위를 보여주기 위하여 18개의 화려한 코린트식 기둥과 중앙 출입구로 이어지는 웅장한 계단을 설치하였다.

시청동City Hall Wing 2층에는 싱가포르를 대표하는 작가들의 작품이 전시되어 있는 DBS 싱가포르 갤러리, 3층에는 싱텔 특별전 갤러리와 중국 현대 미술의 거장 우관종 갤러리, 리콴유 초대 총리가 취임 선서를 했던 장소로 유명한 시청 회의실City Hall Chamber이 있다. 우리가 가장 사랑하는 꼭대기 층의 파당 데크에서는 백만 불짜리 마리나베이 뷰를 원없이 감상할 수 있다. 마리나베이 샌즈 호텔을 중심으로 펼쳐지는 싱가포르의 멋진 스카이라인을 바라보면 언제나 가슴이 뻥 뚫리는 기분이다.

파당 데크에서 아래를 내려다보면 직사각형 모양의 푸른 잔디밭이 넓게 펼쳐져 있다. 이곳이 바로 '파당Padang'인데, 파당은 말레이어로 넓은 들판을 뜻한다. 영국 식민지 시절에는 이곳에서 사람들이 크리켓 경기를 즐겼다. 현재까지도 크리켓은 영국, 호주, 인도에서 가장 사랑받는 스포츠 중 하나로 큰 경기가 있을 때면 싱가포르에서도 크리켓 중계를 해주는 큰 펍들이 팬들로 가득 찬다. 파당 한쪽 편에는 지금도 '싱가포르 크리켓 클럽'이 남아 있어 당시 크리켓의 인기와 영국인들의 사교 생활을 짐작해볼 수 있다.

시청동 1층에 있는 케펠 센터Keppel Centre for Art Education에는 다양한 연령대의 어린이들이 즐길 수 있는 전시와 액티비티가 마련되어 있다. 아이들이 직접 만지고 경험하고 상상하여 미술 활동까지 즐길 수 있는 이곳은 미술관만 가면 항상 "돈 터치Don't Touch"를 외치느라 괴로웠던 부모님과 아이들을 행복하게 만들어

파당 데크에서 바라본 파노라믹 뷰

주는 마법 같은 장소다.

대법원이 지어진 1939년은 싱가포르가 경제 대공황과 2차 세계대전의 그림자 속에 경제적으로 여유가 있던 시기는 아니었으나 바로 옆에 있는 시청 건물과 스타일을 맞추고자 네오클래식 양식으로 지어졌으며 웅장한 돔과 출입구 위에 장식되어 있는 삼각형 모양의 팀파눔 장식이 건물의 웅장함을 더해준다. 팀파눔 장식 안에는 대법원 답게 정의의 여신상도 깨알 같이 들어 있으니 건물 밖에서 꼭 찾아보도록 하자.

대법원동 Supreme Court Wing에는 3,4,5층 순으로 시대의 흐름에 따라 작품을 감상할 수 있는 UOB 동남아시아 갤러리가 있다. 5층에서는 예전 법정 도서관이었던 하얀색 돔을 볼 수 있는데, 도서관 내부는 3층 입구를 통해 들어가 볼 수 있다. 대법원동에서 가장 인기있는 장소는 옛 유치장 Holding Cell이다! 대법원이던 시절 재소자들이 재판을 기다리던 감옥인데, 본래의 12개의 유치장 중 2개를 예전 모습 그대로 보존해 놓아 관광객들 뿐 아니라 현지인들도 매번 수많은 인증샷을 찍곤 한다.

(위) 대법원의 작은 하얀색 돔, (아래) 대법원 시절의 유치장

아트하우스 The Arts House at the Old Parliament

- 이용시간 : 매일 오전 10시 ~ 오후 9시
- 주의사항 : 내부 관람 가능하며, 1층에는 방문객 센터가 있다. 행사에 따라 티켓 구입 및 사전 등록이 필요한 경우가 있으니 홈페이지에서 미리 확인해보자.
- 홈페이지 : https://www.theartshouse.sg/whats-on/

© 비비시스터즈

아트하우스 전경

웅장한 규모의 내셔널 갤러리를 나서면 귀여운 코끼리 동상이 서 있는 아담한 유럽식 건물이 눈에 들어온다. 가이드북에도 빠지지 않고 소개되어 있어 늘 많은 관광객들이 발걸음을 멈추고 사진을 찍어가지만 이 건물의 정체를 확실히 알고 가는 이들은 막상 많지 않을 것이다. 건물 정면에 '더 아트 하우스 앳 더 올드 팔라먼트The Arts House At The Old Parliament'라고 적혀있듯이 이곳은 과거 싱가포르의 국회의사당 건물이었고 현재는 아트하우스라는 예술 공간으로 이용되고 있다.

그러나 이 건물의 진짜 재미난 역사는 국회의사당이 되기 이전으로 거슬러 올라간다. 이 건물은 약 200년전인 1827년, 부유한 스코틀랜드 상인 존 아가일 맥스웰John Argyle Maxwell이 싱가포르 강변에 지은 럭셔리 하우스로, 당시 싱가포르의 대표 건축가인 조지 콜맨이 팔라디오 양식으로 지었다. 세인트 앤드류 대성당의 오리지널 건물도 이 건물과 매우 흡사했는데, 성당이 이런 모습이었다고 상상해보면, 현대를 살아가는 우리 눈에도 썩 마음에 들지 않는다. 그러나 이것이 개인의 저택이었다면? 더 나아가 여기가 우리 집이라면? 하는 상상에 이르면 갑자기 이 건물이 몇 배는 더 마음에 드는 마법을 경험하게 된다. 안타깝게도 집주인 맥스웰은 이 집에서 살지 못했다. 왜냐하면 이 지역은 래플즈의 타운 플랜에 따라 행정 중심지였기에 개인 주택을 허용하지 않았기 때문이다. 그래서 처음에는 영국 관리들이 맥스웰에게 건물을 빌려 관공서로 이용하다 결국에는 정부 차원에서 건물을 사들이게 된다.

가장 처음 이곳에 들어선 관공서는 법원이었다. 그러나 싱가포르 강변의 소음으로 인해 법원은 한때 현재의 아시아 문명 박물관으로 잠시 옮겨지기도 했다. 그렇지만 확장 공사 후 다시 오랜 기간 대법원으로 사용되었고, 1939년 대법원 건물(현 내셔널 갤러리 일부)이 완공된 후에야 대법원은 새 보금자리를 찾았다. 1959년 리콴유 총리가 당선되면서부터는 본격적으로 국회의사당으로 이용되었다. 리콴유 총리는 재임기간(1959-1990) 내내 이곳에서 국회 일을 보았으며, 그의 사무실도 이곳에 있었기에 이 건물은 싱가포르에 남아있는 가장 오래된 유럽식 건축물이면서도 싱가포르 현대사에서 매우 중요한 건물이라 할 수 있겠다.

현재 아트하우스는 싱가포르 국제 아트 페스티벌, 싱가포르 비엔날레, 싱가포르 작가 페스티벌 등 다양한 예술 행사의 장으로 이용되고 있으며, 싱가포르 국회 역사에 대한 상설 전시도 있으니 여유가 있다면 둘러봐도 좋다. 국회의사당 시절의 회의장과 도서관 등이 전시장과 소극장으로 바뀐 모습을 보는 재미가 있으며, 지금의 싱가포르를 있게 한 다양한 정책이 탄생한 옛 국회 모습을 떠올려보는 것도 의미 있을 것이다.

아트하우스 건물보다 훨씬 더 우리의 눈을 사로잡는 코끼리 동상은 태국의 출라롱콘 왕(라마5세)이 싱가포르에 보낸 것이다. 코끼리는 태국에서 가장 사랑받는 동물이자 태국을 상징하는 동물로 많이들 알고 있을 것이다. 출라롱콘 왕은 태국 근대화에 크게 기여한 왕으로, 재위 기간 중 1871년에 최초로 싱가포르로 해외 순방을 나왔는데 머무는 동안 싱

ⓒ 바비시스터즈

지나는 사람들의 발길을 멈추게 하는 코끼리 동상

가포르의 후한 대접에 감사하는 의미로 이 청동 코끼리상을 선물했다. 동상을 받치고 있는 기단에는 태국어, 자위어(=말레이어를 아랍어로 표기한 글자), 중국어, 영어의 네 가지 언어로 출라롱콘 왕과 태국 왕족들의 싱가포르 첫 방문 내용이 기록되어 있다.

© Haakon S. Krohn

현재 싱가포르 국회의사당

그렇다면 현재의 국회 의사당은 어디에 있을까? 바로 아트하우스 건물 뒤, 등을 맞대고 서 있다. 아트하우스보다 훨씬 웅장한 규모에 늘 지붕 위로 싱가포르 국기가 휘날리고 있어 금방 알아볼 수 있다. 1999년에 완공된 현대식 건물이지만 올드시티에 있는 다른 건물들과 비슷한 양식으로 지어져 주변과 잘 어우러진다. 싱가포르 강변에 위치하여 강변을 따라 산책하거나 리버크루즈 유람선을 타고 가다 보면 반드시 만나게 되는 건물이기도 하다.

아시아 문명 박물관 Asian Civilisations Museum

- 이용시간 : 매일 오전 10시 ~ 오후 7시, 금요일은 오후 9시까지
- 입장료 : 성인 25불, 7-12세 아동 및
- 주의사항 : 상설전 외 특별전 입장시 추가 요금이 있을 수 있음.
- 홈페이지 : https://www.nhb.gov.sg/acm

© 비비시스터즈

아시아 문명 박물관 전경

아시아에서 가장 작은 나라 중 하나인 싱가포르에 '아시아 문명'이라는 거창한 이름을 가진 박물관이 있다. 이름만으로도 매력적인데 최고의 위치인 싱가포르 강변에 자리하고 있어서 올드시티를 여행하다 들르면 참 좋

은 박물관이다. 우리가 맨 처음 이 박물관에 갔었던 때를 돌이켜보면 꽤 낯설고 어렵다는 느낌을 받았던 것 같다. 중국 도자기와 불상에서부터 난생 처음 본 힌두교 신상, 이슬람 교도들의 성지순례지 메카에 있는 신전(카바)을 장식하기 위해 장인들이 금실로 코란 구절을 수놓아 만든 키스와라는 커버, 실제 사람의 머리카락으로 장식되어 있는 보르네오 섬 어느 부족의 방패와 같은 유물들은 말 그대로 압도적이었지만, 이들을 아우르는 큰 주제가 무얼까 하는 궁금증이 늘 남아 있었다. 그러나 점차 싱가포르가 다인종, 다문화 국가라는 점을 직접 피부로 느끼면서 비로소 이 박물관은 싱가포르 문화의 근간을 깊이 있게 배울 수 있는 곳이구나 하는 깨달음을 얻을 수 있었고, 더욱 애정을 가질 수 있었다.

2층 고대 종교 갤러리

아시아 문명 박물관은 싱가포르 문화에 크게 영향을 끼친 중국, 동남아시아, 인도, 이슬람 문명을 소개하고 있으며, 여러 유물을 통해 싱가포르 인구를 구성하고 있는 다양한 민족들의 문화적 뿌리를 알아볼 수 있도록 구성되었다. 3층으로 나누어져 있는 상설 전시 갤러리는 각 층마다 무역Trade, 종교와 신념Faith and Belief, 직물과 디자인Materials and Design의 3가지 주제로 꾸며져 있어 자신의 흥미에 따라 관람이 가능하며, 2층 특별전시실에서는 시시때때로 흥미로운 특별전이 열린다. 2017년에는 조선전Joseon Korea : Court Treasures and City Life을 열어 싱가포르의 많은 한류 팬들이 한국 전통문화에도 주목하는 계기가 되었고, 2019년 래플즈전Raffles in Southeast Asia에서는 싱가포르 건국의 아버지인 래플즈경의 또다른 면모를 볼 수 있던 계기가 되었다.

재미있게도 우리 동년배 이상의 싱가포르 친구들은 아시아 문명 박물관 건물을 여권을 처음 만들었던 장소로 기억한다. 왜냐하면 이 박물관도 처음에는 관공서 건물이었기 때문이다. 아트하우스 건물과 비슷한 네오 팔라디오 양식을 하고 있는 이 건물은 1867년 법원으로 지어졌으나, 당시 관공서 건물이 많이 부족했기에 법원 대신 정부사무국, 공공사업 및 의무부, 재무부 등 다양한 정부 부

1층 당나라 난파선 갤러리   2층 조상과 의례 갤러리

서의 사무실로 쓰였다. 리콴유 총리가 이끄는 자치 정부가 시작된 1959년부터
는 이민관리국, 출생 및 사망 등록소 등으로 이용되었다. 아마도 우리의 싱가포
르 친구들은 이곳 이민관리국에서 여권을 발급 받았으리라.

박물관 내부까지 관람할 여유가 없거나 아시아 유물에 크게 흥미가 없더라
도 그냥 지나치지는 말자. 박물관 야외 카페에서 따스한 햇살과 살랑거리는 바
람을 맞으며 커피나 와인 한잔을 해도 좋고, 1층 기념품 샵에 들러 싱가포르 감
성이 느껴지는 에코백이나 자그마한 액세서리 같은 나만을 위한 선물을 구입해
도 좋으니 말이다.

빅토리아 극장과 콘서트홀 Victoria Theatre & Concert Hall

● 이용시간 : 매일 오전 10시 ~ 오후 9시
● 주의사항 : 공연 정보 및 티켓 구입은 홈페이지를 확인해보자.
● 홈페이지 : https://www.vtvch.com

올드시티를 걷다 보면 어디선가 "댕, 댕, 댕…" 하고 울려 퍼지는 고즈넉한
종소리가 들릴 것이다. 아니, 어쩌면 종소리를 전혀 못 들을 지도 모른다. 왜냐하
면 이 종소리는 착한 사람들에게만 들리는 것…은 아니지만, 참 묘하게도 여유
를 갖고 관심을 기울였을 때 비로소 들리기 때문이다. 싱가포르에 살며 수없이
이곳을 지나쳤지만 처음으로 종소리를 들었던 것은 투어 가이드 시험 준비로 올
드시티를 헤집고 다니다 강변 벤치에 앉아 잠시 숨을 돌리고 있을 때였다. 그때
는 당연히 세인트 앤드류 대성당에서 나는 소리겠지 했는데 그게 아니었다. 종

빅토리아 극장과 콘서트홀 전경

소리의 정체를 알았을 때 우리는 두 번 놀랐다. 첫번째는 종소리가 성당이 아닌 빅토리아 극장과 콘서트홀 건물에서 흘러 나온다는 점, 두번째는 이 종이 15분마다 한번씩 울린다는 점이었다. 그렇게 종이 자주 울렸던가? '댕'하는 종소리에 머리 속이 '멍'해지는 순간이었다.

빅토리아 극장과 콘서트홀은 멀리서 외관만 바라봐도 절로 미소가 지어지는데, 특히 날씨가 좋은 날에는 파란 하늘과 하얀 건물, 푸른 잔디까지 삼박자가 맞추어져 그 아름다움이 배가 된다. 투어 내내 사진 찍는 걸 별로 내키지 않으시다가도 이 앞에만 서면 서둘러 핸드폰을 꺼내 드는 분들을 많이 보았다. 이 아름다운 건물은 싱가포르에서 가장 오랜 역사를 자랑하는 예술 공연장으로, 건물을 바라보았을 때 왼편의 극장Theatre과 오른편의 콘서트홀이 시계탑을 중심으로 조화롭게 대칭을 이루고 있다.

극장과 콘서트홀 건물은 서로 쌍둥이처럼 닮았지만, 실제로 두 건물 사이에는 43년의 시간 차가 있다. 처음에는 극장 쪽 건물만 단독으로 지어져 자그마한 공연장이 딸린 시 의회 건물로 사용되었다. 그러다 1901년 빅토리아 여왕이 세상을 떠나자 싱가포르에서도 이를 기리기 위한 기념관을 짓기로 했고, 의회 건물도 기념관 공사에 통합하기로 한다. 그래서 의회 건물 옆에 비슷한 양식의 기념관 건물을 지은 후, 둘 사이에 54미터 높이의 시계탑을 세워 하나로 합쳤

© Alexander Bassano

영국의 빅토리아 여왕

다. 그리고 의회 건물은 아예 극장으로 바뀌면서 '빅토리아 극장'과 새로운 '빅토리아 메모리얼홀(기념관)'이 탄생했다. 빅토리아 여왕은 '해가 지지 않는 나라'로 불렸던 19세기 영국의 최전성기 때의 여왕으로 64년의 통치 기간 동안 세계 곳곳에 식민지를 확보하였다. 영국이 밤이더라도 식민지 중 어느 한 곳은 낮일 것이기에 이런 말이 생겼다고 하는데, 영국보다 8시간이 빠른 싱가포르도 영국이 밤일 때 낮이었던 식민지 중 하나였으리라.

문제의 종소리는 바로 중앙 시계탑에서 울린다. 시계탑 꼭대기에는 5개의 종이 있으며 매 15분마다 울리도록 설계되었다. 2010년부터 2014년 사이의 대대적인 보수 공사 이전만 하더라도 이 시계는 정기적으로 사람이 직접 태엽을 감아 주어야만 작동됐다고 한다. 글로만 봤을 때는 그런가 보다 했는데, 우연히 과거 시계탑 관리자로 근무하던 분의 인터뷰 영상을 보고 마음이 숙연해졌다. 시계탑까지 백 개가 훨씬 넘는 계단을 항시 오르내려야 했고, 시계가 정확히 작동하도록 적어도 4일에 1번은 살펴야 했다고 하셨다. 이 일을 하면서는 여행도 못 가고 병가도 못 썼다고 투정 섞인 말투로 말씀하셨지만 그 속에는 뿌듯함과 보람도 함께 묻어났다. 어찌 보면 15분마다 종이 울리는 것은 참 고마운 일이다. 최대 15분만 기다리면 종소리를 들을 수 있으니 말이다. 이곳을 지난다면 잠깐의 여유를 내어 종소리에 귀를 기울여보는 것은 어떨까.

현재 빅토리아 극장과 콘서트홀은 각각 600명 이상 수용 가능한 멋진 공연장이 되었다. 내부에 들어서면 마치 유럽의 공연장에 들어온 듯 고풍스러운 우아함이 느껴진다. 2018년에는 싱가포르 국제 피아노 페스티벌에 조성진 피아니스트가 초청되었는데, 아직도 여길 지날 때면 당시 표를 구하지 못해 아쉬웠던 마음이 생생히 떠오른다. 싱가포르 심포니 오케스트라의 공연부터 뮤지컬, 어린이들을 위한 연극, 외국 연주자들의 초청 공연까지 다양한 공연이 마련되어 있으니 홈페이지에서 공연 및 티켓 정보를 확인해 보는 것도 좋겠다.

Chapter 3

당신이 꼭 알아야 할
래플즈경 이야기

래플즈 호텔

래플즈 플레이스 MRT역 입구

    새하얀 빅토리아 극장과 콘서트홀 바로 앞에는 멀리 마리나베이 샌즈 호텔을 바라보며 서 있는 검은색 동상이 있다. 누가 봐도 아주 중요한 인물처럼 보이는 이 동상의 주인공은 바로 싱가포르 건국의 아버지 스탬포드 래플즈경이다. 지금도 싱가포르에서는 그의 이름을 심심치 않게 발견할 수 있는데, 사실상 싱가포르에서 래플즈라 하면 '최고의, 가장 좋은'이라는 말과 동의어로 봐도 무방하다. 그만큼 래플즈 이름이 붙은 곳은 실제로 싱가포르 최고의 호텔, 최고의 병원, 최고의 명문 학교, 최고의 금융 중심가이며, 실제로 싱가포르에서 회사 설립 시 업체명으로 래플즈 이름을 쓰는 것은 꽤 까다롭다는 것이 공공연한 사실이다.

    싱가포르에는 래플즈경 동상이 2개가 있는데, 모두 올드시티에 자리하고 있다. 한국인 관광객들에게는 아직 멀라이언 동상보다 인지도가 훨씬 떨어지지만 서양 관광객들에게는 반드시 들러야 하는 인기 명소다. 두 개의 동상은 색깔만 다를 뿐 쌍둥이처럼 똑같은 모습을 하고 있다. 알고 보니 영국 식민지 때 만들어진 오리지널 검은색 동상에 틀을 만든 후 하얀색 폴리마블이라는 재료를 부어 똑같이 찍어 냈다고 한다. 만일 래플즈경이 다른 포즈를 하고 있다면 어땠을까 상상해보았지만 그 모습이 쉽게 떠오르지는 않는다. 일명 짝다리(?)를 짚고

© 비비시스터즈

래플즈 병원

자신만만하게 팔짱을 낀 모습, 열정이 가득한 눈빛으로 약 45도 위를 바라보는 그 모습이 싱가포르 건국의 아버지 타이틀에는 가장 어울리는 것 같고, 마음에도 쏙 든다.

그렇다면 래플즈경은 어떤 인물이었을까? 동상 속 당당한 모습과는 달리 그의 개인사는 그리 순탄치 못했다. 가난한 선장의 아들로 태어난 그는 설상가상으로 아버지를 일찍 여의고, 겨우 14살이라는 나이에 동인도회사에 말단 직원으로 들어가 가족을 부양하는 어린 가장이 되었다. 학교를 오래 다니지는 못했지만 독학으로 배움의 끈을 놓지 않았으며, 일도 열심히 해서 빠르게 승진할 수 있었다. 그리고 그 능력을 인정 받아 동남아시아 항구도시인 페낭, 자바, 벤쿨렌 등지로 발령을 받게 되면서 동남아시아와의 깊은 인연을 맺게 된다. 현지의 언어, 문화, 역사, 자연에 관심이 많았던 그는 그간의 연구 자료를 모아 '자바의 역사History of Java'라는 책을 출간하였고, 이 책을 통해 기사 작위까지 받게 된다. 그리고 그 기사 작위 때문에 우리는 지금까지 그의 이름 뒤에 '경sir'이라는 타이틀을 붙여 부르고 있다.

1819년 당시 영국은 네덜란드가 동남아시아의 무역을 독점하고 있는 상황에서 새로운 무역항구가 필요했다. 싱가포르는 동양과 서양을 잇는 최고의 위치에 있었고, 래플즈경은 오랫동안 동남아시아에 머물렀던 경험으로 싱가포르가 가진 항구로서의 입지 조건과 가능성을 알아보았다. 그리고 그는 싱가포르라는 새로운 항구에 더 많은 상인들과 배들을 유입시키기 위해 '자유 무역항Free Port'임을 선포하였다. 자유 무역항이란 배들이 관세를 내지 않고 이용 가능한 항구로, 싱가포르는 현재까지도 자유 무역항의 지위를 유지하고 있다.

놀랍게도 래플즈경이 싱가포르에 머문 총 기간은 1년이 채 되지 않는다. 그러나 래플즈경이 세운 무역항구로 인해 싱가포르에는 많은 무역상인들이 모이고 다양한 민족들이 정착해 살게 되었다. 래플즈경은 이들이 평화롭게 살 수 있도록 도시 계획(타운 플랜)을 세웠고, 법안을 마련하였으며, 학교를 세우는 등 많은 업적을 세웠다. 그리고 그의 업적은 현재 싱가포르의 근간이 되었다. 그러나 불행하게도 그는 동남아시아에 머무는 동안 다섯 자녀 중 넷을 잃었다. 또한 래플즈경 자신도 1824년 영국으로 돌아간 후 극심한 두통을 겪다 45세 생일을 하루 앞두고 안타깝게 세상을 떠났다. 그의 아내 소피아가 남긴 래플즈경의 회고록* 덕분에 래플즈경은 명예를 회복하고 유명해질 수 있었으며, 그녀의 회고록은 지금까지도 래플즈경의 가장 권위있는 전기로 남아 있다.

▌래플즈경 동상 : 블랙

검은색 래플즈경 동상은 1887년 빅토리아 여왕의 즉위 50주년을 기념하기 위해 제작되었다. 청동으로 만들어져 가까이서 보면 완전히 검은색은 아니고 어두운 구릿빛을 띈다. 이 동상은 원래 지금의 내셔널 갤러리 앞 파당에 바다를 바라보며 서 있었다고 한다. 그런데 파당에서 사람들이 운동경기를 즐기다 보니 자꾸 래플즈경 동상에 공이 맞는 일이 벌어졌다. 결국 래플즈경의 싱가포르 상륙 100주년을 맞은 1919년, 이 동상은 현재의 자리인 빅토리아 극장과 콘서트홀 앞으로 옮겨진다. 하지만 쇼난토 시대(일제 강점기)에는 래플즈경 동상을 볼 수 없었다고 한다. 나라의 주인이 바뀌었으니 당연한 일이었을까? 다행히 동상은

---

* Memoirs of the Life and Public Services of Sir Thomas Stamford Raffles

훼손되지 않고 잘 보관되어 있다가 전쟁 후 다시 제자리로 돌아올 수 있었다. 우리가 놀랐던 점은 싱가포르 독립 이후에도 이 동상을 없애지 않았다는 것이다. 리콴유 초대 총리는 "래플즈경 동상은 싱가포르가 과거 영국이 남긴 유산을 기억하고 인정한다는 것을 나타내며, 싱가포르 미래 발전에도 긍정적인 영향을 끼칠 것이다"라고 언급한 바 있다. 그렇다. 래플즈경이 싱가포르에 오지 않았더라면 아마 지금의 싱가포르는 없을 것이며, 누구도 이 사실을 부정하기는 어려울 것이다.

© 비비시스터즈

영국 식민지 시절 세워진 검은색의
오리지널 래플즈경 동상

▌ 래플즈경 동상 : 화이트

하얀색 래플즈경 동상은 많은 사람들이 오가는 싱가포르 강가에 위치하고 있어 우리에게 좀 더 익숙하다. 1819년 래플즈경이 처음 싱가포르에 들어 왔을 때 이 자리에 첫 발걸음을 내딛었다고 알려지면서 현지 사람들은 이곳을 랜딩포인트Landing Point라고도 부른다. 이 동상은 오리지널 동상인 검은색 래플즈경 동상에 틀을 만들어 폴리마블이라는 인공 대리석을 녹인 후 부어 똑같은 모양으로 찍어 내었고, 두개의 동상은 완벽하게 똑같은 모양이 되었다. 그리고 1969년 리콴유 초대 총리는 래플즈경이 싱가포르에 무역항구를

© Wolfgang Holzem

싱가포르 독립 이후에 세워진 하얀색
의 래플즈경 동상

세운 지 150주년을 기념하며 지금의 자리에 이 하얀색 동상을 세웠다.

Chapter 4

올드시티 속 눈에 띄는
현대 건물

▌ **래플즈 시티** Raffles City

© 비비시스터즈

원통형의 스위소텔 더 스탬포드

"저 멀리 피사의 사탑처럼 생긴 높은 빌딩은 뭔가요?" 투어를 하면서 자주 듣는 질문 중 하나다. 방 안에서 편안하게 즐길 수 있는 환상적인 마리나베이 뷰와 시청역과 연결되어 있는 편리한 교통 시설 덕에 한국 관광객들이 즐겨 찾는 대표적인 호텔, 스위소텔 더 스탬포드이야기다. 원통형으로 우뚝 솟아 있는 모양이 은근 독특한데다가 옛 건축물이 대부분인 올드시티에 있는 현대식 건물이라 멀리서도 한눈에 들어온다.

재미있게도 스위소텔 더 스탬포드가 포함되어 있는 래플즈 시티 건물과 프랑스 파리의 루브르 박물관은 공통점이 있다. 루브르 박물관? 그렇다. 모나리자 그림이 있는 그 루브르 박물관이다. 혹시 정답이 뭘지 조금이라도 상상이 되는가? 공통점은 바로 두 곳 모두 이오밍페이 I. M. Pei라는 같은 건축가가 디자인했다는 것이다! 페이는 중국 태생의 미국인 건축가로 세계 최고 권위의 건축상인 프리츠커 건축상을 포함하여 수많은 건축상을 수상한 20세기 건축의 거장으로, 그의 작품 중 가장 유명한 것이 바로 1993년에 지은 루브르 박물관의 유리 피라미

올드시티 속 눈에 띄는 스위소텔 더 스탬포드   래플즈 시티 전경

드다. 당시 많은 사람들은 그의 모던한 유리 피라미드 디자인이 프랑스의 대표적인 문화유산인 루브르 박물관의 클래식함을 망친다며 크게 비난하였고, 그 역시도 그의 커리어 중 가장 어려운 작업으로 꼽기도 했다. 그러나 지금은 그 유리 피라미드가 루브르 박물관의 랜드마크가 되어 전 세계에서 가장 많은 방문객들이 찾는 명소가 되었다.

건축가 페이가 디자인하고 한국의 쌍용건설이 지은 래플즈 시티는 총 4개의 건물로 이루어져 있는 복합 상업 단지다. 1986년 완공 당시 세계에서 가장 높은 호텔이었던 스위소텔 더 스탬포드(73층), 두 개의 쌍둥이 빌딩인 페어몬트 싱가포르 호텔(28층), 42층 높이의 오피스 건물인 래플즈 시티 타워, 5층짜리의 래플즈 시티 쇼핑센터를 모두 포함하고 있다. 싱가포르 최대 규모의 상업 단지를 짓는 거대한 프로젝트였기에 계획부터 완공까지 무려 17년이라는 시간이 걸렸다고 한다. 당시 페이의 디자인은 너무나 압도적이고 현대적이어서 주변의 올드시티 지역의 옛 건물과 어울리지 않는다는 비판도 받았다. 그러나 그의 혁신적인 건물은 현재까지도 올드시티 내 가장 높은 건물로 남아 마리나베이의 스카이라인과 잘 어우러지고 있으며, 여전히 수많은 사람들이 이용하는 싱가포르에서 가장 생동감 넘치는 곳이 되었다. 건축가 페이는 2019년 102세의 나이로 세상을 떠났으며, 래플즈 시티를 포함하여 총 3개의 건축물을 싱가포르에 남겼다.

◈ 건축가 페이가 싱가포르에 남긴 다른 건물들

● OCBC 센터(OCBC Centre, 1976년 완공)

OCBC 센터

● 더 게이트웨이(The Gateway, 1991년 완공)

더 게이트 웨이

싱가포르의 대표 은행 중 하나인 OCBC 은행의 본사 건물로, 싱가포르 강변을 따라 중심업무지구 내 고층 건물들과 함께 나란히 자리하고 있다. 1970년대만 해도 오래된 무역 사무소와 샵하우스만 있던 이 지역에 들어선 최초의 현대식 고층 건물로 완공 당시 싱가포르에서 가장 높은 건물이었으며, 1분에 366m를 오르내릴 수 있는 싱가포르에서 가장 빠른 엘리베이터를 자랑하기도 했다. 그리고 무엇보다도 이 건물을 통해 싱가포르 금융가의 위상을 보여주며 금융 허브로서의 시작을 알렸다는 평가를 받고 있다. 재미있게도 당시 싱가포르 사람들은 이 건물을 '계산기'라고 불렀다. 그러고 보니 넓은 초콜릿바 모양을 한 건물에 네모 반듯하게 붙어 있는 창문들이 계산기 버튼 같이 보인다. 계산기를 닮은 은행 건물이라니 찰떡같이 잘 맞는 별명이다! 싱가포르 사람들의 별명 짓는 솜씨에 박수를 보낸다.

부기스 역 근방 캄퐁글람에서 볼 수 있는 이 건물은 독특한 모습 덕분에 멀리서도 지나는 사람들의 눈길을 한눈에 사로잡는다. 보는 각도에 따라 3차원 입체가 아닌 종잇장이나 칼날 같은 2차원 평면으로 보이는 것이 너무나 신기하다. 실제로는 2개의 평행 육면체 모양의 꼭 닮은 쌍둥이 타워가 서로 대칭을 이루며 서 있다. 마주보고 서 있는 두 건물은 게이트웨이(입구, 관문)라는 이름처럼 전 세계에서 싱가포르로 들어 오는 사람들을 환영하는 큰 대문을 닮아 있다.

푸난 몰 전경

　올드시티 속 눈에 띄는 또 하나의 현대 건물은 푸난 몰이다. 2019년 재오픈 당시부터 미래적이고 재미난 컨셉으로 싱가포르의 젊은이들이 즐겨 찾는 공간으로 자리 잡았다. 그러나 놀랍게도 재개발 전 이 건물은 본래 한국의 용산 전자 상가 같은 전자제품 전문 쇼핑몰이었다. 싱가포르에 처음 이사를 왔을 때만 해도 이곳과 또다른 대형 전자 상가인 심림스퀘어를 오가며 노트북부터 전자렌지, 인터넷 연결을 위한 라우터까지 직접 사러 다녔더랬다. 낯선 싱가포르에서 행여나 바가지를 쓰지 않을까 부지런히 발품을 팔아가며 쇼핑했던 기억이 지금도 생생하다. 그러나 한국과 마찬가지로 점차 온라인 쇼핑이 늘어나고 전자 상가를 찾는 사람들이 줄어들면서 점차 죽은 상권이 되었고, 결국 3년 간의 재개발 공사를 거쳐 지금의 획기적인 복합 라이프스타일 몰로 재탄생하였다.

　'싱가포르의 국민 취미는 쇼핑'이라는 말이 있을 정도로 지하철 역이나 동네마다 적어도 하나의 쇼핑몰을 보유하고 있는 싱가포르에서 또 쇼핑몰이라니… 뭐 그리 특별한 게 있을까 싶을 지도 모르겠다. 우리도 처음에는 그런 마음이었으니 말이다. 그러나 일단 푸난 몰 안으로 들어서면 절대 평범한 쇼핑몰이 아님을 대번에 느낄 수 있다.

　푸난 몰 입구부터 바닥에 특별한 트랙이 눈에 띈다. 쇼핑몰 내부로도 쭉 이어지는 이 트랙은 바로 자전거 전용 도로다. 싱가포르에는 도심지 교통 체증을 피하기 위해, 또는 운동 삼아 자전거를 이용하는 사람들이 꽤 많다. 이들을 위해 푸난 몰은 싱가포르 최초로 쇼핑몰을 통과하는 자전거 트랙과 자전거 전용 주차

푸난 몰 로비 전경

장, 자전거 수리 시설 등을 모두 갖추었다. 그리고 쇼핑몰 중앙에는 지하 2층에서 지상 4층까지 이어지는 25미터의 나무 모양의 구조물이 보인다. 나무 사이사이에 위치한 20여개의 샵은 중앙에서 쉽게 올려다 볼 수 있어 종종 팝업 스토어나 워크숍 공간으로 사용되며, 지하 층으로 이어지는 나무 몸통 부분에는 실내 암벽 등반 체험 공간이 있어 땀을 뻘뻘 흘리며 암벽을 타는 사람들의 에너지를 가까이에서 느낄 수 있다.

푸난 몰 루프탑 농장

푸난 몰에서 꼭 가보기를 추천하는 곳은 7층의 루프탑 농장이다. 외부 계단을 따라 올라가면 탁 트인 옥상에 푸르름이 가득한 정원이 펼쳐진다. 이곳에서 자라고 있는 50종 이상의 식물과 과실수는 모두 식용이 가능한 종이다. 싱그러운 열대과일부터 싱가포르

푸난 몰 뒷편, lyf 서비스 아파트 입구

로컬 음식에 사용되는 레몬그라스, 바질과 같은 허브류, 버섯까지 종류도 참 다
양하다. 땅덩이가 작아 농업이 어려워 대부분의 식재료를 외국에서 수입해오는
싱가포르에서는 루프탑 농장이 새로운 대안이 될 수 있음에 주목하고 있다. 이
곳의 식재료는 직접 따거나 사갈 수는 없지만 같은 층에 위치한 '노카NOKA'라는
일식당에서 이를 이용해 만든 건강 음식을 맛볼 수 있다.

푸난몰 내 lyf 서비스 아파트

푸난 몰에는 유명 브랜드보
다는 작지만 개성이 강한 가게들
이 많다. 러브 보니또Love, Bonito라
는 싱가포르의 로컬 패션브랜드
는 저렴하고 예쁜 디자인의 옷이
많아 인기다. 또한 푸난몰 안에는
lyf(라이프라고 읽음)라는 공유
숙박업소 개념의 서비스 아파트
도 있다. 호텔보다 저렴하면서도 업무 공간, 세탁실, 부엌 등의 공유 시설을 이용
할 수 있고 특히 1인실부터 6개의 방이 딸린 가족실까지 다양한 객실이 있어 나
홀로 여행자나 대가족이 묵기에도 편리한 것이 장점이다.

(EAT) 내셔널 키친 National Kitchen by Violet Oon

: 1 St Andrew's Rd, #02-01 National Gallery, Singapore 178957

현지식 싱가포르에서 최근 매우 인기가 높아진 페라나칸 음식점이다. 페라나칸인들은 외부 무역 상인들과 동남아시아 현지 여인들 사이의 결혼을 통해 태어난 혼혈 민족을 뜻하는데, 페라나칸 음식 하면 주로 중국 음식과 말레이 음식의 퓨전식으로 우리 입맛에도 잘 맞는다. 내셔널 갤러리 시청동 2층에 있으며 고급스럽고 우아한 분위기가 특히 일품이다.

EAT PLAY SHOP

– 로컬처럼 먹고 즐기고 쇼핑하라

EAT **스모크 앤 미러 Smoke & Mirrors**

: 1 St Andrew's Rd, #06-01, Singapore 178957

양식 내셔널 갤러리 꼭대기층에 위치
한 루프탑 바로, 마리나베이와 싱가포
르 강변의 랜드마크를 한 눈에 바라볼
수 있는 백만 불짜리 뷰 맛집으로 더
유명하다. 특히 해질녘에는 선선한 바
람을 맞으며 마리나베이 샌즈 호텔을
배경으로 인생샷도 남길 수 있다. 마법
같은 분위기를 한층 더해주는 칵테일
과 와인, 안주 삼기 좋은 간단한 스낵
이 마련되어 있다.

© smoke and mirrors

EAT **남남 NamNam**

: 252 North Bridge Rd, #B1 - 46 / 47, Singapore 179103

© NamNam

현지식 싱가포르 현지인들이 사
랑하는 베트남식 쌀국수 맛집이
다. 10불대의 착한 가격에 따끈한
국물의 쌀국수와 음료, 간단한 애
피타이저가 함께 나오는 점심 세
트가 가장 인기다. 래플즈 시티
쇼핑몰 지하에 위치하고 있으며,
점심시간에는 근처 직장인들로
붐비므로 여유를 가지고 방문하
는 것이 좋다.

EAT 프리베 Privé ACM

: 1 Empress Pl, #01-02, Singapore 179555

양식 & 현지식 아기자기한 분위기의 핫플레이스 카페로 파스타, 샌드위치 같은 양식부터 락사, 칠리크랩 파스타, 나시고랭 볶음밥 등 로컬 음식까지 메뉴가 다양하여 골라 먹는 재미가 있다. 아시아 문명 박물관 1층에 위치하고 있으며 강가의 풍경을 즐길 수 있는 야외 좌석도 있으니 참고하자.

EAT 파라다이스 다이너스티 Paradise Dynasty

: 107 North Bridge Rd, #B1-01 Funan Mall, Singapore 179105

© paradise group

양식 컬러풀한 소룡포(육즙이 가득한 만두)로 유명해진 중국 식당으로 매콤한 국물의 수타면부터 볶음밥, 산라탕까지 호불호를 가리지 않는 맛으로 모두에게 사랑받는 곳이다. 푸난 몰 지하에 위치한 지점을 포함하여 오차드, 창이 공항 등 싱가포르 전역에 지점이 있으니 가까운 지점을 찾아 방문해보자.

EAT PLAY SHOP
– 로컬처럼 먹고 즐기고 쇼핑하라

(PLAY) **내셔널 갤러리 케펠 센터 Keppel Centre for Art Education**
: 1 St Andrew's Rd, Singapore 178957

내셔널 갤러리 1층에 위치한 케펠 센터에서는 어린이 미술관을 비롯하여, 유아부터 초등생까지 다양한 연령대의 아이들이 직접 만지고 체험하며 예술적인 영감을 얻을 수 있는 재미있는 활동이 마련되어 있다. 체험 공간은 무료로 입장 가능하며, 프로그램에 따라 유료인 경우도 있으니 홈페이지를 참고하거나 직원에게 문의해보자.

(PLAY) **빅토리아 극장과 콘서트홀에서의 공연 감상**
: 9 Empress Pl, Singapore 179556

올드시티의 정취를 고스란히 느낄 수 있는 빅토리아 극장과 콘서트홀 안에서 직접 공연을 즐겨보자. 1년 내내 다양한 공연이 마련되어 있으며, 싱가포르 심포니 오케스트라 같은 로컬 아티스트들의 공연, 해외 유명 아티스트의 공연, 어린이 연극부터 뮤지컬, 무료 공연까지 종류도 다양하다. 방문 전 홈페이지를 통해 공연 검색 및 티켓 구입을 할 수 있다.

ⓟ PLAY 클라임 센트럴 Climb Central Funan

: 107 North Bridge Rd, #B2-19/21 Funan Mall, Singapore 179105

싱가포르 현지인들과 함께 실내 암벽 등반을 하며 에너지를 충전해보자. 푸난 몰에 위치한 클라임 센트럴에서는 성인 30불대의 가격으로 장비 렌탈을 포함하여 하루 종일 암벽 등반을 즐길 수 있다. 암벽장이 쇼핑몰 중심에 있어서 종종 지나는 사람들의 시선이 느껴지기도 하지만, 일단 오르기 시작하면 금세 클라이밍에 초집중하는 자신을 발견하게 될 것이다.

ⓢ SHOP 더 그린 컬렉티브 The Green Collective SG

: 107 North Bridge Rd, #02-18 Funan Mall Singapore 179105

푸난몰 2층에 위치한 더 그린 컬렉티브는 30개 이상의 싱가포르 친환경 브랜드가 모여 있는 상점으로, 지속 가능한 소비와 쓰레기 배출을 줄이는 제로 웨이스트를 지향하는 다양한 패션 및 생활 소품, 액세서리, 유기농 화장품, 공예품 등을 만나볼 수 있다. 종종 수제 비누 만들기, 업사이클링 등을 배울 수 있는 워크숍이 열리기도 하고, 헌 옷 기부도 받고 있다.

EAT PLAY SHOP
– 로컬처럼 먹고 즐기고 쇼핑하라

SHOP 아시아 문명 박물관 기념품 가게
: 1 Empress Pl, Singapore 179555

올드시티에서 가장 싱가포르다운 기념품
을 살 수 있는 곳이다. 일반 기념품 가게
에서는 구하기 어려운 싱가포르의 대표
건축물이나 상징물을 위트 있게 표현한
그림이 담긴 에코백이나 마그넷, 우산 등
이 우리의 마음을 사로잡는다. 가격대가
저렴하지는 않지만 싱가포르 여행을 오
래 기억할 수 있는 쓸만한 기념품을 하나
쯤 구매해보면 어떨까.

SHOP 러브 보니또 Love, Bonito
: 109 North Bridge Rd, #02-09 Funan Mall, Singapore 179097

싱가포르에서 만든 로컬 여성 패션브랜드로 저
렴한 가격에 톡톡 튀는 디자인이 많아 인기
가 많다. 부담 없이 가벼운 마음으로 이것
저것 입어 볼 수 있으며, 착한 가격으로
지갑이 절로 열린다. 푸난 몰 2층에 있는
지점에서는 옷을 입어보며 사진도 찍을
수 있는 예쁜 공간이 많아 인스타그램 사
진을 남기기에도 좋다.

PART 3

도시 심장부 풍부한 문화유산 건축물이 가득한
싱가포르 문화 예술 거리
BBB : 브라스바사(Bras Basah) & 부기스(Bugis)

브라스바사 & 부기스

(위) 브라스바사 로드 표지판, (아래) 부기스
MRT역 입구

"오 마이 갓! 무슨 도로 이름이 브라^{Bra}야?"하며 갑자기 길 한복판에 멈춰 박장대소를 하던 미국인 친구, 브라스바사 로드를 지날 때면 아직도 이 친구가 떠오른다. 영어가 친숙한 그녀는 '브라스바사_{Bras Basah}'표지판을 보자마자 속옷인 브라를 가장 먼저 떠올렸던 것이다. 나중에 브라스바사의 진짜 뜻을 알고는 깜짝 놀랐다. 우선 도로 이름은 영어가 아니라 말레이어였다. 싱가포르에 영어 말고도 다양한 공용어가 있다는 걸 새삼스레 확인한 순간이었다. 브라스바사는 말레이어로 젖은 쌀_{Wet Rice}라는 뜻이다. 오래 전 이곳에는 강이 흐르고 있었는데, 항구에서부터 배를 타고 강을 거슬러 올라가면 무거운 쌀 포대도 내륙까지 쉽게 운반할 수 있었다고 한다. 운반 도중 가끔 쌀이 물에 젖기도 했는데, 그럴 때면 강둑이나 근처 들판에 젖은 쌀을 펼쳐 말렸다. 이러한 풍경이 흔해지면서 이 지역은 자연스레 브라스바사라 불리게 되었다.

그렇다면 부기스는 무슨 뜻일까? 부기스는 인도네시아 술라웨시 섬에서 건너 온 민족을 뜻하는 말로, 부기스 민족은 전통적으로 해상 무역에 강한 뱃사람들이었다. 싱가포르에 무역 항구가 들어서자마자 발빠르게 싱가포르로 들어왔으며, 그들이 처음 정착해서 모여 살던 지역이 지금의 부기스가 되었다. 그들은 일찍부터 여러 나라와의 무역 경험과 네트워크를 바탕으로 싱가포르에서도 크게 성공하였다. 현재 중국, 말레이, 인도, 기타 민족으로 이루어지는 싱가포르 인구 구성에서 부기스인들은 말레이 민족에 속한다.

(왼쪽, 오른쪽)BBB 일대에서 펼쳐지는 나이트 페스티벌

최근 싱가포르 정부는 브라스바사와 부기스 두 지역을 묶어 문화 예술 진흥 구역으로 지정하였다. 그리고 브라스(B) 바사(B)와 부기스(B)의 이니셜을 따서 BBB라는 별칭을 붙였다.(싱가포르는 줄임말을 참 좋아한다) 짧은 시간 내 경제 성장을 이룬 싱가포르는 예술의 역사가 그리 길지 않다. 그러나 어느 정도 경제가 안정된 1970-80년대부터는 정부 차원에서 문화 예술을 장려하기 위한 노력을 꾸준히 해왔으며, 그 일환으로 생겨난 BBB는 현재 싱가포르의 역사, 문화, 예술, 종교, 축제 등 모든 것을 즐길 수 있는 매력적인 곳으로 성장 중이다.

브라스바사는 래플즈 타운 플랜에서 유럽인 마을로 지정된 곳이었던 만큼, 다양한 유럽식 건축물을 감상할 수 있다. 또한 BBB는 각각 유럽인 마을과 부기스 마을로 시작했지만, 시간이 흐르면서 민족별 지역 경계는 점점 희미해지고 점차 다양한 민족들이 이주해 함께 어울려 살게 되었던 점이 무엇보다 흥미롭다. 그런 이유로 이곳에는 기독교, 불교, 힌두교, 이슬람교, 심지어 유대교까지 다양한 종교 시설이 남아 있다.

역사를 사랑하는 여행자라면 BBB에 꼭 가보기를 추천한다. 싱가포르 역사가 담긴 국립박물관을 비롯하여 다양한 주제의 자그마한 박물관들이 곳곳에 숨어 있다. 오랜 역사를 지닌 래플즈 호텔이나 차임스에서 즐기는 칵테일도 어쩐지 색다르다. 또한 매년 8월 펼쳐지는 나이트 페스티벌을 비롯한 다양한 문화 예술 축제 시즌에는 싱가포르의 젊음과 에너지를 느낄 수 있다. BBB는 꽤 넓은 지역인 만큼 브라스바사, 벤쿨렌, 부기스, 시티홀 등 여러 MRT역을 이용해 접근이 가능하다. 단 한 번의 여행으로 다 둘러보기에는 너무나 방대하지만 자신의 관심사를 좇아 나만의 BBB 여행을 계획해보면 어떨까.

Chapter 1

싱가포르 역사 여행의 필수 코스
: 국립박물관과 포트캐닝파크

싱가포르 국립박물관 National Museum of Singapore

● 이용시간 : 매일 오전 10시 ~ 오후7시
● 입장료 : 성인 15불, 학생 및 60세 이상 10불
● 주의사항 : 상설전 외 특별전 입장시 추가 요금이 있을 수 있음.
● 홈페이지 : https://www.nhb.gov.sg/nationalmuseum/

© 비비시스터즈

싱가포르 국립박물관 전경

"싱가포르 역사를 제대로 알고 가기에는 '우리' 박물관 만한 곳이 없지!" 싱가포르 국립박물관을 두고 우리가 늘 하는 얘기다. 영어와 달리 한국어의 '우리'는 '우리 엄마' 할 때처럼 진한 친밀함이 느껴진다. 박물관 도슨트 활동을 하며, 그리고 투어 가이드로 일하며 자주 드나들어 그런지 몰라도, 국립박물관에 가면 늘 친정집 같은 편안함이 느껴진다. 무엇보다도 우리에게 이곳은 싱가포르 역사를 제대로 알게 해준 고마운 곳이자 우리의 싱가포르 생활을 몇배나 더 즐겁게 해준 많은 추억이 담긴 곳이기도 하다.

명실공히 싱가포르에서 가장 오래된 박물관인 싱가포르 국립박물관에서는 여러 유물과 전시 자료를 통해 700년의 싱가포르 역사를 한 눈에 볼 수 있다. 박물관의 시작은 싱가포르가 영국의 식민지였던 1887년으로 거슬러 올라가는데,

처음부터 박물관을 목적으로 이 자리에 세워졌다. 박물관 건물은 싱가포르의 많은 유럽식 건축물에서 볼 수 있는 네오 팔라디오 양식을 하고 있으며, 중앙의 둥근 돔 지붕과 그 안에 들어 있는 50개의 아름다운 스테인드 글라스 창이 특징적이다. 박물관이 지어진 1887년은 영국 빅토리아 여왕이 즉위한지 50주년이 되는 해였는데 이를 기념하기 위해 50장의 유리창을 설치했다. 지금은 주변에 고층 건물이 많아 박물관 건물이 다소 아담해(?) 보일 수 있지만, 과거에는 브라스 바사에서 가장 높은 건물로 지역의 랜드마크 노릇을 톡톡히 했다고 한다.

개관 당시 이곳은 '래플즈 도서관과 박물관Raffles Library and Museum로 불리며, 도서관과 박물관이 함께 있었다가 1960년이 되어서야 도서관이 분리되고 오롯이 박물관만 남게 되었다. 재미있게도 예전에는 박물관에 자연사 자료가 많았다는데, 그 당시를 기억하는 싱가포르 친구들은 박물관 로비에 있던 거대한 고래뼈와 박제 동물 이야기를 열심히 해주곤 했다. 그러나 점차 포커스가 싱가포르 역사로 바뀌면서, 2006년에는 기존 박물관 건물 뒤 새 건물을 지어 박물관을 확장하고, 마침내 '싱가포르 국립박물관'이라는 이름으로 새롭게 문을 열었다.

박물관 곳곳에는 예쁜 공간들이 참 많다. 옛 건물에서 현대 건물로 이어지는 2층 연결 통로는 유리지붕으로 되어 있는데, 그 창을 통해 돔 지붕을 가까이서 볼 수 있다. 이 연결 통로와 이어지는 구름다리를 건너면 새 건물에 닿는다. 구름다리 위에는 샹들리에 모양의 미술 작품이 시계추처럼 좌우로 움직이며 시간의 흐름과 역동성을 느끼게 해준다. 싱가포르에서 활동하는 호주 출신 아티스트 수잔 빅터Suzann Victor의 작품으로 춤추는 샹들리에는 언제나 지나는 사람들의 시선을 사로잡으며 사진 포인트가 된다.

새 건물에는 원통형의 유리 돔 The Glass Rotunda이 있는데, 옛 건물에 있는 돔 지붕을 현대적으로 재해석해 만든 것이라고 한다. 얼핏 차갑게 느껴지는 유리 돔이지만, 안으로 들어

© 비비시스터즈

수잔 빅터의 예술 작품 (작품명 : Wings of a Rich Manoeuvre)

© 비비시스터즈

스토리 오브 더 포레스트

서면 꽃비가 쏟아지는 환상의 세계가 펼쳐진다! 나선형 통로를 따라 내려가며
'스토리 오브 더 포레스트 Story of the Forest' 전시를 감상할 수 있는데, 일본의 유명
디지털 아티스트 그룹 팀랩 teamLab은 래플즈경의 친구이자 동료였던 윌리엄 파
쿠아가 남긴 69점의 현지 동식물 그림을 가상의 숲 속에서 살아 움직이게 만들
었다.

© 비비시스터즈

역사갤러리 내 래플즈경 초상화

현재 싱가포르 국립박물관 1층 로
비에는 매표소와 레스토랑, 카페가, 2층
에는 지난 100년간의 싱가포르 생활사
를 엿볼 수 있는 2층 갤러리 Level 2 Gallery가
있다. 새 건물로 건너가면 1층에는 역사
갤러리 Singapore History Gallery와 지하층의 특
별 전시관이 있다. 싱가포르의 역사를 가
장 잘 소개해 둔 역사 갤러리를 가장 먼
저 관람할 것을 추천하며, 여유가 있다면
다른 갤러리도 둘러보자.

포트캐닝파크 Fort Canning Park

- 이용시간 : 24시간 개방
- 입장료 : 무료
- 주의사항 : 배틀박스는 자체 유료 영어 투어를 통해서만 입장 가능하며 홈페이지에서 예약 가능함.(성인 20불, 아동 10불)
- 배틀박스 홈페이지 : https://www.battlebox.com.sg

래플즈 하우스 전경

　싱가포르 국립박물관 뒤로는 박물관 건물을 따스하게 품고 있는 나지막한 언덕이 있다. 지금은 포트캐닝파크라는 도심 속 공원으로 많은 이들의 휴식처이지만, 싱가포르의 700년 역사가 흐르는 동안 내내 그 자리를 지켜온 역사의 산 증인이기도 하다. 산책로를 따라 크게 한바퀴를 돌면 3킬로미터 정도가 되어 싱그러운 자연과 더불어 걷기에 참 좋다. 갈 때마다 새로운 볼거리를 발견했던 포트캐닝파크의 매력에 빠져 이 좋은 곳을 더 널리 알리고픈 마음에 가이드가 됐다고 해도 과언은 아니다. 싱가포르 역사 이야기가 고스란히 담긴 도심 속 오아시스의 매력 속으로 함께 떠나보자.

　싱가포르의 역사 이야기는 래플즈경으로 통한다는 것, 이제 눈치챘을 것이다. 그렇다면 래플즈경은 싱가포르에 지냈을 당시 어디에 살았을까? 바로 포트캐닝파크다! 그는 언덕 꼭대기에 집을 짓고 살았는데, 높은 곳에서 바라보는 푸른 바다와 싱가포르 강 풍경이 너무나 아름다워 참 좋아했다고 한다. 아쉽게도 그가 살던 집은 사라졌지만, 그 자리를 대신하고 있는 래플즈 하우스라는 이름의 건물에서 그의 집 모습과 그가 사랑했던 풍경을 떠올려볼 수 있다.

싱가푸라 왕국의 술탄(왕) 이스칸다 샤
(Iskandar Shah)의 무덤

재미있게도 700년 전 이 언덕에는 싱가푸라 왕국의 왕족들이 살고 있었다. 시대를 막론하고 지위가 있는 사람들은 높은 장소를 좋아했나 보다. 경치도 좋았겠지만 싱가포르의 열대 기후 속에서 지대가 높아 다른 곳보다 시원했던 점도 큰 장점이었을 것이다. 700년 전 이곳에 있던 궁전 역시 자취를 감추었지만, 언덕 위에 남아 있는 옛 무덤이 호기심을 자아낸다. 무덤의 주인은 싱가푸라 왕국의 5번째 왕인 이스칸다 샤Iskandar Shah인 것으로 알려져 있으나, 실제 그 무덤 안에 잠들어 있는 이가 누구인지는 확실치 않다.

싱가포르에서는 포트캐닝파크를 최초의 보타닉 가든(식물원)이라고도 한다. 래플즈경이 이곳에 살던 시절, 직접 비탈진 땅을 일구어 향신료를 재배하고 연구한 바 있기 때문이다. 그는 당시 금보다 귀했던 값비싼 향신료를 싱가포르에서도 재배가 가능한지 시험해보고 싶었다고 한다. 지금도 포트캐닝파크의 '스파이스 가든Spice Garden'에는 대표 환금 작물인 육두구와 정향을 비롯하여 동남아 음식에 많이 사용되는 향신료와 허브를 볼 수 있다.

포트캐닝파크에 남아 있는 대포

영국군이 사용하던 지하 벙커 배틀박스(Battle Box) 입구

1860년대부터 포트캐닝파크는 영국의 군사 시설로 사용되었다. 시내와 가까우면서도 지대가 높아 항구를 방어하는 요새를 짓기에 안성맞춤이었다. 지금도 성벽 일부와 포트 게이트(출입구), 옛 대포 등을 볼 수 있으며, 현재까지 남아 있는 포트캐닝호텔과 포트캐닝센터 두 건물도 본래 군사시설이었다. 포트캐닝

포트캐닝파크에서 가장 핫한 사진 포인트(구글맵에서 'Fort Canning Park Tree Turnel'을 검색해보자)

파크에는 영국군의 비밀 기지였던 '배틀박스Battle Box'도 남아 있다! 2차 세계대전에 대비하여 지은 9미터 깊이의 지하 벙커인데, 전쟁 시 모든 것이 자급 가능하도록 설계되었으며 규모나 시설 면에서 아시아에는 보기 드문 벙커였다고 한다. 지금은 당시 배틀박스에서 작전을 진행하는 영국 장교들의 모습을 생생하게 재현한 박물관으로 바뀌었으며, 입장 및 관람은 자체 투어를 통해서만 가능하다.

역사를 사랑하는 사람이 아니더라도 포트캐닝파크는 여전히 매력적이다. 싱가포르의 푸르른 자연을 만끽하며 천천히 거닐어 보자. 한국에서는 보기 어려운 독특한 열대 식물과 나무 사이를 바쁘게 오가는 다람쥐들이 격하게 반겨줄 것이다. 또 열대 숲의 매력이 드러나는 멋진 사진도 남길 수 있다. 싱가포르 도심지 여행이 조금 삭막하게 느껴진다면 포트캐닝파크에 들러 잠시 힐링과 여유의 시간을 가져보는 것도 좋겠다.

Chapter 2

아기자기한 박물관이 모여 있는
아르메니안 스트리트 일대

▌ **아르메니안 교회** Armenian Apostolic Church of St Gregory the Illuminator

아르메니안 스트리트 일대

    싱가포르 국립박물관 정문으로 나와 오른편의 싱가포르 경영대학교 SMU, Singapore Management University 법대 건물을 끼고 걷다 보면, 아담한 유럽식 건물들과 알록달록한 벽화의 샵하우스가 공존하는 아르메니안 스트리트를 만나게 된다. 국립박물관에서는 약간의 긴장감과 함께 마치 공부를 하듯 싱가포르 역사를 봤다면, 여기서는 편안한 마음으로 즐기기만 하면 된다. 아기자기한 박물관들을 둘러봐도 좋고, 현지 음식을 맛보며 잠시 쉬어 가도 좋다.

    작지만 예쁜 거리인 아르메니안 스트리트, 그 이름은 어떻게 붙여졌을까? 아르메니안 스트리트 초입에는 아르메니안 교회라는 작은 교회가 있는데, 바로 여기서 왔다. 놀랍게도 이 교회는 싱가포르에서 가장 오래된 교회다! 그럼 아르메니아는 뭘까? 아르메니아는 최근 새로운 여행지로 떠오르는 코카서스 3국 중 하나로 아직 우리에게는 조금 생소한 나라다. 한국의 경상도보다 조금 작은 나라인데, 서아시아에 위치해 있지만 정치, 문화적으로는 동유럽에 가까워 한때는 구 소련에 속해 있기도 했다. 기독교인들에게는 아르메니아 하면 기독교를 국교로 채택한 최초의 나라로 익숙할지 모른다. 서기 301년, 성인 그레고리는 아르메니아를 기독교 국가로 개종하고 국교로 천명했는데, 이는 로마제국이 기독교를 국교로 정한 것보다 무려 90년 이상 빨랐다고 전해진다.

아르메니안 교회 첨탑. 설립 연도인 1835라는 숫자를 확인할 수 있다

싱가포르 아르메니안 교회는 '계몽자 그레고리의 아르메니아 사도 교회'라는 엄청나게 긴 정식 명칭을 갖고 있다. 예수의 12사도 중 바로톨로메오와 유다가 아르메니아에 기독교를 전래하기 시작했다고 알려져, 지금까지 아르메니아 교회의 정식 명칭은 아르메니아 사도 교회로 불린다. 그리고 아르메니아 교회의 첫 수장이자 아르메니아 수호 성인인 성 그레고리의 이름을 이 교회에 붙였다.

아르메니아 상인들은 싱가포르에 무역항구가 생기자마자 새로운 기회를 찾아 발빠르게 싱가포르로 건너 왔다. 싱가포르를 잠깐 머물다가 떠날 곳으로 여겼던 유럽 상인들과는 달리 아르메니아 사람들은 싱가포르를 자신들의 터전으로 생각했다고 한다. 그래서 초기부터 가족들을 데려와 함께 생활했고, 누구보다 빠르게 그들만의 교회를 세울 수 있었다.

현재 아르메니안 교회는 예쁜 정원이 딸린 자그마한 교회당의 모습을 하고 있다. 세인트 앤드류 대성당의 건축가 조지 콜맨의 걸작으로 꼽히기도 하는 이 교회는 팔라디오 양식으로 지어졌고, 싱가포르의 열대 기후에 맞추어 건물 입구에는 오픈된 공간으로 기둥이 있는 현관(포르티코)를 두었다. 뾰족한 첨탑 아래 1835라는 숫자는 건물이 완공된 연도를 보여준다. 오늘날 아르메니안 교회는 특별한 예배일을 제외하고는 굳게 닫혀 있는 경우가 많아 조금은 아쉽다.

놀라운 점은 역사상 싱가포르 내 아르메니아인 인구가 100명을 넘은 적이

싱가포르의 대표 신문 더 스트레이츠 타임즈(The Straits Times)　　　교회 정원에 남아 있는 아그네스 조아킴의 비석

싱가포르의 국화, 밝은 컬러가 사랑
스럽다

단 한 번도 없었으며, 그럼에도 그들은 무역, 법률, 미디어, 호텔 등 다양한 산업에 종사하며, 싱가포르 역사에 중요한 발자취를 남겼다는 것이다. 싱가포르 최고의 호텔인 래플즈 호텔의 창립자 사키스 형제, 싱가포르 대표 영문 일간지 '더 스트레이츠 타임즈The Straits Times'의 공동 창업자 캣칙 모세, 싱가포르 국화 '반다 미스 조아킴'이라는 난을 처음 발견한 아그네스 조아킴은 모두 아르메니아인이다. 싱가포르 국화는 보타닉 가든에서 볼 수 있으며, 새로 발행된 1달러 동전에도 새겨져 있다.

페라나칸 박물관 Peranakan Museum

● 주의사항 : 새단장 공사를 위해 휴관 중으로, 2023년 초 재오픈 예정.
● 홈페이지 : https://www.nhb.gov.sg/peranakanmuseum/

페라나칸 박물관 전경

아르메니안 스트리트의 하이라이트는 단연 페라나칸 박물관이다. 박물관 건물도 아기자기한데다 박물관 안에는 독특하고 아름다운 페라나칸 유물로 가득하기 때문이다. 그런데 '페라나칸'이라는 말이 너무

낯설다. 싱가포르에 온지 얼마 되지 않았을 때는 페라나칸이라고 말하고 싶은데 자꾸 치킨 집 페리카나가 입에서 먼저 튀어나와 빵 터졌던 적이 한두 번이 아니다. 우리와 같은 낯부끄러워지는 사태를 막기 위해서는 먼저 페, 라, 나, 칸 한 글자씩 꼭 큰 소리로 연습해보기를!

페라나칸이란 말레이어로 '아이'를 뜻하는 아낙Anak에서 유래된 말로 '현지에서 태어난'이라는 의미를 갖고 있다. 15-19세기 무렵 동남아시아는 주요 항구를 중심으로 동서양을 잇는 무역 허브로 성장했고, 자연스레 세계 각지의 상인들이 모여들었다. 상인들 대부분은 남자였는데 오랜 기간 타지에 머물다 보니 현지 여인과 결혼하여 가정을 이루는 경우가 많았다. 페라나칸은 바로 이 시기에 건너 온 외국 이민자들과 현지 여인들 사이에 태어난 자손, 즉 혼혈 민족을 뜻한다. 페라나칸인들은 결혼을 통해 쌓은 네트워크로 무역과 상업을 통해 빠르게 부를 축적했고, 그들만의 화려하고 특별한 페라나칸 문화를 탄생시킬 수 있었다.

싱가포르에는 페라나칸 중에서도 중국계 페라나칸Chinese Peranakan - 중국계 아버지와 현지 말레이 어머니 사이에서 태어난 자손들 - 의 수가 가장 많으며, 이 박물관에서도 중국계 페라나칸들의 이야기를 주로 담고 있다. 중국계 페라나칸 중 남자는 '바바Baba', 여자는 '논야Nonya'라 부르는데 가정 내 남녀 역할은 우리네 유교 사회에서처럼 철저히 구분되어 남자들은 바깥 일을, 여자들은 집안일을 도맡아 했다. 논야들은 조신했던 조선시대 규수들과는 다르게 여장부 이미지가 강하다. 남편이 사업차 오래 집을 비우는 동안 그들은 대가족 살림은 물론 집안의 모든 대소사를 책임지며 강인해질 수밖에 없었던 것이다.

그 시절 논야들은 학교에 가지 못했다. 왜냐하면 어려서부터 좋은 신부, 좋은 아내, 좋은 어머니가 되기 위해 집에서 바느질과 자수를 배워야 했기 때문이다. 덕분에 지금까지도 논야들의 솜씨는 최고로 쳐준다. 페라나칸 전통 의상, 사롱 케바야Sarong Kebaya를 찾아보자. 화려한 자수가 일품이다. 사롱 케바야에는 카숫 마넥이라는 슬리퍼를 신는데 손으로 집기도 어려운 작은 비즈를 색색깔로 꿰어 디테일한 문양을 만들어낸 정성과 기술이 놀랍기만 하다.

페라나칸 박물관에서 가장 인기있는 유물 중 하나는 논야 자기라 부르는 도자기다. 중국 도자기와는 달리 핑크색, 노란색, 연두색의 파스텔톤 색깔과 모

(왼쪽 위)페라나칸 여인들의 의상 사롱 케바야, (중앙 위)페라나칸 여인들의 신발 카솟 마넥, (오른쪽 위)페라나칸 도자기, (왼쪽 아래)짬뽕과 비주얼이 비슷하지만 맛은 전혀 다른 락사, (오른쪽 아래)페라나칸 박물관 전경

란, 봉황, 나비 등 풍요로움을 상징하는 화려한 문양이 많은 것이 특징이다. 부유한 페라나칸인들은 19세기 중반부터 중국 경덕진에서 원하는 디자인의 도자기를 직접 주문 제작해 썼다고 한다.

사실 논야하면 최고로 손꼽히는 것은 요리 솜씨다. 페라나칸 음식은 어떤 맛일까? 다양한 문화의 영향을 받은 퓨전식인데 보통 중국 음식이 말레이, 인도 또는 유럽의 영향을 받아 변형된 형태로 보면 된다. 전통 중국식이나 말레이 음식과 살짝 다르면서도 한국인 입맛에 잘 맞는다. 유명한 요리로는 갈비찜과 비슷한 비프 렌당Beef Rendang, 치킨 커리인 아얌 부아 켈루악Ayam Buah Keluak, 락사Laksa 등이 있다. 락사는 짬뽕 비주얼을 하고 있어 시원한 국물을 예상한 이들에게는 큰 배신감을 안겨줄지 모른다. 그러나 코코넛 베이스의 락사 국물은 매콤하면서도 고소해서 꽤 중독성이 있다. 그 매력에 우리도 빠져든 걸까, 어느새 락사는 비 오는 날이면 어김없이 생각나는 우리의 최애 로컬 음식이 되어 있었다!

아기자기한 매력이 느껴지는 박물관 건물은 본래 학교 건물이었다. 각 층마다 큰 발코니와 창이 나 있는데, 쉬는 시간마다 옹기종기 창가에 모여 재잘거렸을 아이들의 모습이 떠오른다. 페라나칸 박물관 외에도 싱가포르에는 페라나칸 문화를 체험해 볼 수 있는 곳이 더 있다. 박물관 근처에 있는 트루 블루True Blue라는 페라나칸 식당은 페라나칸 전통 샵하우스 모습이 그대로 보존되어 있어 특별하다. 시간 여유가 있다면 싱가포르 동부 카통 지역에 있는 킴추쿠에창Kim Choo Kueh Chang이나 루마베베Rumah Bebe도 좋다. 독특한 페라나칸 의상과 도자기, 맛난 논야 간식은 기억에 남는 특별한 선물이 될 것이다.

싱가포르 어린이 박물관(구 싱가포르 우표 박물관)
● 주의사항 : 새단장 공사를 위해 휴관 중으로, 2022년 말 재오픈 예정.

새단장 중인 싱가포르 어린이 박물관 전경

　페라나칸 박물관에서 나와 오른편을 바라보면 마치 동화 속에서 나온 것 같은 2층 높이의 예쁘장한 유럽식 건물이 나타난다. 이 건물은 본래 1900년대 초 학교 건물 일부로 지어졌다가 1995년에는 동남아시아 최초의 우표 박물관인 '싱가포르 우표 박물관'이 되었다. 이곳에 방문했던 사람이라면 아마도 세계 최초의 우표인 '페니 블랙'을 포함하여 전 세계의 우표들을 보았던 기억이 있을 것이다. 싱가포르 우표 박물관은 건물 모습 만큼이나 아기자기하면서도 아이들과 함께하기 참 좋은 곳이었는데, 이제는 아예 싱가포르 최초로 어린이들을 위한 박물관으로 새단장하여 문을 열 예정이라고 하니 많은 기대가 된다.

중앙 소방서 Central Fire Station

● 이용시간 : 오전 10시 ~ 오후 5시, 월요일 휴무
● 입장료 : 무료

© 비비시스터즈

싱가포르 중앙 소방서 전경

　싱가포르 어린이 박물관을 지나 힐 스트리트 쪽으로 내려가면 붉은색과 흰색 벽돌을 교차해 쌓아 눈에 띄는 외관을 가진 옛 건물을 볼 수 있다. 가까이 가보면 건물 앞 열심히 화재 진압 중인 소방관 동상도 보인다. 그렇다. 이곳은 무려 100년도 훨씬 전인 1909년에 세워진 싱가포르에서 가장 오래된 소방서로, 지금까지도 싱가포르의 중앙 소방서로 굳건히 자리하고 있다. 이곳에는 싱가포르 소방 역사가 담긴 작은 박물관Civil Defence Heritage Gallery이 있어 아이들과 함께 방문하기 좋다. 1층에는 19세기에 사용했던 소방차와 사다리차 등이 전시되어 있는데 다양한 디자인의 소방차 모습에 입이 떡 벌어진다. 2층에는 소방관 유니폼과 특수 소방복, 싱가포르 주요 화재현장 등을 전시해 두었다.

　과거 싱가포르에는 화재가 빈번하게 발생했다고 한다. 대부분이 목재 건물인데다 지붕은 우리의 초가집처럼 야자수 잎을 이어 만든 것이라 불이 나기 쉬웠고, 제대로 된 소방대가 없어 작은 화재도 큰 피해로 이어지기 일쑤였다. 1900년대 초에야 소방대 개혁이 시작되었고 마침내 싱가포르 최초의 현대식 소방서가 이 자리에 생길 수 있었다. 이 건물에는 지금도 높은 전망 타워(망루)가 있다.

중앙 소방서 박물관 입구의 소방관 동상

싱가포르의 옛 소방차

과거에는 소방관들이 늘 자리를 지키며 화재가 있는지 살폈는데, 당시 가장 열심히 살폈던 곳은 클락키였다고 한다. 지금은 싱가포르 필수 관광지가 됐지만 당시에는 물류 창고가 많아 화재가 잦았기 때문이다.

　　건물을 이루고 있는 붉은색과 흰색 벽돌 때문에 이 건물은 한때 '피와 붕대'라고 불리기도 했다. 얼핏 무시무시한 별명 같지만 소방관들의 임무인 인명 구조와 관련 지어 생각해보면 금세 수긍이 된다. 한때 붉은색과 흰색의 시그니처 색깔이 사라진 적이 있었는데, 이는 2차대전 중 일본의 공습 당시 타겟이 되는 것을 막기 위해 건물 전체를 녹색 위장 페인트로 칠했기 때문이다. 다시 본래의 색을 되찾은 지금의 소방서 건물 앞을 지날 때면, 종종 사이렌 소리와 함께 소방차 출동 장면을 볼 수 있다. 참고로 싱가포르의 화재 신고 및 응급 전화 번호는 995다. 이용할 일이 생기지 않아야 하겠지만 그래도 알아두면 좋을 정보다.

▌구 힐스트리트 경찰서 Old Hill Street Police Station(구 미카건물, 현재 MCI, MCCY)

　　무지개 색 창문 덕에 싱가포르의 수많은 랜드마크 건물들을 제치고 사람들의 시선을 단번에 사로 잡는 건물이 있다. 인스타그램 성지로 유명해지면서 건물 앞에는 휘날리는 드레스 차림에 모델 포스로 사진 찍는 사람들을 늘 볼 수 있을 정도다. '무지개 건물'이라는 별명으로 더 유명한 이곳은 구 힐스트리트 경찰서다. 옛 경찰서 건물이 이렇게 컬러풀하게 바뀌다니, 새삼 메이크업의 중요성이 느껴진다. 알록달록하게 단장 하기 전 회색 건물은 과연 이게 같은 건물이 맞나 싶을 정도로 밋밋하고 차갑다. 창문 색깔 하나로 이렇게 확 달라지다니, 그

노 메이크업 시절을 떠올려 볼 수 있는 흑백 사진 　구 힐스트리트 경찰서 건물 전경, 지금은 경찰서가 아닌 2개
　　　　　　　　　　　　　　　　　　　　　　　　　　관공서로 사용 중이다

아이디어에 진심 물개 박수와 엄지척 종합세트로 크게 칭찬해주고 싶다.

　　그러나 놀랍게도 노 메이크업 시절, 그러니까 1930년대 경찰서로 처음 문을 열었던 당시에도 이곳은 꽤나 핫한 건물이었던 모양이다. 지금은 다소 아담하게 느껴지는 6층짜리 건물이 당시 관공서 건물 중 가장 높았고, 1층은 경찰서였지만 그 위로는 경찰들이 가족들과 거주할 수 있는 아파트가 있었다. 이 아파트가 어찌나 인기가 많았던지 서로 이곳에 살고 싶어 경찰들 사이에 웨이팅 리스트까지 있었다고 한다. 클락키를 바라보는 싱가포르 강변뷰에 현대식 화장실과 엘리베이터까지 갖추고 있었으니 그야말로 최고급 럭셔리 아파트였으리라.

　　안타깝게도 이곳은 일제 강점기 때 악명 높은 형무소로 사용되었다. 반일 감정을 가진 사람들을 데려다 무시무시한 고문을 했던 곳 말이다. 사람들에게 끔찍한 기억으로 남아있던 이곳은 1990년대 말 대대적인 개보수 공사(무지개 창문도 포함)를 거쳐 새로운 관공서가 되었다. 처음에는 정보 통신 및 문화부Ministry of Information, Communications and the Arts가 들어왔는데, 앞 글자를 따서 쉽게 '미카MICA'라고 불렀더랬다. 미카라는 이름이 입에 착 붙어 참 좋았는데, 지금은 이 부서가 정보 통신부MCI, Ministry of Communications and Information와 문화 청소년 및 커뮤니티부Ministry of Culture, Community and Youth의 2개의 부서로 나뉘면서 부르기가 영 어려워졌다. 분명 이름이 있는데 왜 부르질 못하니! 싱가포르 사람들도 어려웠던 걸까, 현재 이 건물 이름은 '구 힐스트리트 경찰서'로 정리가 됐다. '무지개 건물'이 더 좋지 않았을까 하는 아쉬움은 있지만 정식 명칭이 뭐 그리 중요하랴? 다만 이제는 더이상 경찰서가 아니니 오해는 말자.

Chapter 3

싱가포르 **아트 뮤지엄**과
싱가포르 **기독교의 시작**

싱가포르 아트 뮤지엄 Singapore Art Museum

● 주의사항 : 새단장 공사를 위해 휴관 중으로 2026년 재오픈 예정, 작품 전시는 다양한 장
　　　　　소에서 진행될 예정이니 홈페이지에서 전시 정보를 찾아보자.
● 홈페이지 : https://www.singaporeartmuseum.sg

싱가포르 아트 뮤지엄 전경

　　싱가포르 국립박물관을 나와 브라스바사 로드를 건너면 또 하나의 예쁜 유럽식 건축물이 우리를 반긴다. 2층의 나지막한 건물이 반원 모양으로 커브를 그리고 있어 마치 지나는 사람들을 포근하게 안아주듯 두 팔을 활짝 펼친 모양새다. 따뜻한 첫인상이 유독 좋았던 싱가포르 아트 뮤지엄은 싱가포르 및 동남아시아 작가들의 컨템포러리 예술 작품을 감상할 수 있는 곳으로, 2015년 내셔널 갤러리가 생기기 전까지 싱가포르의 대표적인 현대 미술관이었다. 줄임말을 참 좋아하는 싱가포르에서는 싱가포르(S) 아트(A) 뮤지엄(M)의 이니셜을 따서 SAM이라고 부르는데, '쌤'이라고 부르다 보면 어느새 더 친근해진다.

　　건물 정면에는 세인트 조셉 학교 St Joseph's Institution 라는 글자가 그대로 남아 있어, 본래 학교 건물이었다는 것을 쉽게 짐작해볼 수 있다. 세인트 조셉 학교는 싱가포르에서 가장 오래 된 카톨릭 남학교로 현재까지도 싱가포르의 대표 명문

학교 중 하나로 손꼽힌다. 요즘도 이 근처를 지날 때면 가이드 교육을 받던 시절 함께 공부했던 싱가포르 아저씨가 생각이 난다. 교육 중 싱가포르 아트 뮤지엄에 왔을 때였을 것이다. 건물 소개를 해주시면서 자신이 학교 출신임을 밝혔는데, 순간 모두가 '존경의 눈빛'으로 바뀌었던 기억이 생생하다. 복도가 커브 모양이라 수업 중에도 들키지 않고 몰래 나가 땡땡이 쳤던 이야기, 주변 여학교 학생들과 썸 타던 이야기 등 '라떼는 말이야'를 신나게 외치며 해주신 학창시절 이야기 덕분에 예전의 모습을 더욱 실감나게 떠올려 볼 수 있었다.

흥미롭게도 세인트 조셉 학교는 싱가포르의 기독교Christianity 역사와 아주 밀접한 관계를 갖고 있다. 그리고 그 뒤에는 싱가포르 카톨릭 설립에 큰 공헌을 한 프랑스 신부 장 마리 뷰렐Jean-Marie Beurel이 있다! 본래 싱가포르 아트 뮤지엄 자리에는 자그마한 성당이 있었는데, 뷰렐 신부는 그곳의 주임 신부로 있으면서 싱가포르에 새로운 성당과 카톨릭 학교가 필요하다고 여겼다. 어렵게 기금을 마련한 끝에 가장 먼저 1847년 싱가포르에서 가장 오래 된 카톨릭 성당인 '굿 셰퍼드 대성당'을 지었다. 그리고 2개의 카톨릭 학교를 세웠는데, 남학교로는 세인트 조셉 학교를, 여학교로는 지금의 '차임스CHIJMES' 자리에 아기 예수 수녀원 학교Convent of the Holy Infant Jesus를 세웠다. 이 근방에 있는 3개의 명소에 연결 고리가 생기는 순간이다!

세인트 조셉 학교 건물은 자금 부족으로 1867년에서야 비로소 완성되었다. 작은 돔이 있는 중앙 건물은 전형적인 19세기 프랑스 종교 건축 양식으로 지었고, 양쪽으로 펼쳐진 날개 모양 건물은 후에 추가되었다. 건물 2층에 있는 동상이 눈에 띈다. 두 아이들과 다정하게 서 있는 모습이 꼭 우리를 바른 길로 이끌어주는 선생님처럼 보인다. 동상의 주인공은 장 바티스트 드 라살Jean-Baptiste de La Salle로 '프랑스의 페스탈로치'로 불리는 성직자이자 교육의 수호 성인으로 알려진 인물이다. 부유한 가문 출신이지만 가난한 아이들의 교육에 헌신한 그는 그리스도교 학교 형제회(라살 수도회라고도 함)를 설립하여 세계 각지에 많은 학교를 설립했다. 이 동상은 1913년 그의 후손들이 이 학교에 기증한 것이다.

1995년에 미술관으로 새롭게 문을 연 싱가포르 아트 뮤지엄은 국립박물관에서 가까워 우리도 자주 놀러갔었다. 낯설고 어렵게만 느껴졌던 동남아시아 현

© Sengkang

세인트 조셉 학교라는 글자와 성인 라살의 동상이 눈에 띄는 입구

대 미술 작품에 처음으로 눈을 뜨게 해준 곳이기에 금세 흥미를 느끼고 정을 붙일 수 있었다. 따스한 햇살을 맞으며 옛 학교 정취가 남아 있는 미술관 복도를 따라 천천히 걸었던 것도 참 좋았다. 새로운 샘SAM, 싱가포르 아트 뮤지엄은 어떤 모습으로 바뀔지 기대가 된다.

한편 싱가포르 아트 뮤지엄은 2008년에 문을 연 샘 앳 8Q SAM@8Q라는 별관을 포함하고 있으며, 이곳에서는 설치 미술과 영상 작품, 퍼포먼스 아트 등을 주로 전시하였다. 샘 앳 8Q라는 이름은 이곳의 주소인 퀸 스트리트 8번지8 Queen Street에서 왔다. 막상 뜻을 알면 당연한 이름인데, 처음 이 비밀을 알았을 때는 그 작명 센스에 엄청나게 감탄을 했다. 그러나 건물 모습은 이름만큼 센스가 느껴지지는 않는다. 1950년 카톨릭 하이 스쿨Catholic High School이라는 남학교로 지어진 이 건물은 어디서나 흔히 볼 수 있는 4층의 학교 건물 형태로 수수한 디자인을 하고 있다. 본래 근처에 있는 '성 피터와 폴의 성당' 안에 딸린 작은 학교였는데 학생 수가 많아지며 새로 학교 건물을 지은 것이다. 카톨릭 하이 스쿨은 세인트 조셉 학교와 함께 현재까지 싱가포르의 명문 학교로 남아 있으며, 2022년 현재 싱가포르 총리인 리센룽 총리도 이 학교 출신이다!

▌굿 셰퍼드 대성당 Cathedral of the Good Shepherd

싱가포르 아트 뮤지엄에서 브라스바사 로드를 따라 걷다 보면 얼마 지나지 않아 싱가포르에서 가장 오래된 카톨릭 성당인 굿 셰퍼드 대성당을 만날 수 있다. 성당 건물은 전통적인 십자가 모양으로 되어 있으며, 네오 팔라디오 양식으로 현관을 받치고 있는 기둥과 우뚝 서 있는 종탑이 화려하지는 않지만 단아하면서도 당차게 느껴진다. 1830년대 초 지금의 싱가포르 아트 뮤지엄 자리에 작은 성당이 있긴 했지만, 늘어나는 신자들을 감당하기에는 무리가 있었다. 새 성당을 짓기 위해 장 마리 뷰렐 신부가 앞장서서 정부를 설득했고, 결국 토지를 얻

굿 셰퍼드 대성당 전경

어 지금의 굿 셰퍼드 대성당을 세울 수 있었다.

재미있게도 이 성당은 한국의 카톨릭 역사와 깊은 인연이 있다. 우리 역사 속 조선 후기, 천주교가 박해 받던 시절을 떠올려보자. 혹시 프랑스 신부 앵베르St Laurent Imbert라는 이름이 기억이 나는지, 아니면 한국 이름 범세형 신부가 좀 더 익숙할지 모르겠다. 앵베르 신부는 싱가포르에 온 최초의 카톨릭 신부이자 싱가포르에서 처음으로 미사를 거행한 인물로도 알려져 있다. 이후 그는 중국을 거쳐 1836년 한국으로 건너가 계속해서 활발한 선교 활동을 하였다. 그러나 당시 유교 사회였던 조선은 천주교의 평등사상과 조상의 제사를 지내지 않는 생활 방식이 사회를 어지럽힐 것을 염려하여 천주교를 거세게 배척했고, 안타깝게도 앵베르 신부는 기해박해(1839) 때 순교하였다. 순교 전 그는 다른 외국 선교사들이 행방을 드러내면 조선의 신자들이 용서받을 것이라 생각하여 감옥에 있는 동안 동료 신부들에게 자수할 것을 권고하는 편지를 보냈다. 편지에는 요한 복음을 인용하여 '나는 선한 목자라 선한 목자는 양들을 위하여 목숨을 버리거니와'는 구절이 쓰였다고 한다. 그의 순교 소식이 싱가포르에 전해지자 뷰렐 신부와 당시 주교였던 부쇼Bouch는 1847년 완공된 이 성당에 '선한 목자(굿 셰퍼드)'라는 이름을 붙였다.

본당에 들어서면 중앙 제단 뒤, 십자가에 못박힌 예수상이 보인다. 예수의 몸에서 빛이 뿜어 나오는 모습이 성스럽게 느껴진다. 중앙 제단에는 대성당 답

굿 셰퍼드 대성당 본당 내부. 중앙의
예수상이 눈에 띈다

장마리뷰렐 신부의 명판

앵베르 신부의 성물

게 주교좌 의자가 놓여져 있다. 또한 총 16장의 스테인드 글라스가 있는데 중앙
제단 양쪽 창에 위치한 성모자상과 성 요셉 스테인드 글라스가 가장 아름답기로
손꼽힌다. 본당 전면에는 싱가포르 카톨릭 설립에 큰 공헌을 한 뷰렐 신부의 명
판을 찾을 수 있으며, 우리 나라와 연이 깊은 앵베르 신부의 성물relic도 남아 있
으니 꼭 찾아보자.

현재까지 이 성당은 싱가포르 대교구 주교좌 성당으로, 서울의 명동성당처럼
싱가포르의 카톨릭 역사의 상징으로 지금까지 그 자리를 지키고 있다. 대성당 옆
에는 대주교의 집Archbishop's House과 사제들의 거주지도 함께 있다. 카톨릭 신자라면
유서 깊은 이 성당에서 미사를 보는 것도 특별한 경험이 될 것이다.

▌차임스 CHIJMES

"밤에 가기 좋은 곳 좀 추천해주세
요!" 투어를 하다 보면 종종 듣는 질문이
다. 싱가포르의 밤을 즐길만한 곳은 무
궁무진하게 많지만, 이색적이면서도 편
안한 분위기 속에서 맥주나 칵테일을 즐
기기에는 차임스 만한 곳이 없다. 옛 성
당과 수도원 건물을 개조하여 만든 레스
토랑과 바라니, 이미 매력적이지 않은가.
그러나 막상 "차임스 뭐라고 치면 될까
요?"라는 대목에서는 항상 멈칫하게 된
다. C.H.I.J.M.E.S 분명 영어인데 잘 읽

고딕 양식의 성당(채플) 첨탑이 눈에 띄는 차임스
정문

차임스의 시작이 된 콜드맨 하우스

히지도 않고, 더욱이 스펠링은 도통 떠오르지가 않는다. 사실 이 이름 속에는 차임스의 역사가 고스란히 들어 있다. 앞의 네 개의 알파벳 CHIJ는 아기 예수 수녀원 학교Convent of the Holy Infant Jesus의 줄임말로 싱가포르에서 가장 오래된 카톨릭 여학교다. 학교와 함께 이 자리에는 수녀원, 고아원, 그리고 성당(채플)이 있었는데, 1990년대에 상업 단지로 재개발되면서 차임스라는 이름을 붙였다. 학교와 성당이 있던 곳이라 늘 종소리를 들을 수 있었던 점에 착안하여, 학교 이름 CHIJ에 ES를 더해 종소리를 뜻하는 영단어 차임스chimes와 같은 발음의 차임스CHIJMES란 이름을 만들어냈다. 무릎을 탁 칠만한 기막힌 작명 센스가 아닐 수 없다!

당시 굿 세퍼드 성당의 신부였던 장 마리 뷰렐 신부는 싱가포르에 카톨릭 학교를 짓기 위해 부단히 노력했다. 그러던 중 파리에 갔을 때 아기 예수 수녀원과 인연이 닿아 수녀들을 말레이시아의 페낭으로 모셔오게 되었고, 그 중 세 사람이 싱가포르로 건너 와 학교를 세웠다. 이것이 바로 아기 예수 수녀원 학교CHIJ의 시작이다. 학교는 뷰렐 신부가 매입한 가정집을 개조하여 만들었는데, 이 건물은 지금도 차임스 안에서 가장 오래된 건물로 남아있다. 원래 집 주인이었던 콜드웰H.C. Caldwell의 이름을 따서 지금까지도 콜드웰 하우스라 불리며, 올드시티의 아트 하우스와 세인트 앤드류 대성당을 지은 건축가 조지 콜맨이 디자인하였다.

슬픈 사연이 담겨 있는 희망의 문

이듬해에는 콜드웰 하우스 근처의 집을 얻어 고아원도 열었다. 이곳에는 안타까운 사연으로 부모를 잃은 아이들이 많이도 모였다. 싱글맘이나 피치 못할 사정으로 아이를 키우기 어려운 여성들이 아기를 고아원 문 앞에 놓고 가는 경우도

차임스에서의 휴식

종종 있었다. 그 문은 '베이비 게이트' 또는 '희망의 문'이라 불렸는데, 지금도 콜드웰 하우스 근처에 남아 있다. 당시 아들을 선호하던 중국 문화로 인해 고아원으로 온 대부분의 아이들이 중국계 여자 아이였다는 기록에 괜시리 더 마음이 쓰인다.

차임스의 밤

학교가 커지면서 새로운 성당(채플)도 생겼다. 차임스 정문에서 바로 보이는 높은 첨탑의 새하얀 고딕 건물이 바로 그 성당이다. 1983년의 마지막 미사로 더 이상은 종교 시설이 아닌 이벤트 장소로 쓰인다. 싱가포르에서 가장 인기 있는 웨딩 장소 중 하나인데, 이곳을 예약하려면 무려 6개월에서 1년은 기다려야 한다고 한다! 아치형 천장과 샹들리에, 스테인드 글라스가 어우러진 모습이 어찌나 예쁜지 그 인기가 금세 수긍이 된다. 특히 성경의 주요 장면과 12사도를 묘사하고 있는 스테인드 글라스는 장관을 이룬다.

미식가라면 차임스 내 미슐랭 스타 식당인 레이 가든Lei Garden을 찾아 맛있는 딤섬을 맛보아도 좋다. 최근 떠오르는 해산물 식당인 뉴 우빈New Ubin Seafood에서 맛보는 칠리크랩도 좋다. 아니면 반짝이는 조명 아래 시원한 밤바람을 맞으며 음료 한잔을 기울여도 좋다. 멋진 건물 사진을 위해서는 낮에 보는 차임스도 추천해본다. 새하얀 유럽식 건축물과 곳곳의 예쁜 가로등, 계단참, 바닥의 아기자기한 타일 등 모든 것들이 밤과는 다른 매력을 뽐낼 것이다.

▌ 세인트 피터와 폴의 성당 Church of Saints Peter and Paul

세인트 피터와 폴의 성당 전경

굿 셰퍼드 대성당이 생기고 나서도 카톨릭 신자들이 빠르게 증가하자 싱가포르에는 또다시 새로운 성당이 필요해졌다. 특히 굿 셰퍼드 대성당에서는 주로 영어로만 미사가 진행되었기에 중국계와 인도계 신자들을 위한 세인트 피터와 폴의 성당이 새롭게 문을 열었다. 1870년 신 고딕 양식으로 완공된 이 성당은 정면에 장미 모양의 창이 눈에 띄며, 창 양쪽으로는 세인트 피터(성 베드로)와 세인트 폴(성 바울)의 동상을 볼 수 있다. 중국계 신자들이 많아서였을까 성당 건물에는 한자로 된 '천주당'이라는 글자도 보인다. 현재는 영어와 중국어 두 가지 언어로 미사가 진행되며, BBB 지역이 상업 지구로 변화하면서 대부분의 신자들은 예전부터 다니던 어르신 세대라고 한다.

▌ 루르드의 성모성당 Church of Our Lady of Lourdes

루르드의 성모성당 전경

1888년경에는 타밀어를 사용하는 인도계 신자들을 위한 새로운 성당인 루르드의 성모성당이 문을 열었다. 부기스에서 리틀인디아로 넘어가는 경계에 위치하고 있어 인도계 신자들이 이용하기 좋았고, 성당 내 타밀 학교도 지어 교육에도 힘썼다. 인도계 신자들이 이곳으로 옮겨 가면서 세인트 피터와 폴의 성당은 중국계 신자들을 위한 성당으로 굳어졌다. 세계 3대 성모 발현지로 꼽히는 프랑스 루르드의 성모성당을 본 따 이름 지었으며, 본당 안에는 작은 루르드 성모 동굴상도 있다. 현재는 영어와 타밀어 두 가지 언어로 미사가 진행된다.

▌세인트 조셉 성당 St Joseph's Church

© Someformofhuman, Ivan Akira

세인트 조셉 성당 전경

세인트 조셉 성당은 일찍이 싱가포르에 왔던 포르투갈 카톨릭 전도사들이 1853년에 포르투갈인들과 유라시안* 카톨릭 신자들을 위해 지은 성당이다. 고딕양식으로 팔각형 모양의 첨탑에 돔 지붕이 독특하며 전형적인 포르투갈식의 흰색과 푸른색 타일을 이용해 장식하였다. 이 성당을 지은 포르투갈 출신의 마이아 신부는 싱가포르에 오기 전, 당시 포르투갈 령이었던 마카오의 세인트 조셉 신학교에서 교수로 재직한 바 있으며, 그런 이유로 그는 싱가포르에 지은 새 성당에 세인트 조셉(성 요셉)의 이름을 붙였다고 한다. 싱가포르의 카톨릭 교회는 포르투갈과 프랑스의 두 관할 체제로 시작되었다가 후에 싱가포르가 로마 교황청 직속 대교구로 승격되면서 두 관할 체제가 하나로 통일되었다.

---

* 말 그대로 유럽과 아시아의 혈통을 가진 혼혈 그룹으로, 16세기부터 무역을 위해 동남아시아 지역에 진출한 포르투갈, 네덜란드, 영국 등에서 온 유럽인들이 현지 여성과의 결혼을 통해 낳은 자손들을 일컫는다. 유럽식 문화에 익숙하고 유창한 영어 실력을 갖춘 유라시안들은 영국 식민지 시절, 주로 화이트 칼라 직업을 갖고 관공서, 은행, 무역 회사 등에서 근무했다. 지금은 유라시안들이 많이 사라졌지만 이스트 코스트 지역에 있는 유라시안 헤리티지 센터 Eurasian Heritage Centre에 방문하면 그들의 독특한 문화를 엿볼 수 있다.

Chapter 4

비치 뷰를 자랑하던 싱가포르 최고의 호텔
: 래플즈 호텔 외

▌래플즈 호텔 Raffles Hotel

래플즈 호텔 전경

　"싱가포르에서 가장 좋은 호텔은 어디인가요?" 워낙 화려한 5성급 호텔이 많은 싱가포르다 보니 어느 하나를 고르기가 굉장히 어려울 거라고들 한다. 하지만 허무하게도 답은 이미 정해져 있다. 바로 래플즈 호텔, 제아무리 마리나베이 샌즈 호텔이 유명세를 떨쳐도 싱가포르 1등 호텔은 단연 래플즈다! 영국 식민지 시대의 역사와 전통이 살아 있으면서도, 전 객실이 현대적인 스위트룸으로 1박 비용이 최소 100만원은 훌쩍 뛰어 넘는 최고 럭셔리 호텔이며, 싱가포르의 대표 칵테일인 '싱가포르 슬링'의 탄생지이기도 한 유서 깊은 장소가 바로 이곳이다. 우리에게 래플즈 호텔은 래플즈경 이름 때문에 투어 중 수없이 언급하며 자연스레 사랑에 빠진 곳으로, 싱가포르를 떠나기 전 꼭 한번 묵어보고 싶은 꿈의 호텔이다.

© 비비시스터즈

© Sheba Also

(위)여행자 야자수, 항상 동서로 잎을 펼치고 있어 여행자들이 방향을 아는데 도움이 되었다. (아래)래플즈 호텔을 상징하는 인도인 도어맨

래플즈 호텔이 지닌 마법 같은 힘일까, 이곳에 들어설 때면 마치 시간 여행을 하는 기분이 든다. 호텔 앞, 부채처럼 넓게 잎을 펼치고 있는 여행자 야자수Traveler's Palm를 올려다보면 1900년대 초 미지의 세계인 아시아에 첫 발걸음을 디딘 유럽 여행자가 된 듯하고, 흰색 터번과 유니폼을 멋지게 차려 입고 프로페셔널한 몸짓으로 택시 문을 열어주는 인도 도어맨을 보면 옛 싱가포르의 부유한 마담이 된 듯하다. 입구에 들어서자마자 발걸음이 절로 우아해 지는 건 단순히 기분 탓만은 아니리라.

래플즈 호텔은 래플즈 이름이 붙었지만, 래플즈경이 세운 호텔은 결코 아니다! 이 호텔은 래플즈경이 싱가포르에 다녀가고도 한참 후인 1887년, 아르메니아인 사키스 형제가 현재 자리에 문을 열었다. 이 호텔이 원래 해변가 비치 하우스였다는 점이 흥미롭다. 왜냐하면 지금은 비치 하우스라는 말이 무색하게 전혀 바다를 볼 수 없기 때문이다. 호텔 앞 바다는 육지가 된지 오래고, 그 위에는 이미 수많은 고층 건물들이 들어섰다. 이제는 호텔 앞을 지나는 도로인 비치 로드Beach Road 이름만이 과거 이곳이 바닷가였음을 알려주고 있다.

호텔의 메인 건물은 당시 싱가포르 최고의 건축 회사 스완 앤 맥클라렌Swan & McClaren의 건축가 비드웰R.A.J Bidwell이 디자인했는데, 당대 싱가포르에서 가장 예술적인 건물로 인정받았다. 비드웰은 조지 콜맨 이후 최초로 싱가포르에 온 전문 건축가이기도 하다. 네오 르네상스 양식으로 기둥 장식과 아치 형의 창은 클래식함을 더했고, 높은 천장과 넓은 베란다는 열대 기후에 맞추어 추가되었다. 천장에는 당시로서는 최첨단 시설이었던 전기 조명과 선풍기도 설치되었다. 최근 2년간의 재건 공사 끝에 2019년 8월 새롭게 문을 열었는데, 래플즈 특유의

콜로니얼 분위기와 현대적인 요소가 잘 결합 되었다는 평가를 받으며 여전히 그 명성을 이어 나가고 있다.

싱가포르에서 가장 전통 있는 최고의 호텔인 만큼 세계 유명인사들도 이곳을 거쳐갔다. 영국의 엘리자베스 2세 여왕과 같은 세계의 왕족들과 '달과 6펜스'의 저자 서머셋 모옴, '정글북'을 쓴 러디어드 키플링 등의 문학인, 찰리 채플린, 엘리자베스 테일러, 칼 라거펠트, 마이클 잭슨까지… 너무나 유명한 이름들이 많다. 1993년 마이클 잭슨이 래플즈 호텔에 묵었을 당시 싱가포르 동물원 스타였던 오랑우탄 '아멩'을 호텔로 초청하여 함께 시간을 보낸 일화가 유명하다. 지금도 싱가포르 동물원에는 오랑우탄과 함께 아침 식사를 하는 프로그램Jungle Breakfast with Wildlife을 운영하고 있으니 한 번 체험해봐도 좋겠다.

© Raffles Hotel Singapore

롱바에서 만날 수 있는 싱가포르 슬링과 땅콩 자루

싱가포르에서 꼭 맛보아야 하는 싱가포르 슬링Singapore Sling은 래플즈 호텔의 롱바Long Bar에서 탄생했다. 진 베이스의 칵테일로, 싱가포르의 해질녘 노을 빛을 닮은 핑크 빛깔에 열대 과일의 풍미가 느껴지는 달콤한 맛이 특징이다. 당시 영국 관습에 따르면 여성들은 공공 장소에서 술을 마시는 것이 금지되어 있었다고 한다. 롱바에서는 이들을 위해 꼭 과일주스처럼 생긴 핑크빛 칵테일을 개발했고, 금세 큰 인기를 얻으며 싱가포르 대표 칵테일로 자리잡게 되었다. 싱가포르 슬링 외에도 롱바에 가봐야 할 이유는 또 있다. 테이블마다 놓인 땅콩 자루가 바로 그것이다. 롱바에서는 땅콩 껍질을 바닥에 마음껏 버릴 수 있는데, 그게 이곳의 전통이자 규칙이다. 거리에 휴지 한 장 버리는 것도 벌금을 매기는 후덜덜한 싱가포르에서 유일하게 마음껏 쓰레기를 버려도 되는 곳인 셈이다.

래플즈 호텔은 투숙객들의 프라이버시를 중시하여 투숙객이 아니면 입장 가능한 곳이 제한되어 있다. 그러나 꼭 호텔에 묵지 않더라도 래플즈 호텔을 즐길 수 있는 곳은 많다. 그랜드 로비에서 즐기는 우아한 애프터눈 티는 어떨까. 호텔의 역사와 함께해온 티핀룸에서 맛보는 황홀한 인도 음식도 좋다. 고급스러

© 비비시스터즈

운 분위기와 세심한 서비스도 기가 막히지만 다른 데서 먹어보지 못한 음식 맛에 감탄이 절로 나온다. 호텔 내 쇼핑몰인 래플즈 아케이드에 있는 래플즈 부티크도 들러볼만하다. 호텔의 역사가 담긴 기념품과 소품, 싱가포르 슬링까지 고급스러운 선물이 가득하다.

▌ 사우스 비치 South Beach

래플즈 호텔 건너편에는 래플즈 호텔과는 정반대의 모던한 매력을 가진 JW 메리어트 호텔을 만날 수 있다. 래플즈 호텔보다 훨씬 높은 45층의 기세등등한 모습이지만 전통과 역사로 단단하게 무장된 래플즈 호텔도 그 기세에 절대 뒤지지 않는 모양새다. JW 메리어트 호텔을 포함하고 있는 복합 컴플렉스 사우스 비치는 두 개의 고층 건물과 네 개의 옛 헤리티지 건물로 구성되어 있다. 멀리서 바라보면 저층부를 덮고 있는 황금색 캐노피 지붕이 파도처럼 곡선을 이루고 있어 높이 솟은 두 개의 건물은 꼭 바다 위에 떠 있는 요트처럼 보인다. 영국 유명 건축회사 포스터 앤드 파트너스Forster+Parters가 디자인한 이 컴플렉스는 우리에게는 한국의 현대 건설이 지었다는 사실이 더 반갑게 다가온다.

사우스 비치 컴플렉스 전경

　　네 개의 낮은 헤리티지 건물들은 모두 군사시설이었다. 하나는 영국 식민지 시절부터 부사관 클럽Non-Commissioned Officers' Club으로 이용되던 건물이고 나머지는 옛 군사 주둔지였다. 싱가포르 독립 이후인 1967년, 싱가포르에 최초로 군대가 창설되었을 때 입대한 부대이기도 해서 싱가포르 군 역사에 중요한 장소이기도 하다.(싱가포르도 한국과 마찬가지로 18세 이상의 남자는 약 2년간의 군 복무의 의무가 있다!)

　　JW 메리어트 호텔은 비치뷰도 좋지만, 올드시티와 BBB를 한 눈에 바라볼 수 있는 시내뷰도 전망이 끝내준다. 특히 래플즈 호텔을 한 눈에 내려다 볼 수 있는 것이 큰 장점으로 꼽힌다. 캐노피 지붕 아래 위치한 헤리티지 건물들은 호텔 그랜드 볼룸과 식당가로 바뀌었다. 한국에서 핫하다는 퓨전 일식당 아키라백과 이태원 맛집인 멕시칸 식당 바토스도 이 안에 있다.

Chapter 5

다양한 종교 시설을 한 도로 위에서 만나다
워털루 스트리트

마게인 아보스 유대교 회당 Maghain Aboth Synagogue
- 주의사항 : 회당 방문시 공식 홈페이지를 통한 사전 예약 필수.
- 홈페이지 : https://www.singaporejews.com/our-community/maghain-aboth-synagogues

마게인 아보스 유대교 회당 건물 모습

싱가포르에는 다양한 민족이 모여 사는 만큼 다양한 종교가 공존하고 있다. 새로운 땅에 정착해야 하는 힘겨운 삶 속에 아마도 종교는 큰 힘이 되어주었을 것이다. 유럽인들이 많던 올드시티와 BBB 지역에는 지금도 기독교 시설이 많고, 리틀인디아에는 힌두 사원이, 차이나타운에는 불교 사원이 많다. 여기까지는 누구나 예상 가능한 스토리다. 그런데 BBB 지역의 워털루 스트리트는 우리의 예상을 뛰어 넘는다. 한 도로 위에 다양한 종교 시설이 모두 모여 있는데, 그야말로 말로만 듣던 싱가포르 종교의 다양성을 눈으로 확인하는 순간이다! 싱가포르 아트 뮤지엄 옆 작은 골목길, 워털루 스트리트를 찾아보자. 그곳이 바로 싱가포르 속 세계 종교 여행의 출발점이다.

워털루 스트리트에 들어서자마자 보이는 유럽식 건물은 얼핏 보기에는 별 특별할 게 없어 보인다. 그러나 건물 외벽을 살펴보면 2개의 삼각형이 겹쳐진 별 모양을 찾을 수 있다. 뭔가 떠오르는가? 그렇다. 유대교의 대표 상징이자 이스라엘 국기에도 들어 있는 '다윗의 별'이다. 그렇다면 이 건물은 뭘까? 바로 시나고그 Synagogue라고도 불리는 유대교 회당이다.

1878년에 완공된 마게인 아보스 유대교 회당은 싱가포르와 동남아시아를 통틀어 현재까지 살아 남은 가장 오래된 유대인 회당이다! 건물 중앙에는 회당 이름인 '마게인 아보스'라는 글자가 히브리어로 적혀 있는데, '아버지의 방패Shield of our Fathers'라는 뜻이라고 한다. 유대인이 아니면 입장이 제한되어 있어 아쉽게도 내부 관람은 쉽지 않다. 운 좋게도 유대인 친구와 함께 회당 안으로 들어가 본 적이 있는데, 남성과 여성이 기도하는 장소가 분리되어 있는 점이 특별했다. 남성은 1층, 여성은 2층의 U자형 발코니석에서 예배를 본다. 또한 정면에는 검은색 커튼이 내려져 있었는데, 커튼 뒤에는 유대교의 율법서인 토라Torah가 보관되어 있으며 항상 성지인 예루살렘 방향을 향하고 있다고 한다.

ⓒ 비비시스터즈

나란히 서 있는 제이콥 발라스 센터와 유대교 회당

회당 바로 옆에는 7층짜리 제이콥 발라스 센터Jacob Ballas Centre가 보인다. 제이콥 발라스는 싱가포르에서 가장 유명한 유대인 중 하나로 1960년대 싱가포르와 말레이시아의 증권거래소 CEO를 역임했던 성공한 주식 중개인이자 자선 사업가다. 싱가포르에 정착한 유대인은 극소수지만 사회에 큰 공헌을 한 사람들이 많다. 제이콥 발라스 센터에는 랍비와 가족들의 거주지가 있고, 유대인들의 음식을 파는 코셔 식당과 코셔 식재료를 파는 마켓이 있다. 싱가포르 보타닉 가든에는 그가 남긴 어린이들의 놀이터, 제이콥 발라스 칠드런스 가든이 있다.

마게인 아보스 유대교 회당을 방문하려면 사전 예약이 필수이며, 입장은 매우 제한적이다. 그러나 싱가포르에 유대교 회당이 있다는 것을 발견했다는 것만으로도 특별한 경험이 아닐까. 유대교 안식일인 토요일 아침 예배 시간 즈음 해서는 유대교 신자들이 동그란 모양의 키파Kippah 모자를 쓰고 삼삼오오 유대교 회당으로 모이는 모습을 볼 수 있다.

▌관음당불조묘 Kwan Im Thong Hood Cho Temple

워털루 스트리트 끝에 다다르면 두 개의 사원이 사이 좋게 나란히 서 있는 것

새해 첫날 관음당불조묘 앞 신자들

을 볼 수 있다. 처음 이곳에 갔던 건 어느 해 구정 즈음이었던 것 같다. 수많은 사람들이 장사진을 치며 향을 피우고, 사자춤Lion Dance을 추는 무리들과 꽃과 향을 파는 사람들, 그리고 그 꽃향기와 향내음으로 정신이 쏙 빠졌더랬다. 정신이 없는 와중에도 분명히 기억나는 것은 두 사원 중 하나는 불교 사원이고, 다른 하나는 힌두교 사원이라는 사실이었다. 서로 다른 종교 사원이 이렇게 가까이 붙어 있다니, 헛것을 본 건 아닌지 심히 당황스러워지는 순간이다.

1884년 지어진 관음당불조묘는 싱가포르에서 가장 오래된 불교 사원 중 하나로 현지인들에게 인기가 어마어마하게 많다. 사원 안에는 우리에게 관세음보살로 알려진 관음Guan Yin을 모시고 있는데, 관음은 중생을 구제하는 자비의 여신으로도 알려져 있으며, 싱가포르에서는 마치 하나의 종교처럼 관음만을 섬기는 사람들도 있다. 사원 입구는 향을 피우는 신자들로 늘 붐빈다. 불을 피운 향을 두 손으로 꼭 잡고 머리 위로 올린 다음 사원을 향해 고개 숙여 절한다. 무슨 소원을 비는 걸까 궁금하다가도 간절하고 진지한 눈빛에 덩달아 숙연해진다.

항상 신자들로 붐비는 사원이지만 가장 많은 인파가 모이는 날은 따로 있다. 새해 하루 전날인 구정 전야다. 이 날에는 수 천명의 신자들이 사원 앞에 모여 줄을 서는 재미난 광경이 연출된다. 대체 왜 이렇게 줄을 서는 걸까? 바로 어느 누구보다 빠르게 새해의 첫번째 향을 피워 한 해의 행복과 건강을 기원하기 위해서다.

© Terence Ong

관음당불조묘 전경

두 번째로 이 사원에 간 것은 일본인 친구와 함께였다. 평소 얌전한 성격과 다르게 인파를 헤치고 들어가더니 비장한 표정으로 여기서는 꼭 점괘를 뽑아야 한다고 했다. 구첨求籤이라 하는 막대 100개가 들은 통을 흔들어서 튀어 나온 단 한 개의 막대기가 내 점괘가 되는 식이었다. 그러고보니 본당 안은 통을 흔드는 "착착착" 소리로 가득했다. 마침내 단 하나의 막대가 뽑히면, 초승달 모양의 자오베이珓杯를 던져 그 점괘가 맞는지 확인해 봐야한다. 2개를 동시에 바닥에 던져 서로 다른 면이 나오면 Yes, 둘다 볼록한 면이 나오면 No, 둘다 편평한 면이 나오면 판단 불가의 의미다. No가 나오면 처음부터 다시 해야하니 낭패다. Yes가 나오면 막대 끝에 적힌 번호를 대고 점괘 종이를 받는다. 그 친구가 무엇을 빌었는 지는 끝까지 듣지 못했지만 사뭇 진지했

© Underwaterbuffalo

사원 안에서 만날 수 있는 점괘 도구들

던 표정은 지금도 기억에 선하다. 이 사원의 인기 비결은 용하다는 이 막대 점 때문인지도 모르겠다. 그러나 막대 뽑기는 생각보다 쉽지 않다. 재미로 빨리 하나 뽑아 볼까 하는 마음으로는 절대 단 한 개의 막대를 뽑을 수 없다. 모든 일엔 다 정성이 필요한 법이다.

▌ 스리 크리슈나 사원 Sri Krishnan Temple

관음당불조묘와 이웃하고 있는 힌두 사원은 스리 크리슈나 사원이다. 1870년에 지어졌으며 싱가포르에서는 유일하게 크리슈나 신과 그의 배우자 룩미니를 모신 힌두 사원이다. 사원은 전형적인 남인도식 양식으로 입구에 있는 높은 탑(파고다)인 '고푸람gopuram'이 특징적이다. 사원 전면에 비슈누 신의 10가지 화

스리 크리슈나 사원 전경

신이 새겨져 있는 것이 흥미롭다. 비슈누 신은 힌두교의 3대 신 중 하나로 부도덕이 판칠 때마다 나타나 세상을 구하는데, 흔히 아바타라고 부르는 다양한 화신의 모습으로 세상에 나타난다고 한다. 크리슈나는 비슈누의 8번째 화신이며, 목동의 모습을 한 장난기 많은 모습으로 인기있는 신 중 하나다. 힌두교에서는 부처를 비슈누의 9번째 화신으로 여기는데 아마 그런 이유로 힌두교 사원과 옆의 불교 사원이 함께 나란히 있을 수 있는 것인지도 모르겠다.

스리 크리슈나 사원에는 힌두교 신자들 뿐 아니라 바로 옆 관음당불조묘 신자들도 많이 찾아온다. 하도 관음당 신자들이 찾아와 향을 피우다 보니 아예 사원 앞에 중국식 향로를 가져다 두었다. 심지어 구정 때는 사원 앞에 붉은색 중국 랜턴 장식을 하기도 한다. 서로 다른 종교 사원이 이웃하며, 다른 종교의 신에도 기도를 하는 모습은 아마도 싱가포르에서만 볼 수 있는 진귀한 장면이 아닐까. 싱가포르의 평화로운 종교 화합의 현장이 바로 여기에 있다.

▌ 마지드 벤쿨렌 Masjid Bencoolen

워털루 스트리트 근방에는 다른 종교 시설도 곳곳에 숨어 있다. 마지드 벤쿨렌은 1825년 벤쿨렌 지역(현재의 인도네시아)에서 온 무슬림들이 세운 이슬람 사원으로 BBB 지역 내 벤쿨렌 스트리트에 있다. 벤쿨렌 호텔 옆 고층 건물

고층 건물 속 마지드 벤쿨렌 전경

이라 주의 깊게 살피지 않으면 그냥 지나치기 쉽다. 원래는 목조 건물에 야자수 지붕을 이은 임시 사원이었지만, 1845년 부유한 아랍 상인 알주니드의 도움으로 모스크(마지드)를 지을 수 있었다. 그러나 2001년 이 지역이 재개발되면서 옛 모스크는 철거되고, 현재의 모스크는 주상 복합 건물 안에 자리하게 되었다.

▌감은 감리교회 Kum Yan Methodist Church

현대식 건물로 바뀐 감은 감리교회

감은 감리교회는 BBB지역 내 퀸 스트리트에 있는 감리교회로, 1918년 광동 출신 교사들이 모여 차이나타운에 세운 감리교회가 1946년에 현재 위치로 옮겨온 것이다. 재개발로 인해 아쉽게도 옛 건물은 사라지고 현대식 건물이 되었다. 싱가포르 감리교는 1880년대 중반 토번과 올드햄 두 선교사가 들어오면서 시작되었는데, 그들이 설립한 싱가포르 최초의 감리교 미션 스쿨인 앵글로 차이니즈 학교Anglo Chinese School, ACS는 지금도 싱가포르의 명문 학교로 남아 있으며, 싱가포르 최초의 감리교회인 웨슬리 감리교회Wesley Methodist Church는 싱가포르 국립박물관 옆에 여전히 그 자리를 지키고 있다.

Chapter 6

BBB에 자리한
특별한 예술 학교

▌**싱가포르 라살 예술대학** LASALLE College of the Arts

© 비비시스터즈

라살 예술대학 전경

아무리 예알못(예술을 알지 못하는 자)이라 해도 어릴 적 미대 언니 오빠들에 대한 동경은 한번쯤 있었을 것이다. 우리도 대학 신입생 시절 화구통을 쿨하게 어깨에 걸쳐 매고 자유로운 패션을 즐기는 예술학도들이 유난히 멋져 보였던 기억이 있다. BBB 지역을 걷다 보면 그런 미대 포스가 느껴지는 젊은이들을 종종 마주칠 수 있다. 왜냐하면 싱가포르의 유명한 예술 학교들은 다 이 동네에 모여 있으니 말이다.

BBB와 리틀인디아 경계 쯤에 있는 로초Rochor MRT역 앞에는 마치 하나의 거대한 예술 작품 같은 건물이 있다. 이곳은 싱가포르의 종합 예술 대학교인 라살 예술대학으로, 입구에 들어서자마자 양쪽으로 깎아지를 듯한 외벽과 크리스탈 같은 통유리창이 압도적이다. 유리창 안으로 학생들이 작업하는 모습을 살짝 엿볼 수 있었는데, 이런 멋진 건물에서 작업한다면 예술적인 영감이 절로 떠오를 것만 같았다. 라살 예술대학 캠퍼스는 7층짜리 건물 6개 동으로 이루어져 있으며, 각 건물은 구름다리로 연결되어 있다. 건물 사이로는 야외 아트리움 공간이 펼쳐져 있는데, 이곳 학생이 아니더라도 자유롭게 산책이 가능하다.

건물 바깥쪽은 네모 반듯한 검정색 상자 모양으로 되어 있는데, 불규칙적으로 창문이 뚫려 있는 검은 외벽이 현대적이면서도 기이한 느낌을 준다. 재미있게도 이 디자인은 자연에서 영감을 받은 것이라고 한다. 과학시간에 배웠던 협곡이나 그랜드 캐니언을 떠올려보자. 가파른 절벽을 떠오르게 하는 건물 형태와 자연스러운 모양의 구름다리는 오랜 시간에 걸쳐 풍화되어 만들어진 골짜기를 연상케 한다.

라살 예술대학은 1984년 아일랜드 출신 수도사 조셉 맥날리Joseph McNally가 설립했다. 그는 어릴 적 그리스도 학교 형제회(라살 수도회)에서 교육을 받고, 23세 때 처음 싱가포르로 건너와 세인트 조셉 학교 교사로 재직하며 싱가포르와 인연을 맺었다. 라살 예술대학은 비록 자그마한 교내 아트센터로 시작됐지만, 1990년대 싱가포르의 예술 분야에 대한 투자가 본격화되면서 정부 및 여러 기업들의 후원으로 2007년 지금의 캠퍼스에 자리하게 되었다. 2025년에는 지금의 캠퍼스 옆에 새로운 캠퍼스가 들어설 예정이라고 하니 또 어떤 창의적인 디자인으로 학생들의 예술적인 영감을 끌어낼 건물이 나올지 기대가 된다.

▋ 난양 예술 아카데미 Nanyang Academy of Fine Arts, NAFA

BBB 지역을 걷다 보면 NAFA라는 글자가 붙은 건물이 자주 나타나 궁금증을 자아낸다. 나파NAFA는 싱가포르 최초의 예술 교육기관이자 종합 예술대학인 난양 예술 아카데미를 뜻하는데, 본관 건물과 3개의 캠퍼스가 이 지역에 흩어져 있다. 본래 난양南洋은 남쪽 바다라는 뜻으로 중국에서는 예로부터 싱가포르를 포함한 동남아 일대를 난양이라 불렀으며, 싱가포르에서 설립된 '난양 화풍'이라고 하면 서양식 아이디어와 미술 기법을 로컬의 주제와 결합한 독특한 양식을 말한다.

난양 예술 아카데미는 1938년 중국 출신의 미술 교사였던 림학타이Lim Hak Tai가 세웠다. 중국 학교를 모델로 하였지만 다양한 문화가 공존하는 싱가포르의

난양 예술 아카데미 본관 건물   난양 예술 아카데미 1캠퍼스 전경

특성을 살려 커리큘럼 내 서양식과 중국식 예술의 균형을 맞추었다. 2차대전 이후에는 청수핑, 첸웬시, 첸총스위, 조제트 첸과 같은 예술가들이 난양 학교에서 교편을 잡으며 난양 화풍 설립에 큰 기여를 했다. 이들의 작품은 내셔널 갤러리에서 많이 볼 수 있는데, 그만큼 싱가포르의 대표 예술가들을 배출한 학교임을 알 수 있다.

난양 예술 아카데미 캠퍼스 일대에는 이곳 학생들이 제작한 독특한 조각상이나 거리 아트도 감상할 수 있다. 그리고 학생들을 위한 가격 착한 식당들과 카페도 있어 싱가포르 대학가 분위기를 살짝 느껴볼 수도 있겠다. 학교 건물은 입장에 제한이 있으나 때때로 교내 갤러리에서 다양한 전시가 이루어지고 있으니 관심이 있다면 들러 봐도 좋다.

▌스쿨 오브 더 아트 School of The Arts, SOTA

"저 건물은 뭐예요?" 싱가포르에 워낙 독특한 건물이 많아서일까. 질문을 던지는 사람들의 얼굴에는 항상 기대감이 가득하다. 스쿨 오브 더 아트라는 풀네임이 어색할 정도로 싱가포르에서는 흔히 '소타SOTA'라 부르는 이 건물은 유동인구가 많은 브라스바스 로드 초입에 있는데다, 건물 외벽을 타고 자라는 푸른 식물 덕에 더 많은 사람들의 이목을 끈다. 이 건물이 학교라고 하면 보통 놀라는 반응이다. 아마도 우리가 아는 학교 모습과 많이 다르기 때문이리라. 그런데 예술 학교라고 하면 "어쩐지…"하는 표정으로 바뀐다. 예술 학교는 뭔가 달라도 다르기를 기대하는 것이 우리네 마음인가보다.

© 비비시스터즈

독특한 소타(School of The Arts) 학교 건물 전경

소타는 2010년에 문을 연 싱가포르 최초의 예술 특성화 중, 고등학교다. 독특한 외관 때문에 학교라기보다는 발리에서 본 듯한 휴양지 리조트 느낌이다. 건물을 자세히 살펴보면 큰 건물을 여러 개의 기둥이 받치고 있는 모양새다. 그래서 학생들은 에스컬레이터를 타고 대략 6층 높이까지 올라가야 비로소 학교 운동장과 교실을 만날 수 있다. 건축 당시 실내외 공간이 자연스레 연결되면서도 바람이 잘 통하게 만드는 것에 특히 공을 들였다고 한다. 외벽의 푸른 식물들은 필터가 되어 도시의 먼지와 소음을 막아주고, 뜨거운 태양열을 막아 건물을 시원하게 해준다. 누구에게나 오픈되어 있는 1층 공간에는 소규모 공연장과 아트 갤러리가 있어 소타 학생들의 작품 뿐 아니라 외부 공연도 감상할 수 있다.

소타는 독특하게도 예술과 아카데미의 통합과정으로 커리큘럼이 운영되며 6년 과정 후에는 IB 디플로마를 받는 시스템이다. IB International Baccalaureate는 대학 수업을 위한 중등교육과정을 국제적으로 표준화한 프로그램인데, IB 과정을 밟으면 국가 제한없이 진학 가능한 대학이 많아 선택의 폭이 넓고, 세계 최상위 학교까지 진학할 수 있다는 점에서 각광받고 있다. 싱가포르에서는 2002년에서야 예술계 중,고등학교를 설립하자는 아이디어가 나왔으니 우리나라에 비해서는 아주 늦은 편이다. 독립 직후부터 경제 발전이 나라의 최우선 과제였고, 그런 분위기 속에 부모들도 자녀를 예술가보다는 의사나 사업가로 키우기를 바랐기 때문이다. 그런 역사적 배경 탓일까, 최근에는 소타의 우수 학생들이 졸업 후 예술

계가 아닌 타분야로 진출하는 아이러니한 상황이 왕왕 벌어지고 있다고 하니 어쩐지 웃프다.

▌국립 디자인 센터 National Design Centre

내셔널 디자인 센터 전경

내셔널 디자인센터 1층 아트리움

유럽식 감성이 느껴지는 하얀색 건물에 '국립 디자인 센터National Design Centre'라는 글씨가 눈에 띈다. 이 건물은 원래 약 120년 동안이나 성 안토니오 수녀원 학교St Anthony's Convent였는데, 포르투갈 선교사이자 앞서 소개했던 세인트 조셉 성당의 신부였던 쿠냐 신부가 가난한 아이들을 위해 설립하였다. 이 학교는 세인트 조셉 성당 바로 옆에 지었는데, 그래서 지금도 성당과 옛 학교 건물이 나란히 붙어 있는 것을 볼 수 있다.

2011년 새롭게 국립 디자인 센터로 탄생한 이곳은 외관은 옛 모습을 그대로 유지하면서도, 내부는 매우 현대적인 공간으로 꾸며졌다. 원래 운동장과 정원으로 쓰였던 1층 아트리움 공간은 유리 지붕을 설치하면서 포근한 자연광이 들어오는 전시 공간이 되었다. 이곳에는 정부 기관인 디자인 싱가포르 위원회Design Singapore Council 본부가 있으며, 2021년의 '싱가포르 디자인 50년사Fifty years of Singapore Design' 전시를 비롯하여 로컬 디자인을 엿볼 수 있는 전시 및 이벤트가 항시 진행중이다.

Chapter 7

나이트 마켓부터 저렴한 쇼핑까지 즐길 수 있는
부기스

▌ 국립도서관 National Library

싱가포르 국립 도서관 전경

브라스바사에서 부기스 쪽으로 걷다 보면 그 경계를 알려주기라도 하듯 높은 건물이 우뚝 서 있다. 미래적인 외관을 자랑하는 이곳은 바로 싱가포르 국립 도서관이다. 한국에서는 바쁘다는 핑계로 도서관을 통 이용하지 못했는데, 싱가포르에선 무료함을 달래려 북클럽에 들어가 책을 빌려 보기 시작한 것이 인연이 되어 도서관과 친해지게 되었다. '국립'이라는 타이틀 때문에 괜히 부담을 느낄 필요는 없다. 싱가포르 거주자든 관광객이든 누구나 자유롭게 출입 가능한 친근한 도서관이다.

2005년 개관한 국립 도서관의 역사는 싱가포르 국립박물관 안에 도서관과 박물관이 함께 있던 시절로 거슬러 올라간다. 도서관은 박물관 근처 다른 건물로 분리되었다가 현재 건물로 자리를 옮겼다. 하나의 건물로 보이는 국립 도서관은 사실은 2개의 건물로 되어 있으며 층마다 구름다리로 이어져 있다. 두 건물 사이의 아트리움 공간은 누구나 자유롭게 드나드는 열린 공간으로 때로는 전시장이 되고, 공연장이 된다.

우리가 자주 이용하는 지하층의 중앙 도서관Central Public Library에는 대여 가능한 책들이 모여있다. 싱가포르 도서관의 독특한 점은 싱가포르의 4가지 공용어로 된 책이 모두 마련되어 있다는 점이다. 물론 영어와 중국어 도서에 비해 말레이어와 타밀어 도서는 그 섹션이 작긴 하지만 그래도 다 있다는 것이 중요하

국립 도서관 내 어린이 도서관, 마이 트리 하우스

다. 또한 이곳에는 '마이 트리 하우스My Tree House'라는 어린이 도서관이 잘 되어 있다. 예쁜 숲 속 놀이터 같은 공간에 재미난 어린이 도서가 가득하여 아이들이 정말 좋아한다. 2-6층에는 드라마 센터Drama Centre라는 공연장이 있고, 7-13층에는 참고자료실Lee Kong Chian Reference Library이 있는데 도슨트 활동을 하며 좀 더 깊이 있는 리서치가 필요할 때 가끔 들렀다. 자료도 물론 좋았지만 높은 곳에서 통유리창을 통해 BBB 지역을 훤히 내려다 볼 수 있어 더욱 좋았다!

도서관에서 책을 대여하기 위해서는 도서관 카드 발급이 필수다. 싱가포르 거주자라면 간단한 절차를 거쳐 카드 발급이 가능하다. 도서관 어플리케이션을 이용하면 원하는 책을 예약하고, 나와 가까운 도서관으로 옮겨주고, 반납일을 연기하는 등의 서비스도 가능하다. 관광객의 경우에는 도서관 출입 및 열람은 가능하나 대여는 불가하다.

▌ 브라스바사 컴플렉스 Bras Basah Complex

브라스바사 컴플렉스 전경, 윗쪽의 아파트 건물이 인상적이다

국립도서관 바로 옆에는 외관부터 연륜이 느껴지는 브라스바사 컴플렉스 건물이 있다. 1980년에 지어진 주상복합 건물인데, 싱가포르 현지인들은 '책의 도시The City of Books'라고 부를 정도로 수많은 서점이 들어서 있다. 빳빳한 신간 도서는 물론이고 한 권에 2-3달러 하는 중고 헌책, 손때 묻은 교과서, 마니아층을 위한 잡지책 등 그 종류도 무궁무진하다.

5층 상가 건물 위로는 아파트가 있다.

싱가포르 현지인들이 거주하는 공공아파트HDB, Housing Development Board인데, 세월의 흔적이 묻어나는 만큼 발코니마다 삐쭉 나온 긴 장대에 빨래를 말리는 모습이 정겹기만 하다. 지금은 도심 속 나홀로 아파트가 어색하게 느껴지지만 예전에는 거주자들도 많고 주변에 학교도 많아 자연스레 책방과 문구점이 많아졌다고 한다. 이제는 많은 학교들이 교외로 옮겨갔지만 파퓰러 Popular라는 중형 서점과 미술 재료를 판매하는 아트 프렌드 Art Friend가 있어 지금도 학생들이 종종 찾아오며, 근방의 예술 학교 학생들도 즐겨 찾는다. 책값은 한국보다 비싼 편이지만, 잘 뒤져보면 중고 책 중에서 괜찮은 보물을 발견할 수도 있다.

(위) 브라스바사 컴플렉스의 중고 책방, (아래) 색색깔의 표지가 덮여 있는 학교별 기출문제집

처음 브라스바사 컴플렉스에 갔을 때 눈길을 끄는 것이 있었다. 책방 마다 총천연색 표지가 씌워진 종이 묶음이 비닐로 곱게 싸여 가지런히 진열되어 있는 것이다. 나중에 알고 보니 표지에 연도와 과목명이 적힌 그것은 기출 문제를 모아 놓은 문제은행 같은 거였다. 아이들 시험을 위해 이렇게 열성적으로 대비하다니, 싱가포르의 교육열도 만만치 않다는 것이 여실히 느껴졌다. 요즘은 인터넷에서도 검색 가능하지만 기출 문제 판매는 여전히 성업 중이다.

우리에게 브라스바사 컴플렉스는 재미난 추억이 많은 곳이다. 가이드 공부를 할 때는 복사, 제본을 하느라 자주 드나들었고, 가이드가 되고 나서는 투어할 때 쓸 자료도 만들고, 가이드의 필수품인 레이저 포인터도 여기서 샀다. 경험치가 꽤 쌓인 지금에 와서는 예전에 만든 자료들이 영 부실해 보이지만, 그때의 열정이 담겨 있어 고이 남겨두었다. 오랜 시간 한 자리에 버티며 싱가포르 사람들과 함께 세월을 지내온 브라스바사 컴플렉스는 우리가 그랬듯 누군가에게도 예상치 못한 추억거리를 만들어 줄 거라 믿는다.

▮ 부기스 정션 & 부기스 플러스 Bugis Junction & Bugis+

부기스 정션 쇼핑몰 입구   부기스 플러스 쇼핑몰 전경

국립 도서관에서 나와 부기스 방향으로 길을 건너면 분위기가 확 달라진다. 두 개의 큰 쇼핑몰, 부기스 정션과 부기스 플러스를 중심으로 하는 부기스 쇼핑 지구가 나오기 때문이다. 젊은 고객들을 타깃으로 하는 저렴한 가격과 트렌디한 취향의 상점이 주를 이루고 있어, 주말이면 많은 젊은이들이 이곳에 모여 시간을 보낸다.

부기스 정션 쇼핑몰은 원래 샵하우스가 늘어서 있던 3개의 실제 거리를 유리 지붕으로 덮어 쇼핑몰로 바꾸었다는 점이 흥미롭다. 그래서인지 분명 실내로 들어왔는데 바깥에 있는 거리를 걷는 것 같은 색다른 기분이 든다. 쇼핑몰에는 지금도 말라바 스트리트, 말레이 스트리트, 하이람 스트리트의 옛 거리 이름이 그대로 남아 있으니 관심이 있다면 주의 깊게 살펴보자. 인터컨티넨탈 호텔과도 연결되어 있는 부기스 정션에는 주로 중저가 패션, 뷰티 브랜드가 주를 이루며, 멀티플렉스 영화관, 푸드 코트, 레스토랑, 카페까지 다양한 놀거리가 있다.

부기스 정션의 실내 샵하우스 거리

또 하나의 쇼핑몰인 부기스 플러스는 부기스 정션과 구름다리로 연결되어 있다. 부기스 플러스 건물은 육각형 모양의 크리스탈이 촘촘히 박힌 겉옷을 두른 모습으로 강한 개성이 느껴진다. 낮에는 각각의 크리스탈이 햇빛을 반사하며 빛나고, 밤에는 크리스탈을 두른

건물 전체가 하나의 캔버스가 되어 화려한 조명 쇼가 펼쳐진다. 내부에는 패션 전문 매장과 함께 극장, 노래방, 다트 게임장, 보드게임장, 당구장 등 다양한 엔터테인먼트 시설이 있다.

▌ 부기스 스트리트 마켓 Bugis Street Market

시장 내에서 볼 수 있는 다양한 물건들

부기스 스트리트 마켓 입구

　어느 도시에나 있는 쇼핑몰 말고 싱가포르 현지 느낌이 나는 시장이 궁금하다면 부기스 스트리트 마켓으로 가보자. 우리나라의 전통시장 같은 분위기에 잘 둘러보면 저렴한 의류, 액세서리, 생활용품, 그리고 멀라이언 초콜릿이나 열쇠고리 같은 전통적인(?) 여행 기념품까지 착한 가격으로 구할 수 있다. 시장 구경의 백미인 먹거리도 풍성하다. 더위를 식혀주는 시원한 생과일 주스부터 사테와 볶음국수 같은 거리 음식 냄새가 우리를 유혹한다. 어디선가 쿰쿰한 냄새도 난다. 과일의 왕이라 불리는 두리안이 그 범인인데, 그 맛이 궁금하다면 지독한 냄새를 따라가보자. 어느 내비게이션보다 빠르게 가게를 찾을 수 있을 것이다!

　아쉽게도 부기스의 시장 풍경은 몇 년 안에 사라질 예정이라고 한다. 아무래도 오래된 시장이고 시설도 낙후되어 재개발이 예정되어 있다. 최근 발표된 부기스 일대 재개발 계획을 살펴보니 '인스타그래머블(인스타그램에 올릴 만한)'이라는 말이 눈에 띈다. 새로운 쇼핑 거리가 어떤 모습으로 젊은 층들을 사로잡을지 우리도 기대를 걸어본다.

▎트라이쇼 엉클 Trishawuncle

© trishawuncle

싱가포르 곳곳을 누비는 트라이쇼 엉클 투어

싱가포르 도심지를 지나다 보면 종종 트라이쇼라고 불리는 인력 자전거를 타고 편안하게 거리를 누비는 관광객들을 볼 수 있다. 이제는 버스, MRT, 택시가 그 자리를 대신하며 역사 속으로 사라졌지만, 과거 트라이쇼는 인력거와 함께 싱가포르의 대표적인 교통수단이었다. 이러한 옛 정취를 느껴보고 싶은 여행자들을 위해 트라이쇼 엉클이 있다! 트라이쇼 엉클은 관광청에서 승인한 싱가포르 유일의 트라이쇼 투어 회사로, 리틀인디아, 캄퐁글람, 차이나타운, 싱가포르 리버의 4가지 코스로 운영 중이다. 부기스 스트리트 마켓 뒤, 트라이쇼 엉클 간판이 붙은 작은 부스가 미팅 포인트이며, 투어는 약 30-45분 정도가 소요된다.

트라이쇼를 타며 기사님께 '엉클Uncle'이라고 친근하게 불러보자. 굉장히 기뻐할 것이다. 우리가 어른을 부를 때 친근하게 아저씨, 아주머니(요새는 삼촌, 이모가 더 흔하지만)라고 부르는 것처럼 싱가포르에서는 엉클, 안티Auntie라는 말을 쓴다. 처음에 싱가포르 사람들끼리는 다 친척인 줄 알았던 서양 친구들의 얘기가 아직도 우습다. 엉클, 안티는 택시를 타거나 호커 센터에서 음식을 주문할 때도 유용하게 쓰이니 기억해 두면 좋겠다.

EAT PLAY SHOP
– 로컬처럼 먹고 즐기고 쇼핑하라

EAT 더 그랜드 로비 The Grand Lobby
: 1 Beach Rd, Singapore 189673

애프터눈티 오랜 역사를 자랑하는 래플즈 호텔에서 영국식 애프터눈티를 즐겨보자. 삼단 트레이에 나오는 색색깔의 디저트와 샌드위치, 스콘은 우리의 눈을 황홀하게 해주고, 향긋한 티는 우리의 코끝을 자극한다. 무엇보다도 투숙객이 아니면 입장이 어려운 우아한 호텔 로비를 오랫동안 감상할 수 있다는 점이 좋다. 특별한 날을 기념하거나 멋지게 차려 입고 기분 내고 싶을 때 가기 좋은 최고의 장소다.

© Raffles Hotel Singapore

EAT 레이 가든 Lei Garden
: 30 Victoria St, #01-24 Chijmes, Singapore 187996

© leigardengroup

중국식 차임스 내부에 위치한 광동식 레스토랑. 미슐랭 스타 1개를 받을 정도로 음식 맛도 좋으며, 양식당에 준하는 고급스러운 인테리어에 세심한 서비스가 일품이다. 괜찮은 가격대의 딤섬 런치가 인기이며 광동식 로스트 미트와 직접 테이블에서 썰어주는 북경 오리가 특히 유명하다. 식당 앞 펼쳐져 있는 예쁜 차임스 가든도 이 식당의 매력포인트다.

EAT 트루 블루 **True Blue**
: 47/49 Armenian St, Singapore 179937

현지식 페라나칸 박물관 옆에 위치한 페라나칸 음식점으로, 부유한 페라나칸 사람들이 살았던 샵하우스의 모습을 그대로 보존하고 있어 마치 실제 페라나칸 가정에 초대되어 식사를 하는 듯한 특별한 분위기를 느낄 수 있다. 전통적인 레시피를 고수하고 있어 다른 식당에 비해 오리지널 페라나칸 음식 맛을 느낄 수 있다는 평이 많다.

EAT 타이 골드 푸드 **Thai Gold Food**
: 91 Bencoolen St, #01-14/22, Singapore 189652

태국식 난양 예술 아카데미 앞 선샤인 플라자 상가에 있어 주로 주머니가 얇은 현지 학생들이 많이 찾는 태국 음식점이다. 똠얌꿍, 팟타이, 돼지고기 바질 볶음 등 모든 메뉴가 10불대로 가격도 저렴하며 가격 대비 맛도 뛰어나다. 점심시간에는 다소 붐비는 편이지만 회전율이 빠른 편이니 태국 음식 마니아라면 도전해보자.

EAT PLAY SHOP
– 로컬처럼 먹고 즐기고 쇼핑하라

EAT **바토스 어반 타코** Vatos Urban Tacos
: 36 Beach Rd, #01-03 South Beach Quarter, Singapore 189766

© vatossg

© vatossg

양식 한국 맛집인 코리안-멕시칸 레스토랑이 싱가포르에 들어와 또다시 맛집이 되었다. 래플즈 호텔 앞, 사우스 비치 컴플렉스 안에 위치하고 있으며 옛 군사시설을 개조해 만든 건물에 감각 있는 인테리어로 현지인들이 즐겨 찾는다. 삼겹살 타코와 생선 타코, 김치 프라이가 절로 맥주를 부른다.

▶️PLAY 문화유산 건축물을 사진으로 담기

BBB 지역에 남아 있는 각양각색의 오랜 건축물은 사진을 사랑하는 많은 사람들에게 훌륭한 모델이 되곤 한다. 옛 경찰서였던 무지개 건물뿐 아니라 우아함이 느껴지는 박물관과 성당 건물, 이국적인 매력이 넘치는 종교 사원들은 사진으로 담으면 더욱 아름답다. 작은 계단참이나 담벼락, 알록달록한 타일을 배경으로 한 감성 사진도 좋다. 전 세계에서 사진 잘 찍기로 소문난 한국인들의 사진 실력을 뽐내 보자.

▶️PLAY 마이 트리 하우스 My Tree House
: 100 Victoria St, #B1-01 National Library Building, Singapore 188064

국립도서관 내 어린이 도서관으로, 나무가 우거진 숲처럼 예쁘게 잘 꾸며져 있다. 무려 45,000권이나 되는 책이 연령대 별로 정리되어 있어 원하는 책을 마음껏 읽을 수 있으며 현지 어린이들과 소통의 기회가 될 수도 있다. 종종 어린이들을 위한 스토리텔링, 방학 프로그램, 간단한 연극도 진행되니 아이들과 함께라면 꼭 가보기를 추천한다.

EAT PLAY SHOP
– 로컬처럼 먹고 즐기고 쇼핑하라

(SHOP) 브라스바사 컴플렉스에서 책 쇼핑하기
: 231 Bain St, Singapore 180231

국립도서관에서 잠시 책을 빌려 본 것만으로 뭔가 아쉽다면 브라스바사 컴플렉스에서 중고 책을 구입해보자. 다양한 언어의 책이 있으나 영어로 된 책이 가장 많고 다양하다. 고전문학부터 글자보다 그림이 더 많은 그래픽 잡지, 싱가포르 학생들이 사용하는 교과서와 참고서 등을 저렴한 가격에 구할 수 있다. 현지 학생들이 자주 찾는 기출문제 모음도 찾을 수 있다.

(SHOP) 서니힐 파인애플 타르트 Sunny Hills
: 3 Seah St, Singapore 188379

© sunnyhills

대만에서 건너 온 유명한 파인애플 타르트 가게로 래플즈 호텔 뒷편에 자리하고 있다. 중국인들이 주로 구정 때 즐겨 먹는 파인애플 타르트는 따끈한 우롱차와 함께 먹으면 더 맛있다. 가게 안에는 차를 주문해 마실 수 있는 좌석도 있으며 타르트는 1개씩 개별 포장되어 있어 선물용이나 간식용으로 구입하기 좋다.

PART 4

싱가포르의 과거와 현재를 잇는
싱가포르 경제 중심지
싱가포르 강변 & 중심업무지구(CBD)

싱가포르 강변 & 중심업무지구

싱가포르 강변의 귀여운 수달 가족

싱가포르의 낭만은 모두 '싱가포르 강Singapore River'을 따라 흐르는 듯하다. 서울의 한강과 비교하면 작은 운하에 지나지 않아 보이지만, 만일 이 강이 없었다면 우리의 싱가포르 일상은 무척 삭막했을지도 모른다. 바쁜 일상 중 단비같은 여유를 즐기거나, 사랑하는 이들과 시간을 보낸 기억 속에는 어김없이 싱가포르 강변의 아름다운 풍광風光이 함께 있었기 때문이다. 우리의 단골 산책 코스인 싱가포르 강변에는 언제나 반가운 만남이 있어 더욱 설렌다. 덩치에 안 어울리는 순둥이 골든 리트리버, 전 세계 귀요미 아가들이 총출동한 듯한 유모차들, 무더위도 잊은 채 조깅과 자전거 삼매경에 빠진 사람들까지 말이다. 그 중 단연코 가장 기분 좋은 만남은 떼를 지어 다니며 신나게 물장구치는 장난꾸러기 야생 수달들이다. 귀염뽀짝한 아기 수달들을 동반한 수달 가족은 종종 싱가포르 강에 나타나 헤엄을 치며 물고기를 잡고, 때로는 강변에서 일광욕도 즐겨 지나는 사람들의 열렬한 관심을 받는다.

싱가포르 강은 킴셍 다리Kim Seng Bridge 근처인 상류부터 마리나베이까지 이어지는 약 3.2킬로미터 길이의 강을 말한다. 조금 과장을 보태 싱가포르 강변과 마리나베이만 둘러 보아도 주요 관광지의 삼분의 일은 훑을 수 있으니 단연 싱가포르 여행의 필수 코스라 하겠다. 그러나 싱가포르 강의 핵심은 예나 지금이나 싱가포르 경제 중심지라는 점이다! 하늘을 찌를 듯한 고층 빌딩과 그 사이로 보이는 세계적인 기업 이름이 경제 중심지로서의 위상을 짐작하게 해준다. 그 시작은 역시나 약 200년 전 래플즈경 시절로 거슬러 올라가는데, 바다와 맞닿아 있는 싱가포르 강은 싱가포르에 항구가 생기자마자 자연스레 무역 중심지로 성

© 비비시스터즈

싱가포르 강을 내려다본 모습

장할 수 있었다. 물건을 싣고 내리는 배들로 북적거리고 인부들의 고함 소리로 떠들썩한 옛 모습이 상상이 되는가? 아마 그 시절 싱가포르 강은 낭만보다는 돈과 부가 넘쳐 흐르는 곳이었으리라. 싱가포르 강은 보트키Boat Quay, 클락키Clarke Quay, 로버슨키Robertson Quay의 3개 구역으로 나눠지는데, 여기서 공통적으로 나오는 키Quay라는 말은 '부두'라는 뜻을 갖고 있다. 키라는 이름이 붙은 곳은 과거 무역 배들이 정박하던 부둣가였으며, 무역 사무소나 물류 창고로 쓰이던 옛 건물들이 지금도 그 자리를 지키고 있다.

각각의 키Quay는 각기 다른 개성을 담고 있어 싱가포르 강은 지루할 틈이 없다. 대도시의 화려함이 배어나는 마리나베이를 지나 강으로 들어서면 바로 보트키가 시작된다. 아시아를 대표하는 금융 허브인 중심업무지구Central Business District, CBD를 품고 있는 보트키에서는 막 퇴근한 현지 직장인들과 관광객들이 어우러져 싱가포르의 밤을 즐기는 모습을 흔히 볼 수 있다. 클락키는 싱가포르에서 새벽까지 음주가무가 가능한 몇 안되는 스폿으로, 늦은 시간까지 관광객들을 실은 유람선이 줄지어 출발하고, 밤을 하얗게 불태울 기세로 몰려든 젊은이들로 북적인다. 하지만 불과 몇백 미터만 걸으면 클락키의 뜨거운 열기는 사라지고, 외국인 거주자들이 사랑하는 로맨틱한 로버슨키를 만날 수 있다. 한편 강의 남북을 잇는 개성 있는 다리들과 거리 예술 작품들은 싱가포르 강변에 또 다른 감성을 더한다. 언제 가더라도 단조로운 일상에 낭만이라는 고운 색채를 입혀주는 싱가포르 강변, 그 길을 따라 걸으며 우리의 싱가포르 여행에도 낭만을 더해보자.

Chapter 1

필수 관광지 싱가포르 강변에서
과거 무역항의 흔적을 찾다

싱가포르 무역지도

싱가포르가 무역항구로 큰 성공을 거둔 비결은 무엇이었을까? 여러가지 요인이 있겠지만 가장 큰 이유는 항구로서 탁월한 입지 요건을 갖추고 있기 때문이다. 지도에서 확인해보면 싱가포르는 '바다의 실크로드'로도 불렸던 중국에서 인도, 그리고 멀리 유럽까지를 잇는 주요 무역로의 중심에 위치하고 있다. 당시 유럽에서는 중국산 차와 도자기의 인기가 높았고 인도네시아 섬 일대에서 나는 향신료 또한 아주 비싸게 거래되고 있어 양쪽을 오가는 무역선들이 매우 많았다.

증기선이 등장하기 전 무역선은 주로 바람에 의존해 항해를 했다. 싱가포르 일대에는 매년 두 차례 큰 계절풍(몬순)이 불어오는데, 매년 11월 경에서 3월경까지 불어오는 북동풍을 타면 중국에서 싱가포르 쪽으로 쉽게 건너올 수가 있었다. 반대로 6월부터는 남서풍을 따라 인도 등지에서 유럽, 아랍, 인도 상인들이 싱가포르 쪽으로 쉽게 건너올 수 있었다. 무역상인들은 원활한 항해를 위해 두 계절풍이 만나는 중간 지점에 한동안 머물러야 했는데, 이러한 수요에 따라 싱가포르를 포함한 동남아시아 지역에는 일찍부터 항구가 발달했다. 지금도 동서양을 연결해주는 싱가포르의 입지는 싱가포르를 최고의 무역항으로 만들어 주고 있다. 단순히 관광 국가려니 했던 싱가포르가 상하이에 이어 세계에서 두번째로 바쁜 항구이며, 총 123개국, 600여개의 항구와 연결된 세계 최대의 환적 항구라는 사실은 여전히 많은 이들을 놀라게 한다.

의 캡션:
작은 거룻배들로 붐비는 옛 싱가포르 강의 모습

싱가포르가 무역 강국으로 성장한 중심에는 싱가포르 강이 있었다. 강 입구에 외국에서 들어온 큰 무역선이 도착하면 통캉tongkang 또는 범보트bumboa라고 불렸던 거룻배(돛이 없는 작은 배)를 이용하여 하루에도 수십 번씩 보트키, 클락키, 로버슨키 등지의 물류 창고로 물건을 실어 날랐다. 특히 최초의 부두였던 보트키에는 초기부터 무역 사무소와 이민자들의 정착지가 생겨났고, 싱가포르 주요 회사들의 최초 보금자리가 되었다. 일찍이 래플즈경의 타운 플랜에서 상업지구로 지정된 곳이 아니던가! 부둣가마다 작은 배들로 빽빽한 싱가포르 강의 옛 풍경은 언제 보아도 인상적이다.

1970년대에 이르러 싱가포르 강은 불법 거주자들과 행상들로 붐비며 심각하게 오염되었다. 당시 리콴유 총리가 강을 그냥 메워버릴까 고민했을 정도로 싱가포르 강은 넘치는 쓰레기와 지독한 냄새로 악명이 높았다고 한다. 그러나 그는 포기하지 않고 대대적인 정화사업을

의 캡션:
싱가포르 강변의 낚시 금지 표지판

추진했다. 그리고 반드시 10년 안에 낚시를 할 수 있게 만들겠다고 당차게 선언했다. 가장 먼저 강 주변의 불법 거주자들을 공공아파트HDB, Housing Development Board로 이주시키고, 거리의 행상들은 호커 센터로 이전하도록 설득했다. 수백 대의 화물선은 새로운 정박지로 옮겼다. 그 결과 싱가포르 강은 리콴유 총리의 바람대로 낚시를 할 수 있을 정도로 깨끗해졌다. 흥미로운 사실은 현재 싱가포르 강에서의 낚시는 불법으로 위반시 최대 3천불SGD의 벌금이 부과된다는 것이다. 하지만 어쩌면 그 덕분에 야생 수달들이 싱가포르 강의 마스코트가 되어 돌아올 수 있었는지도 모른다. 벌금 무서운 줄 모르는 수달들이 낚시꾼들과 경쟁할 필요없이 신나게 배를 채울 수 있으니 말이다.

▌보트키, 클락키, 로버슨키 Boat Quay, Clarke Quay, Robertson Quay

아름다운 보트키의 야경

© Nicolas Lannuzel

높은 건물과 어우러진 보트키의 샵하우스

싱가포르 강의 보트키, 클락키, 로버슨키는 각기 다른 매력으로 색다른 즐거움을 안겨준다. 일찍부터 경제 중심지가 된 보트키는 싱가포르 스카이라인을 이루는 중심업무지구의 고층 빌딩들과 나지막한 옛 샵하우스가 묘하게 어우러져 다른 데서는 볼 수 없는 독특한 분위기를 자아낸다. 옛 물류 창고를 개조한 샵하우스 식당과 바는 언제나 관광객들의 발길을 붙잡는다. "칠리크랩? 싱가포르 슬링?"을 외치는 호객행위가 조금은 부담스럽지만 결국은 분위기에 취해 마

보트키 강변의 야외 식당들

음을 열게 된다. 점심 시간이나 퇴근 무렵이면 주변의 직장인들도 삼삼오오 모이기 시작하는데, 그래서인지 보트키에는 가격 착한 런치세트를 하거나 가볍게 맥주 한 잔 할 만한 곳들이 꽤 있다. 특히 해질녘 야외 테라스에 앉아 있노라면 노

을빛으로 물드는 강물과 건너편 올드시티 풍경이 더욱 아름답게 느껴진다.

BBB 편에 소개했던 무지개 건물(구 힐스트리트 경찰서)을 지나면 화려한 조명과 신나는 음악으로 들썩이는 싱가포르 최고 번화가, 클락키가 나온다. 클락키는 칠리크랩으로 유명한 점보 시푸드와 리버크루즈 선착장이 있어 싱가포

(위)클락키의 화려한 야경, (왼쪽 아래)클락키 광장의 모습, (오른쪽 아래)클락키 거리의 흥이 넘치는 라이브 바

르 여행자라면 누구나 한번 쯤은 들르게 되는 필수 코스다. 클락키는 밤에 가야 그 진가를 제대로 경험할 수 있는데, 특히 클럽과 라이브 바가 모여 있는 광장 안으로 들어서면 쿵쾅거리는 음악과 사람들의 열기 속에 절로 몸이 들썩거린다. 외국인이라 제대로 즐기지 못하면 어쩌나 하는 걱정은 넣어두자. 금세 현지인들과 여행자들이 어우러지는 '위 아 더 월드'가 펼쳐지니 말이다. 클락키에는 싱가포르의 유서 깊은(?) 클럽인 주크Zouk도 있다. 젊은 층들이 모이는 이곳은 자정이 넘어야 흥이 제대로 오르니 혹시 방문해볼 마음이 있다면 너무 일찍 가는 우를 범하지 않도록 하자. 클럽이 내키지 않는다면 라이브 바도 나쁘지 않다. 나름 괜찮은 실력파 밴드를 만날지도 모른다. 밤샘을 두려워하지 않는 애주가라면? 역시 클락키다. 12시가 넘으면 호텔 바조차 문을 닫는 싱가포르에서 평일에도 늦게까지 영업하는 바가 바로 이곳에 있다. 유흥에 흥미가 없더라도 클락키는 여전히 매력적이다. 강물에 비치는 오색 찬란한 불빛과 분주히 강을 오가는 유람선을 바라보는 것만으로도 클락키의 밤은 언제나 설레고 두근거린다.

© Erwin Soo

© 비비시스터즈

평화로운 로버슨키 전경　　　　　로버슨키의 여유로운 아침

　　클락키를 뒤로 하고 상류 쪽으로 좀 더 올라가면 금세 로버슨키다. 어디서
부터 로버슨키인지 굳이 지도를 확인할 필요는 없다. 마치 오디오 볼륨을 확 줄
인 것처럼 클락키의 열기는 사라지고, 한적한 현지인들의 산책길이 눈 앞에 펼
쳐지니 말이다. 강변을 따라 서 있는 아파트와 작지만 개성 있는 부티크 호텔이
눈에 띈다. 데이트를 즐기는 커플들과 재잘거리는 아이들의 모습을 바라보면 어
느새 싱가포르에 살고 싶다는 마음이 생길지도 모르겠다. 사실 이 동네에는 싱
가포르 사람들보다 외국인들이 더 많다. 세계 무역의 중심지이자 다국적 기업
의 아시아 본부가 모여 있는 싱가포르에는 각지에서 온 주재원들이 많은데, 바
로 이 외국인 거주자들이 가장 선호하는 동네 중 하나가 로버슨키에서 리버밸리
에 이르는 지역이기 때문이다. 시내와 가까우면서도 싱가포르 강이라는 뷰가 있
어 부동산 투자자들이 주시하는 또 다른 의미의 핫플레이스인 셈이다. 외국인들
이 많은 동네인 만큼 로버슨키에는 이들의 입맛을 사로잡는 수준급의 레스토랑
과 분위기 좋은 바가 많은 것도 플러스다. 오리지널

화덕 피자를 자랑하는 이태리 식당과 흥겨운 분위기
의 멕시코 식당, 화덕에 구운 난과 진한 커리가 있는
인도 식당, 진짜 일본에 온 듯한 착각을 하게 만드는
이자카야, 버터향 가득한 프랑스식 스테이크 하우스
까지 너무나 많은 맛집들이 포진해 있다. 또한 향기
로운 커피와 함께하는 브런치는 여유로운 아침을 선

맛집이 모여 있는 로버슨키의 식당가

물해줄 것이다.

▌ 더 웨어하우스 호텔 The Warehouse Hotel

© The Warehouse Hotel

한 폭의 그림 같은 강물에 비친 웨어하우스 호텔의 모습

누군가 싱가포르 강을 가장 싱가포르답게 만들어주는 것이 무엇이냐 묻는다면, 주저하지 않고 강변을 따라 서 있는 샵하우스라고 말할 것이다. 고층 건물이 만들어내는 화려한 스카이라인은 어느 도시에서나 볼 수 있지만, 아기자기한 샵하우스가 어우러진 독특한 풍경은 싱가포르에서만 볼 수 있다. 도시 계획에 능한 싱가포르도 이런 포인트를 미리 알았던 걸까, 강변에 남아 있는 옛 건물들 일부를 보존지구로 지정한 것은 정말 탁월한 선택이었던 듯하다.

어쩌면 옛 건물을 개조해서 쓴다는 것이 더는 신선하게 와 닿지 않을지도 모른다. 그러나 로버슨키에 새로 문을 연 더 웨어하우스 호텔은 심드렁하던 우리의 마음을 단숨에 돌려놓는다. 어느 고요한 밤, 로버슨키를 걷다 잔잔한 강물에 비친 호텔의 모습에 홀딱 반해버렸다. 사진을 찍으면 그대로 한 폭의 예술 작품이 될 것 같은 이 호텔은 웨어하우스warehouse라는 이름 그대로 옛 창고를 개조해 2017년에 문을 연 부티크 호텔이다. 사실 호텔이 되기 오래 전부터 이곳을 지날 때마다 저 흉물스러운 건물은 뭘까 늘 궁금했다. 1990년대까지는 잘 나가던 디스코 클럽이었다는 이야기에 의아했지만, 로버슨키 같은 노른자위 땅에 이 건물도 언젠가 허물어지고 아파트가 들어서겠지 싶었다. 그러던 어느 날 이곳이 부티크 호텔로 바뀌었다는 소식을 듣고 우리는 적잖이 놀랐다!

옛 창고 느낌을 그대로 살리며 모던함을 더한 호텔 로비

세 개의 뾰족 지붕과 대칭을 이루는 하얀 파사드가 특징적인 이 건물은 원래 19세기 말 물류 창고로 지어졌다. 향신료 무역이 한창이던 시절 그 귀한 향신료를 보관하는 창고로 쓰이다가 한때는 아편도 보관했던 것으로 전해진다. 1996년 클럽이 문을 닫으면서 오랫동안 사용하지 않던 이 건물을 2013년에 한 싱가포르 기업이 인수하며 마침내 호텔로 바꾸게 된다. 호텔은 오픈과 동시에 싱가포르 건축상과 건축문화유산 복원상을 휩쓸었다. 옛 모습 그대로 복원한 외관도 인상적이지만 로비로 들어서면 옛 창고의 건축 양식과 분위기를 그대로 살리면서도 모던함과 고급스러움을 더한 모습에 감탄이 나온다. 높은 천장과 커다란 창, 물건이 가득 쌓여 있는 듯한 벽 디자인, 큰 쇠 바퀴가 매달린 인테리어는 개방감을 주면서도 건물 고유의 아이덴티티가 드러난다.

이 호텔은 오픈 당시 싱가포르 고객이 전체 고객의 절반을 차지할 만큼 현지인들의 열렬한 관심을 받았다. 아마도 우리처럼 저 건물이 어떻게 바뀔지 궁금했던 사람들이 많았던 모양이다. 호텔에는 37개의 객실이 있으며 싱가포르 강을 조망할 수 있는 인피니티 풀 등 현대식 시설을 갖추고 있다. 호텔에 묵지 않더라도 로비에 있는 바에 들러보자. 편안한 소파에 앉아 칵테일을 마시며 멋진 로비를 감상하는 것만으로도 싱가포르 강의 과거와 현재를 고스란히 느낄 수 있을 것이다. 호텔 1층에 있는 포Po 레스토랑도 가볼 만 하다. 싱가포르 로컬 음식을 현대적으로 풀어냈는데, 밀전병에 색색깔의 재료와 소스를 넣고 직접 싸먹는 포피아Popiah가 가장 인기다.

Chapter 2

싱가포르 강을 가로지르는
다리 이야기

흐르는 강물 위를 가로지르는 다리는 강의 낭만을 이야기할 때 빠지지 않고 꼭 등장한다. 3킬로미터 남짓한 싱가포르 강이지만 마리나베이 일대까지 포함하면 다리가 무려 17개나 있다. 규모가 크고 화려하지는 않더라도 각자의 개성과 스토리를 간직하고 있어 알아가는 기쁨이 있다. 여기에서는 모든 다리를 소개하지는 않고 우리가 애정하는 곳만 꼽아 소개해 보려 한다. 여유가 있다면 조금 느리게 강변을 걸어보자. 자연스레 발길을 멈추게 하는 나만의 최애 다리를 만나게 될 지 모른다.

▌킴셍 다리와 지악킴 다리 Kim Seng Bridge & Jiak Kim Bridge

싱가포르 강의 시작점이라 할 수 있는 할아버지 킴셍 다리   할아버지 다리 옆 손자 지악킴 다리

킴셍 다리는 로버슨키에 위치한 다리로, 초기 싱가포르 발전에 많은 기여를 한 사업가이자 자선가 탄킴셍Tan Kim Seng의 이름을 따서 지었다. 킴셍 다리와 연결되는 킴셍 로드에는 싱가포르에 거주하는 한국인들이 즐겨 찾는 쇼핑몰, 그레이트 월드 시티Great World City가 있어 킴셍이란 이름이 익숙한 사람들도 있을 것이다. 탄킴셍은 깨끗한 물 공급을 위한 수도시설 건설에 큰 돈을 기부한 것으로 가장 잘 알려져 있으며, 그의 업적을 기리는 기념 분수가 에스플러네이드 파크에 남아 있다. 현재의 킴셍 다리는 통행량이 너무 많아지면서 1950년대에 다시 지은 것인데, 4차선 도로와 보행로를 갖고 있다. 킴셍 다리 바로 옆에는 아치형의

자그마한 보행자 다리, 지악킴 다리가 있다. 지악킴 다리는 탄킴셍의 손자인 탄지악킴Tan Jiak Kim의 이름을 땄는데, 할아버지와 손자 다리가 나란히 서 있는 것이 흥미롭다.

▌ 알카프 다리 Alkaff Bridge

ⓒ 비비시스터즈

다리에 새겨진 아티스트 파시타 아바드의 서명

ⓒ 비비시스터즈

강렬한 색상과 복잡한 패턴이 인상적인 알카프 다리

로버슨키를 상징하는 컬러풀한 알카프 다리는 1990년대 말에 세워졌으며, 싱가포르의 아랍계 저명인사인 알카프Alkaff의 이름을 따서 붙였다. 다리 디자인은 과거 싱가포르 강에서 흔하게 볼 수 있었던 거룻배인 통캉tongkang의 모양을 본뜬 것이라고 한다. 그래서 그런지 다리 위에 서면 마치 배 안에 들어와 있는 듯한 느낌이 들기도 한다. 알카프 다리는 종종 '예술의 다리Bridge of Art'라고도 불리는데, 본래 별다른 특징이 없었던 다리가 2004년 필리핀 아티스트 파시타 아바드Pacita Abad를 만나면서 예술 작품으로 재탄생했기 때문이다. 그녀는 무려 55가지의 색깔로 화려하게 채색했고, 그 결과 알카프 다리는 많은 사람들이 사랑하는 로버슨키의 랜드마크가 되었다. 이 다리가 더욱 유명해진 것은 그녀가 암 투병 중 주위의 반대를 무릅쓰고 그녀의 마지막 프로젝트로서 이 다리를 완성했기 때문이다. 다리 한편에 새겨진 그녀의 서명은 마치 마지막까지 작품 활동을 계속했던 그녀의 열정을 기리는 듯하다. 그녀는 이 작품을 통해 싱가포르 사람들이 일상 속에서 예술을 경험하고 예술적 영감을 받을 수 있기를 바랐다고 한다.

▌리드 다리 Read Bridge

클락키 번화가 한복판에 자리하고 있는 리드 다리는 단연코 싱가포르 강에서 가장 유명한 다리이자 최고의 핫플레이스다! 싱가포르에서 가장 유명한 칠리크랩 식당인 점보 옆이라 늘 많은 여행자들로 붐빈다. 어둠이 내리기 시작하

클락키 밤 문화의 중심지인 리드 다리

면 리드 다리로 하나 둘 모여든 젊은이들은 맥주를 마시거나 수다를 떨면서 흥이 오르기를 기다린다. 여행자의 특권으로 그들과 섞여 맥주를 한 모금 하고 있노라면 클락키의 야경이 모두 내 것이 되는 기분이다.

처음 리드Read라는 이름을 들었을 때는 막연히 책과 관련된 스토리가 있나 싶었다. 하지만 다리 이름은 사실 '읽다'의 리드가 아니라 초기 싱가포르에 46년 동안이나 머무르며 정치, 사회적으로 많은 영향을 끼쳤던 사업가 윌리엄 리드William Henry Macleod Read의 이름을 딴 것이었다. 그는 당시 동인도 회사를 통해 간접 지배를 받던 싱가포르가 영국 왕의 직할 식민지로 승격하는데 크게 기여한 인물 중 하나로도 잘 알려져 있다. 싱가포르에서 반평생을 보낸 리드는 싱가포르에서의 생활이 늘 지루하다고 느꼈다고 한다. 그도 그럴 것이 당시 싱가포르에는 소위 말하는 엔터테인먼트가 하나도 없었기 때문이다. 놀거리에 목말랐던 그는 싱가포르 터프 클럽Singapore Turf Club의 전신인 싱가포르 스포츠 클럽을 창설해 경마를 즐겼고, 싱가포르 최초의 도서관 설립에도 기여하였으며, 그가 처음으로 선보인 리가타Regatta(보트 경주)는 한동안 싱가포르 최고의 연례행사로 인기를 끌었다. 아쉽게도 리드는 1889년 자신의 이름을 딴 다리가 완공되기 전에 싱가포르를 떠났지만, 지금도 리드 다리는 싱가포르의 핫플레이스로 남아 그가 그랬듯 싱가포르를 더욱 재미난 곳으로 만드는 데 열일 중이다.

▌ 카바나 다리와 앤더슨 다리 Cavenagh Bridge & Anderson Bridge

앤더슨 다리

카바나 다리

카바나 다리는 싱가포르 강에 있는 다리 중 가장 오랜 역사를 자랑한다. 싱가포르에 영국 항구가 건설된 지 50주년을 기념하기 위해 1869년에 완공되었으며, 영국식민지 시절 정부 관리였던 윌리엄 카바나William Orfeur Cavenagh의 이름을 붙였다. 이 다리는 케이블 장력을 견딜 수 있는 튼튼한 철을 이용했는데, 스코틀랜드에서 철로 된 다리 부속품들을 일일이 제작하여 싱가포르로 보낸 다음, 싱가포르에서 조립을 하는 방식으로 만들어졌다. 당시 부속품을 조립하여 카바나 다리를 완성시킨 사람들은 바로 인도에서 건너 온 재소자들이었다. 그렇다. 올드시티의 세인트 앤드류 대성당 건설에도 참여했던 그 인도인들이 맞다. 그런데 카바나 다리가 생기자마자 싱가포르는 또 다른 고민에 빠져야 했다. 왜냐하면 카바나 다리는 당시 상업 지구였던 래플스 플레이스와 정부 기관이 모여 있던 올드시티를 연결하는 유일한 다리였기에 과도한 통행량으로 안정성에 위협을 받았기 때문이다. 그래서 통행량 분산을 위해 바로 옆 앤더슨 다리를 새로 건설했고, 카바나 다리는 보행자 전용 다리가 되었다. 지금도 카바나 다리 양쪽 입구에는 안전을 위

카바나 다리 입구 표지판

해 지나는 차량에 무게 제한을 두었던 옛 표지판을 볼 수 있다. 소와 말은 다리를 이용할 수 없다는 문구는 볼 때마다 생경하지만 우리에게 과거 싱가포르 강의 모습을 떠올리게 해준다. 카바나 다리와 함께 클래식한 아름다움이 느껴지는 앤더슨 다리는 풀러튼 호텔과 빅토리아 극장과 콘서트홀을 이어주며, 싱가포르 그랑프리가 시작된 2008년부터 포뮬러 원F1 서킷에 포함되기도 했다.

▌주빌리 다리와 에스플러네이드 다리 Jubilee Bridge & Esplanade Bridge

© 비비시스터즈

© 비비시스터즈

2015년에 완공된 주빌리 다리는 싱가포르 강에 있는 다리 중 가장 최근에 지은 신상 다리다. 마리나베이의 대표적인 랜드마크인 멀라이언 파크와 에스플러네이드 극장을 잇는 다리이기에 늘 여행자들로 가득하다. 생긴 지는 얼마 되지 않았지만 싱가포르 거주자라면 누

(위)주빌리 다리에서 바라본 마리나베이 뷰, (아래)주빌리 다리와 에스플러네이드 다리 전경

구나 이 다리의 소중함을 잘 알고 있다! 다리가 없던 시절에는 강 건너에서 멀라이언 파크로 가려면 차들이 쌩쌩 달리는 에스플러네이드 다리의 좁고 긴 보행로를 따라 뜨거운 햇볕과 차의 열기를 온몸으로 느끼며 한참을 걸어야 했기 때문이다. 이러한 고충을 잘 알고 있었던 리콴유 총리는 보행자 전용 다리를 추가로 건설할 것을 제안하였다. 주빌리 다리라는 이름에서 알 수 있듯이 이 다리는 2015년 싱가포르 독립 50주년을 기념하여 만들어졌는데, 2015년 3월에 별세한 리콴유 총리의 장례식 일정에 맞추어 당초 계획보다 이른 3월 29일에 오픈하게 되었다. 직선으로 넓게 뻗은 에스플러네이드 다리 옆에 곡선을 그리는 주빌리 다리는 마치 예전부터 있던 것처럼 위화감 없이 잘 어우러진다. 약 6미터 폭의 주빌리 다리는 에스플러네이드 다리의 보행로보다 세 배나 넓어 많은 사람들이 지나기에 불편함이 없으며, 다리 위에서 바라보는 마리나베이의 풍경은 걸음걸음마다 멈추어 사진을 찍을 정도로 황홀하게 아름답다.

Chapter 3

싱가포르 강변에서 만나는
거리 예술 작품

싱가포르 강변 산책이 즐거운 또 하나의 이유는 거리 예술 작품이 있어서다. 뉴욕에 가면 일부러 찾아갈 정도로 유명한 러브LOVE 조각상 앞은 항상 많은 인파로 붐빈다. 재미있게도 사람들은 그 앞에만 서면 자신도 모르게 활짝 웃음 짓고, 저마다의 방식으로 사랑을 표현한다고 한다. 이렇게 활력을 더해주는 예술 작품들은 지나는 사람들에게 새로운 영감을 주며 가끔은 그 거리의 주인공이 되기도 한다. 처음 싱가포르 강변을 거닐었던 때를 돌아보면 그 기억 한 켠에는 너무 독특해서 발길을 멈추고 한참을 바라봤던 뚱뚱한 새 모양의 조각상이 있다. 작품명이 '버드bird', 말 그대로 그냥 '새'인 것을 보고 허무해서 깔깔 웃었던 기억까지 말이다. 싱가포르 강변에는 의외로 꽤 많은 예술 작품이 있다. 잠시 걸음을 멈추고 살펴 볼 마음의 여유만 준비해 간다면 싱가포르 강은 더욱 많은 이야기를 들려줄 것이다.

▌대 상점(2002), 말콤 코 The Great Emporium, Malcolm Koh

© 비비시스터즈

카바나 다리 근처에서 볼 수 있는 작품으로, 대 상점이라는 제목 그대로 싱가포르 강변에서 흔히 볼 수 있던 분주한 부둣가의 정겨운 일상 풍경을 재미있게 풀어냈다. 유럽 상인과 중국 상인이 서로 가격을 흥정하는데, 자신 있게 손가락을 펴 보이며 원하는 가격을 부르는 유럽 상인과 세상 진지한 표정으로 저울의 눈금을 확인하며 고민하는 중국 상인 사이에서 묘한 긴장감이 느껴진다. 어깨에 물건을 짊어진 이들은 '쿨리'라고 불렸던 육체노동자들이다. 한 사람은 청나라식 변발에 길게 땋은 머리를 한 중국인이고, 다른 한 사람은 머리에 터번을 두른 인도인인 점도 흥미롭다.

▌채티아에서 금융업가로(2002), 첸 리안 샨 From Chettiars to Financiers, Chern Lian Shan

ⓒ 비비시스터즈

'대 상점'을 감상하다 문득 고개를 들어 앤더슨 다리 쪽을 바라보면 세 인물이 함께 있는 또 하나의 작품이 눈에 들어 올 것이다. 앉은뱅이 책상에 앉아 손을 흔드는 사람은 인도 남부 지역에서 온 채티아다. 채티아는 대부업자로 당시 소상공인들을 위해 돈을 빌려주는 은행 역할을 하며 초기 싱가포르의 무역 및 산업이 번창하는데 기여했다. 채티아를 찾아 온 사람은 중국 상인인 듯하다. 반대쪽에는 현대식 정장 차림의 주식 중개인으로 보이는 여인이 한 손을 높이 들고 서 있다. 아마도 작가는 이 작품을 통해 금융 허브 싱가포르의 과거와 현재를 한 눈에 담아내고 싶었던 듯하다.

▌제1세대(2000), 총파청 First Generation, Chong Fah Cheong

ⓒ 비비시스터즈

이 작품은 싱가포르 강변의 거리 예술 작품 중 가장 유명한 것으로 여행 프로그램에도 여러 번 소개된 바 있다. 천진난만한 얼굴의 아이들이 헤엄을 치러 싱가포르 강에 뛰어드는 찰나의 순간을 잘 담아 내었다. 싱가포르 어르신들에게 개구쟁이 유년 시절의 추억을 떠오르게 해주는 이 작품은 럭셔리한 풀러튼 호텔 배경이 과거의 소박한 풍경과 선명한 대조를 이루어 더욱 흥미롭다. 무더운 한낮에 이곳을 지난다면 세상 다가진 표정으로 시원하게 물 속으로 뛰어드는 아이들의 마음을 십분 공감하게 될 것이다. 직접 물로 뛰어들 수는 없지만 아이들과 어우러져 장난스런 포즈를 취하다 보면 어느새 무더위도 잊혀진다.

▌강변의 상인들(2002), 아우티홍 The River Merchants, Aw Tee Hong

풀러튼 호텔 옆, 메이 뱅크Maybank 건물 앞에 자리하고 있는 이 작품은 '대 상점'과 마찬가지로 19세기 싱가포르 강변에서 매일 같이 볼 수 있던 부둣가 풍경을 묘사하고 있다. 웃통을 벗고도 땀을 뻘뻘 흘리며 짐을 싣는 쿨리들의 모습과 서양식, 중국식, 말레이식 수트를 잘 차려 입고 여유롭게 이야기를 나누는 상인들의 모습이 사뭇 대조적이다. 작품의 주인공 격인 유럽 상인은 알렉산더 존스턴Alexander Laurie Johnston이라는 실제 인물로, 싱가포르에 영국 항구가 들어선 이듬해인 1820년 보트키에 무역 회사를 설립한 스코틀랜드 출신의 사업가다. 이 작품은 과거 그의 물류 창고가 있던 자리에 설치되어 더욱 의미가 있다.

▌새(1990), 페르난도 보테로 Bird, Fernando Botero

여전히 많은 사람들의 관심을 한 몸에 받고 있는 '새'라는 작품은 보트키에서 가장 높은 건물 중 하나인 UOB 플라자 앞에서 만나볼 수 있다. 한껏 부풀어 금방이라도 '펑' 터질 듯한 새를 직접 마주하면 그 강렬한 첫인상에 절대로 그냥 지나치기 어렵다. 어떤 사람들은 통통하고 귀여운 새의 포근함이 느껴진다고 하고, 어떤 사람들은 마치 스쿼트 자세를 하고 있는 듯한 새의 쟁쟁한 다리 근육이 먼저 눈에 들어온다고도 한다. 평범할 수 있는 새를 독특하게 표현해낸 이 조각상은 콜롬비아 출신 아티스트인 페르난도 보테로의 작품으로, 인간이나 동물을 크고 과장되게 표현하기를 즐기는 그의 기법이 잘 나타나 있다. 풍요와 평화를 상징한다는 이 작품은 싱가포르의 경제 성장을 이끌고 조화로운 다민족 사회를 이루어내는 데 중요한 역할을 했던 보트키와도 잘 어울린다.

▌뉴턴에게 경의를 표함(1985), 살바도르 달리 Homage to Newton, Salvador Dali

UOB 플라자 광장으로 들어서면 거대한 사람 모양의 조각상이 눈에 띈다. 유명 아티스트인 살바도르 달리의 조각상으로, 제목에서 알 수 있듯이 만유인력의 법칙을 발견한 과학자 뉴턴에게 경의를 표하기 위한 작품이라고 한다. 사과가 땅에 떨어지는 것을 보고 만유인력을 떠올렸다는 일화처럼, 작품 속 두 개의 공을 보면 자연스레 뉴턴의 사과가 떠오른다. 가슴과 머리 부분이 뚫려 있는 것은 열린 마음과 개방된 사고를 상징한다고 하는데, 이는 인류가 새로운 자연의 법칙을 발견하고 이해하는 데 꼭 필요한 덕목이 아닐까 싶다.

© Shiroite

Chapter 4

아찔한 고층빌딩,
래플즈 플레이스와 중심업무지구(CBD)

▌싱가포르에서 가장 높은 건물

보트키에서 바라보는 싱가포르의 화려한 스카이라인

　"싱가포르에서 가장 높은 건물은 어디에요?" 강변에 도착하면 어김없이 나오는 단골 질문이다. 보트키부터 마리나베이로 이어지는 화려한 스카이라인을 바라보면, 저 건물들은 몇 층이나 되는지, 높이는 어떻게 되는지 자연스레 궁금해진다. 싱가포르 강변에서 유독 고층 빌딩들이 많이 모인 이곳은 싱가포르 최고의 상업 및 금융 중심지인 중심업무지구Central Business District, CBD다. 본래 CBD라 하면 도시 중심부를 모두 포함하는 보다 넓은 개념으로 사용되나, 싱가포르에서 CBD는 다국적 기업과 금융 회사가 모여 있는 래플즈 플레이스Raffles Place MRT역 주변과 마리나베이, 차이나타운에 이르는 지역을 말한다. 래플즈경의 타운플랜에서 상업지구로 지정되었던 보트키와 래플즈 플레이스 일대는 200여 년이 지난 지금 어디 내놓아도 뒤지지 않는 세계 경제 허브가 되었으며, 옛 모습 그대로 남아 있는 샵하우스들은 빠른 성장 속에서도 문화 유산을 지켜내고자 하는 싱가포르의 의지가 느껴진다.

그럼 이제 싱가포르에서 가장 높은 건물은 어디냐는 질문에 답을 할 차례다. "바로 저 건물이요!" 라고 간단히 대답하고 싶지만 쉽지가 않다. 왜냐하면 이곳의 건물 3개가 마치 삼총사처럼 똑같은 높이를 하고 있기 때문이다. 강변과 맞닿아 있어 가장 먼저 눈에 띄는 UOB 플라자UOB Plaza와 그 뒤로 보이는 날렵한 디자인의 원 래플즈 플레이스One Raffles Place, 그리고 둘 사이로 빼꼼히 보이는 팔각 기둥 모양의 붉은 건물인 리퍼블릭 플라자Republic Plaza가 바로 그 삼총사다. 층수는 조금씩 다르지만 모두 280미터의 높이를 하고 있는데, 흥미롭게도 모두 일본의 유명 건축가가 디자인했다는 공통점을 갖고 있다. 앞서 지어진 UOB 플라자와 원 래플즈 플레이스는 1987년 일본인 최초로 건축계 노벨상이라 불리는 프리츠커 상을 수상한 단게 겐조Tange Kenzo가, 가장 나중에 지어진 리퍼블릭 플라자는 그의 제자이기도 했던 구로카와 기쇼Kurokawa Kisho가 설계한 것이다. 2021년에는 이 근방에 같은 높이의 건물이 하나 더 생기면서 사총사가 된다. 덴마크 기반의 비야케 잉겔스 그룹Bjarke Ingels Group, BIG과 이탈리아의 카를로 라티 아소치아티 Carlo Ratti Associati, CRA가 협력하여 디자인한 캐피타스프링CapitaSpring이라는 건물로 매우 현대적이면서도 친환경적인 디자인이 눈길을 사로잡는다.

애석하게도 이 사총사는 싱가포르에서 가장 높은 건물이 아니다! 몇 년 전 차이나타운에 구오코 타워Guoco Tower가 완공되면서 싱가포르에서 가장 높은 건물 1위로 새롭게 등극했기 때문이다. 그럼 구오코 타워는 얼마나 높을까? 삼총사 건물보다 고작 10미터 더 높은 290미터다. 구오코 타워 이야기를 하면 대부분이 영 뜨뜻미지근한 반응을 보인다. 세계의 도시들이 경쟁적으로 초고층 건물을 짓고 있는 요즘 290미터는 그다지 높은 것이 아니기 때문이다. 한국의 롯데월드타워만 해도 그 높이가 500미터를 넘지 않는가. 그러면 왜 싱가포르는 더 높은 건물을 짓지 않는 걸까? 왜냐하면 싱가포르 중심업무지구는 고도 제한 구역에 포함되어 있기 때문이다. 싱가포르 북동부 파야레바 공군기지Paya Lebar Airbase는 도심에서 불과 10킬로미터밖에 떨어져 있지 않아서 비행 경로 안에 중심업무지구를 포함시키는 것이 불가피했으며, 시내의 모든 건물은 높이 제한을 준수할 수밖에 없는 상황이다. 2030년 이후 공군기지 이전 계획이 있다고 하니, 싱가포르에서도 구오코 타워와 사총사 건물들을 능가하는 초고층 건물이 들어설 날을 살짝 기대해본다.

▎싱가포르의 돈이 모이는 곳

더 아케이드 건물 전경   아케이드 내 환전소 모습

평화로운 관광지인줄만 알았던 싱가포르 강은 점심 시간이 다가오면 금세 직장인들로 분주해진다. 어디서 일하다 나오나 싶어 건물들을 올려다보면 그제서야 익숙한 이름의 다국적 기업과 세계 유수의 금융 회사 이름들이 눈에 들어온다. 말로만 듣던 '세계적인 경제 강국'이자 '아시아의 금융 허브'라는 별명이 현실로 와 닿는 순간이다.

1년 365일 쉼 없이 흐르는 싱가포르 강은 중심업무지구가 있는 보트키에 다다르면 강폭이 급격히 넓어진다. 클락키까지는 강폭이 좁은데 보트키에서는 갑자기 넓어지며 둥근 모양을 만들었다가 마리나베이 직전에 다시 좁아지는 것이다. 풍수지리를 사랑하는 싱가포르 사람들은 예전부터 그 둥근 부분을 '잉어의 배Belly of the Carp'라 불렀다. 중국 문화권에서 잉어는 여유와 재물을 상징하는데, 바로 싱가포르의 부가 이곳으로 모인다는 걸 뜻한다. 한참을 들여다 봐도 딱히 잉어 배로 보이진 않지만, 주변의 은행 건물들과 금융 허브 싱가포르를 떠올리면 싱가포르의 부가 다 여기로 모인다는 말에는 어느 정도 수긍할 수밖에 없다.

UOB 플라자를 지나 래플즈 플레이스 MRT역 쪽으로 걷다 보면 널찍한 광장이 나온다. 높은 빌딩으로 둘러싸인 이 광장은 종종 주변 직장인들의 휴식처가 되곤 한다. 광장 한 켠에는 작지만 존재감이 느껴지는 더 아케이드The Arcade라는 건물이 있다. 밋밋한 외관과는 다르게, 안으로 들어가면 예상치 못한 별천지가 펼쳐진다. 수십 개의 환전소와 환전소 마다 줄을 선 모습은 당황스럽기까지 하다. 더 아케이드와의 첫 만남은 몇 해 전 여름이었다. 방학을 맞아 한국에 가기 전 다같이 환전을 하러 모였다. 한 언니는 무려 일만 달러를 바꿔야 했기에 환전소 여러 군데를 돌아야 하나 싶었다. 그런데 이게 웬걸, 무심하게 돈 뭉치를 받아 든 환전소 직원은 몇 분 지나지 않아 그 큰 돈을 빳빳한 오만원 짜리 지폐로 바꿔왔다. 순간 그 허름한 환전소가 어찌나 빛나 보이던지, 싱가포르 돈은 여기로 다 모인다는 걸 직접 눈으로 확인한 기분이었다. 소액일 경우에는 가까운 환전소도 괜찮지만, 환율을 비교하며 다양한 통화가 교환되는 모습을 볼 수 있는 더 아케이드는 여전히 가볼 만한 곳이다.

라우파삿 호커 센터 & 사테 거리 Lau Pa Sat Hawker Centre & Satay Street

● 이용시간 : 호커 센터는 24시간 열려 있지만 영업 시간은 가게마다 다를 수 있으며, 사테 거리는 저녁 7시 이후부터 자정 무렵까지 운영한다.

© 비바시스터즈
라우파삿 전경

싱가포르를 배경으로 한 '크레이지 리치 아시안Crazy Rich Asians'이라는 영화가 2018년 북미권에서 큰 인기를 끌었다. 한국에서도 같은 해 개봉했지만 전형적인 신데렐라 스토리로 큰 관심을 받지는 못했던 듯하다. 싱가포르에서는 한동안 이 영화 이야기가 아니면 대화가 되지 않을 정도로 뜨거운 핫이슈였다. 원작 소설의 작가가 싱가포르계 미국인인

팔각형 지붕이 인상적인 라우파삿

데다, 장면마다 싱가포르 명소가 등장하다보니 영화가 막을 내리고도 그 열기가 쉽게 가시지 않았다. 소설 속에서 남자 주인공 닉이 미국에서 만난 연인 레이첼과 싱가포르로 돌아와 맨 처음으로 간 곳이 어디였을까? 바로 로컬 음식을 파는 라우파삿 사테 거리였다.(참고로 영화에서는 뉴튼 푸드 센터로 갔다.) 창이 공항으로 마중 나온 닉의 친구들이 음식 천국 싱가포르를 제대로 경험하려면 사테 거리부터 가야 한다며 한 목소리로 추천한 곳이기도 하다.

　싱가포르에 있는 그 많은 호커 센터(호커 센터 이야기는 차이나타운 편에서 자세히 확인할 수 있다.) 중에서 왜 라우파삿이었을까. 잠시 의문이 들기도 했지만 옛날부터 싱가포르 풍경을 담은 그림 속에 어김없이 등장하며 200년 가까이의 역사를 지닌 장소라는 걸 생각해보면 역시 라우파삿이어야 했다는 생각이 든다. 라우파삿은 오래된 시장Old Market이라는 뜻을 갖고 있다. 원래 차이나타운 텔록아이어 해안가에 작은 어시장으로 시작했다가, 간척 사업이 진행되면서 지금의 자리로 옮겨오게 되었다.(이후로도 간척 사업은 계속되어 라우파삿에서도 바다는 볼 수 없다.) 라우파삿의 트레이드 마크는 팔각형 지붕과 중앙의 시계탑이다. 팔각형 디자인은 싱가포르 초기 건축가 조지 콜맨이 설계한 것으로, 몇 차례의 재개발을 거치면서도 살아남았다. 클래식함이 느껴지는 시계탑은 스코틀랜드 출신 도시공학자인 제임스 맥리치 James MacRitchie가 추가했다. 호커 센터 안에는 싱가포르 로컬 음식부터 중식, 양식, 인도식, 동남아식, 일식, 한식 할 것 없이 맛깔스러운 음식들이 우리를 유혹한다. 천장을 받치고 있는 빅토리아 양식의 주철기둥과 호커 센터의 소박한 가게들이 묘하게 잘 어우러지는데, 천장이 높고 8개 방향으로 뻥 뚫려 있어 환기가 잘 되는 편이다.

활기찬 사테 거리의 밤 **남녀노소 누구나 즐길 수 있는 사테**

라우파샷의 하이라이트는 어둠이 내리면 문을 여는 사테 거리에 있다! 사테 Satay는 한 입 크기로 썬 고기를 꼬치에 끼워 구운 다음 달달한 땅콩 소스에 찍어 먹는 로컬 음식으로, 아이들 입맛에도 잘 맞고 술안주로도 제격이라 남녀노소 모두가 좋아할 만하다. 낮 시간 차들이 쌩쌩 달리던 분탓 스트리트 Boon Tat Street는 저녁이 되면 마법에 걸린 듯 변신을 시작한다. 어느새 차도 위로 빽빽하게 테이블이 펼쳐지고 사테 구이 노점에서 나오는 뿌연 연기가 저녁 공기를 채운다. 안으로 들어서자마자 치열한 호객 경쟁이 시작되는데 노련한 상인들은 용케 한국 사람인 걸 알아보고 유창한 한국말로 "맛있어요!" "짠내투어 나왔어" 하며 말을 건넨다. 일단 자리를 잡으면 여러 노점에서 메뉴판을 들고 다가오니 느긋하게 앉아서 주문하면 된다. 보통 닭고기, 소고기, 양고기, 새우 사테를 고루 맛볼 수 있는 세트를 선택하는데, 사테 외에도 볶음밥이나 면, 채소 요리 등도 주문 가능하다. 달콤짭짤한 사테와 함께 마시는 맥주는 언제나 옳다! 게다가 싱가포르의 높은 물가를 잊고 저렴하게 즐길 수 있어 더 행복하다. 세계 여행자들의 활기를 온몸으로 느낄 수 있는 사테 거리는 싱가포르 여행을 앞둔 이들에게 반드시 추천하는 곳이다.

EAT PLAY SHOP
– 로컬처럼 먹고 즐기고 쇼핑하라

EAT 와인 커넥션 타파즈 바 앤 비스트로 Wine Connection Tapas Bar & Bistro
: 11 Unity St, #01 - 19 / 20, Singapore 237995

양식 간단한 안주와 함께 합리적인 가격으로 와인을 즐길 수 있어 인기가 많다. 500종 이상의 와인을 도매가에 가까운 가격으로 판매하고 있으며 파스타, 피자, 타파스 등 메뉴도 다양하다. 싱가포르에 여러 지점이 있으나, 로버슨키 지점은 가족 친화적인 분위기로 자녀 동반 여행자들이 방문하기에도 부담이 없으며, 와인 샵도 운영하고 있어 와인만 따로 구매가 가능하다. 근처의 자매 식당인 와인 커넥션 치즈 바에서는 라클렛(치즈를 녹여 감자, 빵, 피클과 함께 먹는 요리)을 즐길 수 있다. 주말에는 예약이 필수다!

EAT 커먼 맨 커피 로스터즈 Common Man Coffee Roasters
: 22 Martin Rd, Singapore 239058

카페 싱가포르에서 커피와 음식 맛이 모두 훌륭한 몇 안되는 카페 중 하나로, 항시 줄을 서서 입장을 기다리는 사람들로 붐빈다. 커피를 직접 로스팅하고 블렌딩하며 바리스타 코스도 운영하고 있어 커피 애호가라면 반드시 방문해 보길 추천한다. 친환경 식재료로 만든 다양한 샐러드 메뉴가 인상적이며 아침 일찍 오픈하기 때문에 이른 아침을 먹기에도 좋다.

점보 씨푸드 리버사이드 포인트 JUMBO Seafood-Riverside Point

: 30 Merchant Rd #01-01/02, Riverside Point, Singapore 058282

© JUMBO GROUP

현지식 점보는 싱가포르의 대표 음식인 칠리크랩 식당 중 가장 유명한 곳으로 강변을 조망하기도 좋아 늘 인기가 많다. 매콤달달한 소스가 매력적인 칠리크랩은 호불호 없이 한국인 입맛에도 잘 맞으며, 인원수가 많다면 후추 양념과 버터 향이 매력적인 페퍼크랩과 다른 해산물 요리도 도전해볼 만하다.

브루웍스 Brewerkz

: 30 Merchant Rd, #01-07 Riverside Point, Singapore 058282

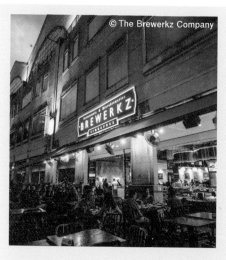

© The Brewerkz Company

펍 싱가포르에서 가장 오래된 맥주 양조장으로 색다른 로컬 크래프트 맥주를 맛볼 수 있다. 시그니처 맥주인 골든에일과 페일에일, 오트밀 스타우트 흑맥주가 맛이 좋고, 시즌별 맥주도 나온다. 하나를 고르기 어렵다면 여러 가지를 조금씩 맛볼 수 있는 맥주 샘플러도 있으니 시도해보자. 피자나 버거, 치킨윙 같은 음식 맛도 괜찮아서 가족이 함께 식사하기도 좋고, 강변을 바라보며 혼맥(혼자서 맥주)하기도 좋다.

EAT PLAY SHOP
– 로컬처럼 먹고 즐기고 쇼핑하라

(EAT) 송파 바쿠테 Song Fa Bak Kut Teh
: 11 New Bridge Rd, #01-01, Singapore 059383

현지식 싱가포르에서 꼭 맛보아야 할 음식인 바쿠
테 맛집이다. 바쿠테는 돼지갈비로 만든 탕으
로, 고기도 부드럽고 마늘과 후추로 냄새를
잡아 한국인 입맛에도 잘 맞는다. 현지인
들은 주로 보양식이나 해장용으로 즐겨
먹는데 뜨끈한 국물이 일품이다. 국물이
무한 리필이라는 점도 플러스다. 차이나
타운점을 포함하여 싱가포르 전역에 지점
이 있으니 참고하자.

(EAT) 스촨도화 Si Chuan Dou Hua Restaurant
: 80 Raffles Place, #60-01 UOB Plaza 1, Singapore 048624

© Si Chuan Dou Hua

© Si Chuan Dou Hua

중식 매콤한 사천 요리 전문 식당으로 UOB
플라자 꼭대기 층에 자리하고 있어 최고의
전망을 자랑한다. 마라탕에 들어가는 얼얼
한 화자오와 건고추가 듬뿍 들어간 총칭 치
킨과 가지 요리, 마파 두부가 맛이 좋으며, 무
려 1미터가 넘는 긴 주둥이의 주전자로 물총
을 쏘듯 서빙해 주는 차도 특별하다. 매운 음
식 끝 맛보는 달달한 망고 푸딩도 놓치지 말
자. 단, 마리나베이가 한눈에 내려다 보이는
자리를 원한다면 예약은 필수다.

(PLAY) 슬링샷 싱가포르 Sling Shot Singapore

: 3E River Valley Rd, #01-G-X5, Clarke Quay Blk E, Singapore 179024

클락키의 대표 놀이기구로 우리나라 여행 프로그램에도 소개된 바 있다. 번지 점프와는 반대로 땅에서 하늘 위로 빵 쏘아 올리는 슬링샷과 그네처럼 하늘 위로 쭉 잡아 당겼다 가 내려놓는 익스트림 스윙 두 종류가 있다. 엄청난 속도로 솟아올라 아슬아슬하게 매달 린 모습은 구경꾼들의 간담을 서늘하게 하지만 평소 스릴을 즐기는 사람이라면 도전해 볼 만하다.

(PLAY) 싱가포르 리버크루즈 Singapore River Cruise

: Clark Quay, Jetty, Singapore 058282

© Singapore River Cruise

싱가포르 여행의 필수 코스로, 클락키에서 탑승하여 약 40분간 보트키, 멀라이언 파크, 마리나베이 샌즈 등 랜드마크를 편안하게 감상할 수 있다. 클락키로 돌아오는 왕복 코 스지만 중간에 하차도 가능하다. 단, 재탑승 은 불가하니 신중하게 결정하길! 선선한 강 가의 바람과 함께 야경 감상이 가능한 저녁 시간대를 조금 더 추천하며, 추가 요금을 내 면 마리나베이에서 진행하는 스펙트라 쇼 시간에 맞추어 이용할 수도 있다.

EAT PLAY SHOP
– 로컬처럼 먹고 즐기고 쇼핑하라

PLAY 네이처랜드 Natureland
: 11 Unity St #01-08/09 Robertson Walk, Singapore 237995

깔끔하면서도 합리적인 가격의 마사지 샵으로 오차드와 차이스, 마리나 베이 샌즈 등 싱가포르 곳곳에 지점을 갖고 있다. 로버슨키 지점은 와인 커넥션 바가 있는 건물 1층에 위치해 있으며, 발마사지, 전신마사지, 바디 스크럽 등 다양한 서비스가 있다. 현지인들이 회원제로도 많이 이용하는 곳이어서 마사지사나 지점에 크게 상관없이 대체로 만족도가 높다.

SHOP 클락키 센트럴 Clarke Quay Central
: 6 Eu Tong Sen St, Singapore 059817

싱가포르 강변에 위치한 대표 쇼핑몰로 클락키 MRT역과 연결되어 있어 많은 여행자들이 찾는 곳이다. 관광객들이 즐겨 찾는 찰스 앤 키스(Charles & Keith)를 비롯한 패션 브랜드와 야쿤 카야 토스트, 스타벅스가 있고, 쇼핑몰 지하에는 일본 슈퍼마켓인 돈돈돈키(Don Don Donki)와 간단히 한끼를 해결할 수 있는 식당가가 있다.

PART 5

여기가 싱가포르지,
싱가포르의 화려한 랜드마크가 모여 있는 곳
마리나베이 일대

마리나베이 일대

"싱가포르에서 반나절 밖에 시간이 없는데 어디를 가야하나요?" 환승 차 싱가포르를 경유하거나 크루즈 여행 중 잠시 들러가는 여행자들의 흔한 고민일 것이다. 마치 시험에 임박해서 족집게 강사를 찾는 듯 간절한 이들에게 우리가 자신 있게 추천하는 곳은 단연 마리나베이다. 마리나베이 일대에는 싱가포르의 유명 랜드마크가 다 모여 있어 "그래, 여기가 싱가포르지!"하는 탄성과 함께 짧지만 제대로 보고 간다는 만족감을 느낄 수 있다. 특히 해진 후 현란한 불빛으로 밝혀진 야경은 여행에 시큰둥했던 이들도 어린아이처럼 들뜨게 만들어 준다.

마리나베이 산책로를 걷다 보면 싱가포르의 무더위도 잊은 채 열심히 달리는 열정 가득한 현지인들을 만날 수 있다. 게다가 새해 카운트다운, 드래곤 보트 페스티벌, 포뮬러 원FI 등 각종 이벤트의 무대가 되는 이곳은 365일 조용할 날이 없다.

마리나베이는 2000년대가 되어서야 개발이 시작되었으며 심지어 최근까지 바다였던 곳이 대부분이다. 서울시와 비슷한 면적의 도시 국가로 늘 땅이 부

© 비비시스터즈

이른 아침 마리나베이 전경

족한 싱가포르는 꾸준히 바다를 메워왔으며, 눈으로 보고도 믿기 어려운 어마어마한 간척사업의 결과가 바로 이 마리나베이인 것이다. 멀라이언 파크에서부터 선텍 시티, 에스플러네이드 극장, 만다린 오리엔탈 호텔을 비롯한 5성급 호텔들, 그리고 싱가포르 인증샷 하면 떠오르는 마리나베이 샌즈 호텔까지 이 모든 것들이 간척지 위에 지어졌다!

마리나베이 일대는 여러 MRT역에서 접근이 가능한데 어디서 시작할 지는 각자의 여행 동선에 따라 시티홀, 래플즈 플레이스, 마리나베이, 베이 프론트, 다운타운, 에스플러네이드, 프로메나드 역 중에서 선택하면 된다. 참고로 여행자들은 마리나베이 샌즈 호텔에 갈 때 마리나베이 역에 내리는 실수를 많이 하는데, 호텔과 직접 연결되어 있는 MRT역은 베이프론트 역이라는 점을 기억해두자.

Chapter 1

싱가포르 하면 가장 먼저 떠오르는
멀라이언 파크 (Merlion Park)

늘 인증샷을 찍는 사람들로 붐비는 멀라이언 파크

사자 머리에 물고기 몸통을 하고, 입으로는 힘차게 물줄기를 뿜어내는 멀라이언은 싱가포르 여행자라면 - 조금 과장을 보태 - 단 한 명도 빠짐없이 반드시 들르는 싱가포르의 대표 명소다. 실제로 멀라이언 파크에는 밤낮 할 것 없이 사람들로 가득한데, 각양각색의 포즈로 멀라이언 물줄기를 받으며 인증샷을 남기는 관광객들로 진풍경이 펼쳐진다.

멀라이언은 왜 사자 얼굴을 하고 있는 걸까? 아마도 이제는 자신 있게 대답할 수 있을 것이다. 앞서 언급했듯 싱가포르라는 나라 이름은 '사자의 도시'라는 뜻을 갖고 있기 때문이다. 그러면 이제 물고기 모양의 몸통이 궁금해질 차례다. 또르르 말린 물고기 꼬리가 귀엽긴 하지만 사자와 물고기의 조합은 아무리 봐도 엉뚱하다. 헤엄치는 사자인가, 사자 얼굴을 한 인어인가? 상상의 나래를 펼쳐봤지만 알고 보니 물고기 몸통은 싱가포르의 옛 이름, 테마섹Temasek에서 왔다. 테마섹은 '바다 마을'이라는 뜻을 갖고 있는데 즉, 멀라이언의 물고기 모양 몸통은 바닷가 마을이었던 싱가포르의 옛 모습을 상징적으로 표현한 것이다.

싱가포르 여행의 필수 코스인 멀라이언 인증샷

그럼 싱가포르에는 언제부터 멀라이언이 있었을까? 그 출생의 비밀이 궁금해진다. 멀라이언은 1964년 싱가포르 관광청 로고로 만들어졌다. 1972년에는 림낭생Lim Nang Seng이라는 싱가포르 조각가가 멀라이언을 8미터 높이의 동상으로 제작하여 대중에 공개했는데, 이것이 바로 우리가 멀라이언 파크에서 볼 수 있는 그 동상이다. 싱가포르로 오는 사람들을 환영하기 위해 창이 공항이 있는 동쪽을 향하고 있다고 하니, 우리도 모르는 사이에 멀라이언의 열렬한 환영을 받으며 입국하게 되는 셈이다. 멀라이언 파크에는 2미터 높이의 작은 멀라이언 동상이 하나 더 있다! '아기 멀라이언'으로 불리며 사랑을 받고 있는데, 얼굴과 몸통은 중국 도자기로, 눈은 찻잔으로 장식되어 있어 더욱 특별하다.

출생부터 관광청 모델이었던 멀라이언은 반백 살이 넘은 지금도 그 역할을 톡톡히 해내고 있다. 여느 슈퍼스타 못지 않게 매일같이 카메라 세례를 받고 있으며, 자신을 모델로 한 기념품도 인기만점이다. 게다가 멀라이언이 서 있는 멀라이언 파크는 파노라마처럼 펼쳐진 아름다운 마리나베이 풍경을 즐길 수 있는 명당이기도 하다. 밤늦도록 여행자들의 발길이 끊이지 않는 이곳에서 환상적인 야경과 함께 여행의 진한 설렘을 느껴보는 건 어떨까.

©비비시소스2

깜찍한 모습의 아기 멀라이언

Chapter 2

옛 우체국과 세관 건물의 변신
: 풀러튼 헤리티지(The Fullerton Heritage)

▌ **풀러튼 호텔** The Fullerton Hotel

풀러튼 호텔 전경

　　지금은 마리나베이 일대에서 배를 볼 수 없지만 1980년대까지만 해도 현재 멀라이언 파크 자리부터 쭉 펼쳐진 해안선을 따라 항구가 자리하고 있어 바쁘게 오가는 무역선과 여객선들을 흔하게 볼 수 있었다. 그러나 신 항구와 공항이 생기면서 한때 싱가포르의 상징과도 같았던 이곳의 항만시설은 본래 기능을 상실했고, 영원히 자취를 감출 수도 있었지만 '풀러튼 헤리티지' 개발 계획에 포함되면서 우리 곁에 남게 되었다. 이 프로젝트는 옛 건물들을 보존하면서도 현대 건물의 편리함과 세련됨을 더하는 것이었으며, 풀러튼 호텔을 비롯하여 풀러튼 베이 호텔, 풀러튼 워터보트 하우스, 원 풀러튼, 풀러튼 파빌리온, 클리포드 피어, 커스텀즈 하우스가 포함되었다. 럭셔리 호텔, 파인 다이닝 레스토랑, 카페 등으로 다시 태어난 이 건물들은 화려하지만 예스러움을 간직하고 있어 더욱 매력적이다.

　　그 중 가장 눈에 띄는 풀러튼 호텔은 싱가포르의 유서 깊은 호텔 중 하나로 영국 식민지 시절부터 싱가포르의 랜드마크가 되어 왔다. 싱가포르에 온지 얼마 되지 않았을 때다. 택시를 타고 "풀러튼 호텔이요" 했더니 기사님께서 못 알아 들으시는 것이다. 당당하게 'Platon'이라고 스펠링을 댔더니 더욱 아리송한 표정이다. 다행히도 본래 우체국이었다는 것이 생각나 "Old Post Office"라고 했더니 무사히 도착할 수 있었다. 한국말로 내내 플라톤이라 했더니 어느새 머릿속에는 그리스 철학자 이름으로 굳어진 모양이다. 우체국이었던 걸 몰랐으면 어쩔 뻔 했을까? 역시 작은 지식도 알아두면 다 쓸데가 있다! 도착해보니 호텔 이름은 'Fullerton'이었다. 바로 폭풍 검색에 들어 갔고, 풀러튼 호텔은 로버트 풀러튼Robert Fullerton이라는 영국 식민지 시절 정부 관리의 이름을 따서 지었다는 사실을 알게 되었다.

지금은 마리나베이 샌즈 호텔이 워낙 압도적이지만 예전에는 풀러튼 호텔이 싱가포르 항구를 끼고 있는 최고의 호텔이었다. 호텔의 우아하고 강렬한 외관은 작은 섬 싱가포르를 순식간에 잘나가는 영국 항구로 변신시키는 힘이 있었다. 실제로 영국인들은 항구의 위상을 보여주기 위해 풀러튼 호텔과 지금은 내셔널 갤러리가 된 옛 시청과 대법원 건물을 싱가포르로 들어오는 배 위에서 가장 잘 보이는 곳에 지었다고 한다.

풀러튼 호텔 자리는 싱가포르 강의 입구로 군사적으로도 중요한 위치였기에 과거에는 항구를 지키는 요새로 쓰였다. 1928년에 세워진 풀러튼 호텔 건물은 호텔이 되기 전 상공회의소와 영국인들의 사교 장소였던 싱가포르 클럽을 비롯하여 여러 정부 부서로 이용되었다. 그러나 가장 유명한 것은 이곳이 오랫동안 싱가포르 중앙 우체국이었다는 점이다! 지금도 호텔 안에는 우체국 시절의 모습을 보여주는 작은 전시관과 실제로 편지를 부칠 수 있는 빨간 우체통이 있

다. 우체통을 만난 김에 엽서를 써서 부쳐보면 어떨까. 꽤나 고전적이지만 특별한 추억이 될 것이다.

풀러튼 호텔은 내부 장식이 예쁘기로도 유명하다. 특히 크리스마스나 구정 때는 입이 떡 벌어지는 화려한 장식에 명절 분위기를 제대로 느낄 수 있어 설

© 비비시스터즈

호텔 안에서 볼 수 있는 빨간 우체통

렌다. 호텔 로비에서는 종종 전시회가 열리는데 2017년에는 한국 해녀들의 삶을 주제로 한 사진전이 있었다. 프랑스 작가의 작품이었는데 이국 땅에서 마주한 강인한 우리 해녀들의 모습에 큰 격려를 받은 듯 힘이 났다. 로비에서는 오후 3시부터 애프터눈 티를 즐길 수 있고, 옛 등대 자리에 있는 이탈리아 레스토랑인 더 라이트하우스The Lighthouse에서는 마리나베이 전망과 함께 황홀한 식사를 즐길 수 있다.

▌풀러튼 베이 호텔 The Fullerton Bay Hotel

마리나베이 뷰를 마음껏 즐길 수 있는 풀러튼 호텔의 랜턴바

풀러튼 호텔과 이름이 비슷해서 종종 혼란을 주는 풀러튼 베이 호텔은 2010년에 새롭게 문을 열었으며, 기본 60만원 이상을 호가하는 객실 요금을 자랑하는 럭셔리 호텔이다. 원래 부둣가였던 데다가 실제로 호텔 전체가 물 위에 지어져 있어 발코니에 서면 마리나베이의 환상적인 경관이 내 집 앞 정원처럼 펼쳐진다. 특히 북적이는 인파 속에서 벗어나 프라이빗하게 즐기는 레이저 쇼와 불꽃 놀이는 호텔비 걱정을 싹 잊을 만큼 특별한 경험이 될 것이다. 물론 모든 방이 이토록 완벽한 전망을 제공하는 것은 아니다. 베이 뷰bay view를 선택한 경우에만 백만불 짜리 전망이 보장된다.

풀러튼 베이 호텔은 애프터눈 티로도 유명하다. 호텔 1층에 있는 랜딩 포인트The Landing Point는 싱가포르 최고의 애프터눈 티 장소로 늘 손꼽힌다. 랜딩 포인트까지 이어지는 로비는 너무나 우아하고 사랑스러워 도저히 사진을 찍지 않고 지나가기 힘들고, 3단 트레이에 곱게 올려진

© Basile Morin

풀러튼 베이 호텔 로비

디저트와 핑거푸드는 눈으로 먼저 먹는다는 말이 무엇인지 알게 해준다. 달콤한 오후의 수다를 즐기고 싶은 여행자라면 꼭 경험 해보기를 추천한다.

호텔 옥상에 수영장과 함께 자리한 랜턴바Lantern도 싱가포르에서 알아주는 핫플레이스다. 한국에서 지인들이 올 때마다 꼭 데려가는데, 흥겨운 분위기와 황홀한 야경에 반해 행복해하는 모습이 너무 좋다. 주말에는 한 시간씩 기다릴 때도 있지만 막상 들어가면 모두가 한 목소리로 기다린 시간이 아깝지 않다고 하니 또 데려갈 수밖에! 특히 레이저 쇼 시간에 맞춰 가면 화려한 불빛이 혼을 쏙 빼놓는데 싱가포르의 밤이 짧은 것이 그저 아쉬울 뿐이다.

커스텀즈 하우스 & 풀러튼 파빌리온 Customs House & The Fullerton Pavilion

© 비비시스터즈

커스텀즈 하우스, 높은 관제탑이 눈에 띈다

우뚝 솟은 관제탑 덕에 눈에 띄는 커스텀즈 하우스는 그 이름에서 짐작할 수 있듯이 1969년에 세워진 세관 건물이다. 예전에는 이 관제탑 위에서 24시간 항구를 감시하며 과세물품을 밀반입하는 배들을 검거했다고 한다. 그러나 2006년 마리나 버라지Marina Barrage라는 작은 댐이 생기면서 바다로의 접근이 차단되고 배들이 들어오지 못하게 되자 세관이 불필요해졌고 커스텀즈 하우스는 상업 시설로 재개발 되어 지금은 마리나베이 일대를 감상하며 세계 각국의 음식을 맛볼 수 있는 레스토랑들이 들어와 있다.

풀러튼 파빌리온 전경

풀러튼 베이 호텔 옆, 물가에 둥둥 떠 있는 둥그란 건물은 언제나 지나는 사람들의 호기심을 자극한다. 풀러튼 파빌리온이라 불리는 이곳에는 현재 고급 이탈리아 레스토랑 몬티Monti가 들어와 있다. 한국인이라면 분명 자신도 모르는 사이에 이곳을 본 적이 있을 것이다. 2018년 싱가포르 북미 정상 회담 당시 JTBC 뉴스룸 특설 스튜디오가 바로 풀러튼 파빌리온 옥상에 설치되었기 때문이다. 마리나베이 샌즈 호텔을 배경으로 진행하던 뉴스 장면이 아마도 기억 속 어딘가에 남아 있으리라. 당시 교민들 사이에서는 트럼프 대통령이나 김정은 위원장 이야기만큼이나 손석희 아나운서와 찍은 인증샷이 연일 단톡방을 달구었다.

비비시스터즈 VJ 특공대 방송 촬영 모습

북미 정상 회담은 싱가포르에서도 큰 기대와 함께 맞이한 국제 행사로, 우리도 회담 당일 동네 사람들과 함께 두 정상이 탄 차량이 지나가는 것을 보겠다며 카메라를 들고 대기하기도 했다. 하지만 무엇보다 우리 비비시스터즈에게는 일생일대의 사건이 있었으니, 북미 정상 회담으로 TV 출연의 꿈을 이룬 것이다! 회담 전날밤 김정은 위원장이 깜짝 싱가포르 관광에 나섰는데, 마리나베이 샌즈 호텔, 가든스 바이 더 베이, 멀라이언 파크를 방문하여 화제가 됐었다. 회담 이후 우리는 이 코스에 맞추어 야경 투어를 선보였는데, 뜻밖에도 'VJ특공대'에서 촬영 요청이 들어온 것이다. 몇 시간을 찍었는데 막상 방송에서는 2분도 안 나와 당황스럽기도 했지만 한국의 가족들과 친구들이 한마음으로 방송을 기다리며 난리 법석이던 그때를 생각하면 아직도 웃음이 난다. 다만 우리가 나온 후 얼마 지나지 않아 장수 프로그램이던 VJ 특공대가 종영된 것은 분명 우연의 일치일 거라 믿고 싶다.

Chapter 3

싱가포르인들이 사랑하는 두리안 건물
: 에스플러네이드 극장 일대

▌ **에스플러네이드 극장** Esplanade-Theatres on the Bay

에스플러네이드의 독특한 지붕 모습

네모 반듯한 건물이 주를 이루는 여타 대도시와는 달리 싱가포르에는 같은 디자인의 건물을 찾는 게 더 어려울 정도로 혁신적인 디자인의 건축물들이 많다. 마리나베이에는 싱가포르의 개성 강한 건물 중에서도 유독 튀는 건물이 있는데, 마치 거북선처럼 둥근 지붕 위에 뾰족한 징이 박힌 듯한 모습의 에스플러네이드 극장이 바로 그것이다. 싱가포르 사람들은 지붕 모양이 꼭 두리안을 반으로 잘라 엎어 놓은 것 같다고 하여 '두리안 건물'이라는 애칭으로 부른다. 영국 건축가 마이클 윌포드Michael Wilford & Partners 와 싱가포르의 유명 건축 회사 디피 아키텍츠DP Architects 가 디자인에 참여했으며, 본래 중국식 랜턴이나 마이크 모양을 염두하고 지붕을 설계했다고도 하는데, 막상 세상에 나오니 사람들은 두리안을 가장 먼저 떠올렸다. 건축가는 인터뷰에서 말하길, 독특한 디자인 때문에 논란이 많았지만, 논란의 중심이 된 디자인을 선보였다는 데 자부심을 느낀다고 했다. 어쨌든 세상에 없던 새로운 디자인을 선보인 것이 만족스럽다고 말이다.

에스플러네이드 극장 전경

가까이서 보면 두리안 모양 지붕은 10,000개 이상의 유리창을 씌운 돔 형태로 되어 있다. 그리고 7,000개 이상의 알루미늄 판을 뾰족한 차양으로 덧씌워 작렬하는 적도의 태양열을 차단하면서도, 적절한 빛을 통과시키게 하여 낮에는 실내 공간에 별도의 조명이 필요하지 않게끔 설계하였다. 가끔 에스플러네이드를 올려다보면 사람들이 지붕 위에 올라가 유리창 청소를 하는 것을 볼 수 있는데 보는 것만으로도 아찔하다. 안전 장치가 있더라도 극한 직업이 따로 없다. 두 개의 돔을 모두 청소하는 데는 약 2개월이 걸린다고 한다.

2002년에 개관한 에스플러네이드 극장은 싱가포르를 대표하는 예술 공연장으로 1,600석의 콘서트홀과 2,000석의 극장 시설을 갖추고 있다. 이중 삼중, 몇 겹의 훌륭한 방음 시설을 갖추고 있어서 극장 앞으로 차들이 굉음을 내며 달리는 포뮬러 원F1 기간 중에도 공연이 가능하다는 점이 놀랍다. 또한 이곳에서 이루어지는 공연 중 약 70%는 티켓이 필요 없는 무료 공연이며, 특히 야외 극장Esplanade Outdoor Theatre에서의 공연은 마리나베이 경관과 함께 즐길 수 있어 값비싼 공연이 부럽지 않다.

열대 과일 두리안은 특유의 냄새 때문에 호불호가 분명히 갈리는 과일이다. 그러나 그 매력에 한 번 빠지면 지독한 냄새조차 향기롭게 느껴지고 주위 사람들의 비난에도 먹는 것을 포기하지 못한다. 뾰족한 가시로 무장한 단단한 껍질을 반으로 가르면 샛노란 과육이 나오는데, 아보카도와 비슷한 부드러운 식감으로 맛은 더 달콤하다. 칼로리가 높아 다이어트에는 좋지 않지만, 원기회복에는 이만한 것이 없다. 악명 높은 냄새 탓에 두리안은 대중교통이나 호텔 반입이 금

© 비비시스터즈

차이나타운의 두리안 노점상

© 비비시스터즈

싱가포르 MRT나 버스에서 볼 수 있
는 두리안 금지 표지판

지되어 있다. 만약 두리안을 맛보고 싶다면 차이나타운이나 부기스 스트리트로
가보자. 그 자리에서 바로 먹을 수 있게 손질해서 나오니 이번 기회에 자신이 호
인지 불호인지 시험해 보는 건 어떨까.

▍에스플러네이드 파크 Esplanade Park

에스플러네이드 극장을 나와 걷다 보면 자연스레 에스플러네이드 파크로
이어진다. 싱가포르의 유서 깊은 공원으로, 에스플러네이드 극장도 이 공원의
이름을 따서 지었다.(즉, 공원이 먼저다!) 1920년대에 조성된 간척지 위에 만들
어졌으며, 오늘날에는 공원 곳곳에 싱가포르의 역사적 순간을 기념하는 다양한
기념비들이 자리하고 있어 더욱 특별하다. 겉모습만으로는 알쏭달쏭한 기념비
들을 간단히 소개해 보도록 하겠다.

◈ 림보승 기념비 Lim Bo Seng Memorial

© Marcin Konsek

2차 세계대전 당시 싱가포르를 위해 희생한
영웅 중 하나인 림보승 소장을 위한 기념비다. 그
는 일제 강점기 전후로 수많은 반일 활동을 이끌
었으나, 안타깝게 종전을 보지 못하고 1944년 일
본 비밀 경찰에게 잡혀 교도소 수감 중 세상을 떠
났다. 중국식의 팔각탑 모양이 독특하며, 기념비
아래는 4마리의 청동 사자가 지키고 있다.

◈ 탄킴셍 분수 Tan Kim Seng Fountain

초기 싱가포르 발전에 많은 기여를 한 탄킴셍의 업적을 기리기 위한 기념 분수로, 싱가포르 강변의 '킴셍 다리'를 소개할 때 언급된 바 있다. 저명한 사업가이자 자선가였던 탄킴셍은 1800년대 중반 싱가포르 최초의 저수지 및 수도 시설 건설을 위해 거액을 기부했으며, 시의회에서 이를 기념하는 분수를 세웠다. 분수는 빅토리아 양식으로 영국에서 직접 제작되었으며, 본래 풀러튼 호텔 자리에 있었다가 1990년대에 현재의 자리로 옮겨졌다.

◈ 세노타프 Cenotaph

1, 2차 세계대전 중 안타깝게 전사한 군인들을 기리는 기념비로, 본래 1922년 1차대전 희생자 124인을 기리기 위해 세워졌으나 1950년대에 이르러 2차대전 희생자들도 함께 기리는 전쟁 기념비가 되었다. 청동으로 된 명판에는 124인의 이름이 새겨져 있으며, 반대편에는 '그들의 죽음이 우리를 살렸다They dies that we might live' 라는 문구가 싱가포르의 네 개 공식 언어(영어, 중국어, 말레이어, 타밀어)로 적혀 있다.

◈ 전쟁기념비 Civilian War Memorial

무려 65미터 높이의 전쟁기념비는 2차 세계대전 중 희생된 싱가포르인들을 기리기 위한 것이다. 총 네 개의 기둥으로 되어 있는데, 각각의 기둥은 싱가포르인을 구성하는 중국, 말레이, 인도, 기타 민

족을 상징한다. 전쟁기념비 아래에는 일제 강점기 중 숙칭이라는 대규모 학살을 통해 잔인하게 희생된 이들의 유해가 잠들어 있다. 긴 막대 모양을 하고 있어 한때 젓가락이라는 별명으로 불리기도 했지만, 전쟁 희생자들을 기리는 곳인 만큼 그 별명으로 부르는 것을 자제하고 있다.

▌선텍 시티 Suntec City

선텍 시티 전경

"부자가 되게 해주는 분수라고?" 처음 부의 분수Fountain of Wealth 이야기를 들었을 때 그 당당한 이름에 웃음부터 나왔다. 그래, 부자가 되고 싶지 않은 사람이 누가 있을까? 이 분수에 손을 넣고 세 바퀴를 돌면 부자가 된다는 속설 덕분에 분수 앞은 늘 사람들로 붐비고, 종종 단체 관광객들을 실은 버스도 크게 세 바퀴를 돌고 간다. 부의 분수는 선텍 시티에 가면 볼 수 있는데, 선텍 시티는 1990년대 말에 지어진 고층 복합 단지로 컨벤션 센터, 전시관, 오피스, 쇼핑몰을 포함하고 있다. 여행자들에게는 주요 관광지를 편하게 둘러볼 수 있는 시티투어 버스와 덕 투어 출발지로 더 잘 알려져 있다.

재미있게도 선텍 시티는 사람의 손 모양을 본떠 디자인했다고 한다. 선텍 시티를 이루고 있는 5개의 건물은 5개의 손가락에 해당되는데, 가장 낮은 18층 선텍 시티 타워는 엄지손가락을, 네 개의 45층짜리 오피스 건물은 나머지 손가락이 된다. 그리고 손바닥 중심에는 바로 부의 분수가 있다. 풍수지리에서 물은 보통 재물을 의미하는데, 전체적으로 보면 손으로 재물(부)을 움켜쥔 셈이 되는 것이다. 심지어 재물이 밖으로 빠져나가지 않도록 분수의 물도 안쪽 방향으로 떨어지도록 설계되었다고 하니 싱가포르 사람들이 풍수지리에 대해 얼마나 진심인지 다시 한 번 느낄 수 있다.

▌리츠칼튼 vs 만다린 오리엔탈 호텔 Ritz Carlton vs Mandarin Oriental

(왼쪽 위) 리츠칼튼 호텔 전경, (오른쪽 위) 만다린 오리엔탈 호텔 전경, (왼쪽 아래) 마리나베이 전망을 더 특별하게 즐길 수 있는 리츠칼튼의 팔각창, (오른쪽 아래) 마리나베이 전망을 품고 있는 만다린 오리엔탈의 수영장

마리나베이 일대에는 환상적인 전망을 자랑하는 5성급 럭셔리 호텔들이 줄지어 서있다. 어느 하나 빠지는 데 없이 잘 나가는 호텔들 중에서도 많은 이들이 최고로 치는 곳을 꼽자면 리츠칼튼 호텔과 만다린 오리엔탈 호텔이 될 것이다. 서로 어깨를 맞대고 서 있는 두 호텔은 사실상 오랜 라이벌로 자주 비교 대상이 되곤 한다. 그러나 각각 장단점이 분명하기에 어느 호텔이 더 낫더라 하는 논쟁은 쉽게 끝날 것 같지가 않다.

두 호텔 모두 일반적인 5성급 호텔 수준의 세심한 서비스가 제공되며, 관광지로의 접근성도 좋다. 만다린 오리엔탈은 종종 특가 상품으로 나오는 경우가 있어 상대적으로 저렴한 느낌이 있는 반면, 객실 컨디션이나 크기, 시설 관리 상태는 리츠칼튼이 조금 더 낫다는 평가를 받고 있다. 특히 리츠칼튼 객실 내 욕실의 팔각 창문은 인스타그램 사진 명소로 유명세를 타고 있는데, 창밖의 마리나베이 야경을 감상하며 즐기는 목욕 시간은 많은 투숙객들이 최고의 경험으로 꼽는다.

반면 수영장은 만다린 오리엔탈이 더 인기가 있다. 만다린 오리엔탈 수영장에서는 수영을 하면서도 마리나베이 일대의 환상적인 야경을 즐길 수 있다. 리츠칼튼의 수영장은 좋은 전망은 기대할 수 없지만 조용하고 프라이빗한 느낌을 선호하는 여행자에게 적합하다. 두 호텔의 뷔페는 싱가포르 거주자들에게도 인기가 많아서 저녁 시간에는 예약이 필수다. 만다린 오리엔탈이 음식 종류가 더 다양하고 리츠칼튼이 음식의 질이 조금 더 낫다는 평이다. 이렇게 호텔 선택은 '짜장이냐 짬뽕이냐'처럼 언제나 고민이 된다. 선택은 각자의 몫이지만 어린 자녀를 동반한 가족 여행이라면 만다린 오리엔탈이, 어른들만의 프라이빗한 여행이라면 리츠칼튼이 조금 더 나은 선택이 아닐까 조심스레 추천해본다.

Chapter 4

싱가포르 여행 인증 필수 코스
: 마리나베이 샌즈

▌ 마리나베이 샌즈 호텔 Marina Bay Sands Hotel

마리나베이 샌즈 호텔 전경

싱가포르에 온지 얼마 되지 않아 집을 보러 다니던 때였다. 같은 동네에 사이즈도 비슷한 아파트인데도 한 집만 월세가 500불이나 더 비쌌다. 아무리 봐도 큰 차이가 없는데 왜 이 집이 더 비싸냐고 했더니, 부동산 중개인은 대뜸 아파트 발코니로 나가 저 멀리 손톱 만하게 보이는 마리나베이 샌즈 호텔을 가리켰다. 그리고는 이 집은 무려 MBS Marina Bay Sands 뷰라며 비싼 것이 당연하다는 듯 고개를 끄덕였다. 싱가포르에서 마리나베이 샌즈 호텔의 위엄과 가치를 처음으로 확인한 순간이었다.

지금은 마리나베이 샌즈 호텔 없는 싱가포르를 상상하기 어렵지만, 사실 이 호텔은 2010년 이후가 되어서야 세상에 공개되었다. 오로지 이 호텔을 보겠다고 싱가포르를 찾는 여행자들도 있으니 싱가포르 관광 산업의 일등 공신임에는 틀림이 없다. 마리나베이 샌즈는 호텔뿐 아니라 카지노, 쇼핑몰, 극장, 컨벤션홀, 박물관 등을 포함한 복합 리조트로 설계되었으며 미국의 라스베가스 샌즈사 Las Vegas Sands Corp.가 운영하고 있다. 미화 350억불 이상이 필요한 대형 프로젝트였기에 자금 부족으로 몇 번이나 건설이 중단되기도 했으나, 지금은 명실공히 샌즈 사가 가진 가장 수익성 높은 자산 중 하나로 꼽힌다.

마리나베이 샌즈는 혁신적인 디자인으로 유명한 건축가 모셰 사프디Moshe Safdie가 설계했으며, 아마도 우리에게는 한국의 쌍용건설이 호텔 건물을 시공했다는 사실이 더욱 반갑게 느껴질 것이다. 모셰 사프디는 이스라엘 출신으로 캐나다, 미국, 예루살렘, 싱가포르 등지에서 활동 중인 노장의 건축가다. 캐나다 몬트리올에 있는 그의 대표작 '해비타트67Habitat 67'은 콘크리트 상자를 자유롭게 쌓아 올리는 건축 기법으로 실험적인 외관을 자랑하며, 각 구조물을 유기적으로 연결하여 획일적이고 답답한 도시 생활에서 벗어난 미래형 주택을 제안하였다. 최근 싱가포르에 문을 연 주얼 창이 공항Jewel Changi Airport도 그가 참여한 또다른 대형 프로젝트다.

마리나베이 샌즈 호텔은 세 개의 55층짜리 호텔 타워 위에 큰 배를 얹은 모양으로, 모셰 사프디에게도 그리고 쌍용건설에게도 과연 인생작이라 할 만하다. 자세히 보면 각각의 타워는 두개의 구조물이 서로 기대어 있는 모양새를 하고 있다. 피사의 사탑보다도 무려 10배나 더 기울어진 동쪽 구조물이 서쪽 구조물을 만나 사람인(人) 자를 만들어야 하는 복잡한 디자인 때문에 많은 건설사들이 시공을 포기했는데, 쌍용건설이 당당히 성공시킨 것이다. 배 모양의 스카이파크는 보기보다 규모가 어마어마하다. A380 점보 제트 여객기 3.5대가 들어갈 수 있는 사이즈에, 길이는 에펠탑을 눕힐 수 있는 정도라고 한다. 여행자들에게는 스카이파크의 인피니티 풀이 가장 인기인데, 수영장 인증샷을 위해 비싼 호텔 비용을 기꺼이 지불한다 해도 과언이 아닐 것이다! 투숙객이 아니라면 스카이파크 전망대를 이용하거나 루프탑 바인 세라비Ce La Vi로 올라가보자. 360도로 펼쳐지는 멋진 마리나베이 뷰를 만끽할 수 있다.

2019년 싱가포르 정부는 마리나베이 샌즈 일대 개발 계획을 새롭게 발표했다. 특히 많은 이들의 주목을 받았던 것은 마리나베이 샌즈 호텔에 네 번째 타워가 생긴다는 것이었다. 네 번째 타워에는 1,000여개의 호텔 스위트룸과 15,000석의 원형극장 등을 포함할 예정이라고 하니 어마어마한 규모의 개발이 예상된다. 추가로 건설되는 타워도 모셰 사프디가 설계를 맡았는데 선공개된 조감도를 보니 마블 영화 포스터라 해도 손색이 없을 정도다. 아직 완공 시기가 정확하게 알려지지는 않았지만 네 개의 타워를 거느린 마리나베이 샌즈 호텔을 보기 위해서라도 싱가포르에 꼭 있어야 할 것 같은 기분이 든다.

(왼쪽 위)인피니티 풀 인증샷, (오른쪽 위)아찔한 전망을 자랑하는 인피니티 풀, (아래)스카이파크에서 볼 수 있는 아름다운 뷰

▌더 샵스 앳 마리나베이 샌즈 The Shoppes at Marina Bay Sands

마리나베이 샌즈 호텔과 붙어 있는 대형 쇼핑몰 더 샵스에는 수많은 브랜드가 입점해 있어, 패션에 관심이 많은 여행자라면 쇼핑만으로도 반나절을 훌쩍 보낼 수 있을 것이다. 또한 스타 셰프의 이름을 건 초특급 셀러브리티 레스토랑과 디저트 샵이 줄지어 있어, 미식가들은 행복한 고민에 빠지게 될 것이다. 주머니 사정만 넉넉하다면 여기야 말로 세상 모든 럭셔리를 누려볼 천국이 아닐까 싶다. 언젠가는 아낌없이 돈을 쓰며 이곳을 누비리라 오늘도 즐거운 상상에 빠져 본다.

더 샵스에서 여행자들이 가장 많이 찾는 곳 중 하나는 아마도 싱가포르의 유명 차 브랜드 TWG 카페일 것이다. 차의 향과 맛도 좋은데다가 차를 담는 알

더 샵스 전경　　　　　　　　　더 샵스의 명물인 곤돌라와 분수

록달록한 틴캔tin can도 너무나 사랑스럽다. 로고에는 1837이라는 숫자가 적혀 있는데, 어떤 사람들은 이 브랜드가 1800년대부터 이어온 유서 깊은 회사라 생각하고 열렬한 신뢰를 보내기도 한다. 그러나 TWG의 설립 연도는 2008년이다! 아니나 다를까, 1837이라는 숫자가 오해를 불러일으킬 수 있다며 공식적으로 문제가 제기된 적도 있었다. 그럼 1837은 무엇을 의미하는 걸까? TWG측 설명으로는 1837이 싱가포르에서 처음으로 차 거래가 시작된 연도라고 한다. 아무래도 전통 있는 브랜드로 보이려 했던 의심이 들긴 하지만, 설립 후 불과 10년 만에 전 세계에 분점을 내고 럭셔리 차 브랜드로 성장을 이룬 것을 보면 어찌됐건 TWG를 사랑하는 팬들이 많은 것은 틀림없다. 개인적으로는 1837 블랙티, 실버문, 그랜드 웨딩 차를 추천하며, 카페인이 없는 바닐라 버번이나 알렉산드리아, 크림 카라멜 티도 괜찮다. 싱가포르의 향이 담긴 싱가포르 브렉퍼스트티는 선물용으로 좋다. 티백으로 된 것이 편리하지만 차를 즐기는 사람이라면 찻잎 그대로의 루스티loose tea도 좋겠다.

(왼쪽, 오른쪽) 색색깔의 틴캔이 유혹하는TWG 매장

아트 사이언스 뮤지엄 ArtScience Museum

- 운영시간 : 매일 오전 10시 ~ 오후 7시
- 입장료 : 관람을 원하는 전시 수에 따라 성인 기준 16-40불선
- 홈페이지 : https://www.marinabaysands.com/museum.htm

연꽃 모양을 닮은 아트 사이언스 뮤지엄 전경

마리나베이 샌즈 호텔 앞에 서 있는 동그란 양파(?) 모양의 건축물은 그 자체로 꼭 예술 작품 같아서, 도무지 그 정체를 짐작하기 어렵다. 기발한 상상력의 소유자인 모셰 사프디는 이를 박물관으로 설계하였다. 연꽃에서 영감을 받아 디자인했다는 이 건물은 어찌 보면 사람의 손 모양을 닮았다. 손가락 끝에 해당하는 각각의 건물 꼭대기층에는 유리창이 나 있어 자연스레 스며든 빛이 전시장을 은은하게 비춘다. 3층으로 이루어진 아트 사이언스 뮤지엄에는 21개의 갤러리가 들어서 있으며, 이름 그대로 과학과 예술을 접목한 흥미로운 전시를 선보이며 꾸준한 인기를 누리고 있다.

몇 년 전 아트 사이언스 뮤지엄에서 히트를 치고 아예 상설전이 되어버린 퓨처 월드Future World는 아이들과 함께라면 꼭 한번 들러 볼만하다. 일본의 유명한 디지털 아티스트 그룹인 팀랩TeamLab과의 협업으로 제작된 최첨단 디지털 작품

들은 관람객들이 오감을 통해 즐길 수 있을 뿐 아니라 양방향 체험이 가능해 뜨거운 반응을 얻고 있다. 내가 그린 그림이 대형 스크린에 들어가 춤을 추고 나의 움직임에 따라 폭포가 빛으로 쏟아진다. 특히 LED 조명으로 된 크리스탈 커튼 안을 누비는 경험은 황홀하기까지 하다.

▌ 마리나베이에 떠 있는 두 개의 쇼핑 아일랜드

© Basile Morin

루이비통 아일랜드 메종

마리나베이 샌즈에서 멋진 호텔 타워와 아트 사이언스 뮤지엄을 제치고 쇼핑객들을 사로잡은 건물이 따로 있었으니, 바로 아트 사이언스 뮤지엄 옆에 자리한 루이비통 아일랜드 메종Louis Vuitton Island Maison이다. 꼭 물 위에 떠 있는 섬처럼 보이는 이 매장은 마치 건물 자체가 명품인 듯 큼지막한 루이비통 로고가 멀리서도 번쩍인다. 동남아시아 최초로 '메종'의 개념을 도입한 곳으로, 세계에서는 다섯번 째 메종 매장이라고 한다. 메종 매장은 단순한 상업 공간과 다르게 마치 루이비통의 집에 초대된 것처럼 즐길 수 있는 예술 공간을 포함하고 있다. 상품들 역시 대중적인 인기보다는 예술적 가치에 초점을 맞춰 전시되어 있어서 누구나 다 갖고 있는 제품은 탐탁지 않은 슈퍼 리치 고객님들에게 안성맞춤인 쇼핑 공간인 셈이다.

사방이 유리로 된 매장으로 들어서면 마치 정박되어 있던 배에 올라 항해를 떠나는 기분이 든다. 싱가포르의 따스한 햇빛을 맞으며 아름다운 마리나베이 뷰와 함께하는 쇼핑은 분명 특별하다. 명품관에만 가면 괜스레 위축되던 기분은

물 위에 떠 있는 동그란 돔 모양의 애플스토어

잊고 미술관이라 생각하며 편하게 둘러보자. 그것이 이곳의 컨셉이니 말이다. 매장은 더 샵스 쇼핑몰 지하 2층과 연결된 해저 터널을 통해서 들어갈 수 있다.

여럿이 함께하는 여행이라면 일행 중 몇몇이 루이비통에 정신을 빼앗기는 동안, 다른 이들의 불만이 점점 커져 갈지도 모르겠다. 그러나 마리나베이 샌즈의 두 번째 섬은 전혀 다른 관심사를 가진 쇼핑객들을 유혹하고 있다. 물 위에 동동 떠 있는 동그란 돔 모양의 매장은 바로 애플스토어! 세계에서 유일하게 물 위에 떠 있는 애플스토어로, 애플 제품을 구경하는 재미는 물론, 건축 디자인만으로도 방문할 만한 가치가 충분한 곳이니 꼭 들러 눈도장을 찍어보자.

▌헬릭스 브리지 Helix Bridge

헬릭스 브리지 낮

헬릭스 브리지 밤

아트 사이언스 뮤지엄 옆에는 SF 영화에 나올 법한 개성 넘치는 디자인의 다리가 있다. 바로 싱가포르에서 가장 긴 보행자 전용 다리인 헬릭스 브리지다. 2010년에 완공되었으며 과학시간에 배웠던 DNA 이중 나선구조에서 영감을 받아 디자인됐다고 한다. 총 280미터 길이로 마리나베이 샌즈 호텔과 건너편의 에스플러네이드 극장을 연결해주며, 밤이 되면 색색깔의 화려한 조명으로 마리나 베이 일대의 야경을 더욱 눈부시게 만들어주는 매력 덩어리다. 싱가포르 독립기념일 행사가 있을 때면 불꽃놀이를 가까이서 즐길 수 있는 명당 자리가 되기도 한다.

싱가포르 플라이어 Singapore Flyer

- 운영시간 : 매일 오전 8시 30분 ~ 오후 9시 30분
- 입장료 : 성인 33불, 아동 21불, 60세 이상 24불
- 홈페이지 : https://www.singaporeflyer.com

© Nicolas Lannuzel

싱가포르 플라이어

© Sheba Also

싱가포르 플라이어

싱가포르 야경을 감상하기 좋은 또 하나의 명당은 싱가포르 플라이어다. 언제나 마리나베이 스카이라인에 엔젤링처럼 등장하는 대관람차로, 세계에서 두 번째로 큰 규모를 자랑한다. 165미터 높이에 28개의 관람차가 있으며, 한 관람차 안에는 최대 28명까지 탑승이 가능하다. 한 바퀴 도는 데는 약 30분 정도가 소요되어 낮이나 밤 언제 이용하더라도 싱가포르의 아름다운 풍경을 모든 방향으로 감상할 수 있다. 특별한 데이트나 프러포즈 이벤트로 관람차 안에서 식사를 하거나 파티를 여는 것도 가능하니, 홈페이지를 참고해보자.

Chapter 5

놀라움이 가득!
가든스 바이 더 베이 & 마리나 버라지

가든스 바이 더 베이 Gardens by the bay

- 운영시간 : 매일 오전 9시 ~ 오후 9시
- 입장료 : 성인 28불 (플라워 돔 + 클라우드 포레스트), 성인 20불 (플로럴 판타지)
- 홈페이지 : https://www.gardensbythebay.com.sg

© Danijel Mihajlovic

가든스 바이 더 베이 전경

싱가포르는 일 년 내내 여름 날씨인 데다 소나기도 자주 내려 한낮의 야외 활동이 힘들게 느껴질 때가 있다. 이런 싱가포르에 더위와 비를 피하면서도 싱그러운 자연을 만끽할 수 있는 최고의 여행지가 있으니, 바로 마리나베이에 있는 식물원 가든스 바이 더 베이가 되겠다. 한번 다녀오면 남녀노소 누구나 대만족하는 곳이라 일찍이 싱가포르에서 꼭 가야 하는 대표 관광지로 자리를 잡았다. 무려 30만평의 부지를 개발하여 2012년에 문을 열었으며, 완공과 함께 세계적인 건축상을 석권하기도 했다. 가든스 바이 더 베이의 야외 정원은 무료로 입장 가능하고, 별도 입장료가 있는 플라워 돔, 클라우드 포레스트, 플로럴 판타지는 모두 실내에 있어 날씨에 상관없이 방문할 수 있어 좋다.

플라워 돔은 세계 여러 나라의 꽃으로 가득한 예쁜 정원을 갖춘 곳으로, 2015년에는 세계에서 가장 큰 유리 온실로 기네스북에 등재되기도 했다. 온실 내부는 지중해성 기후를 유지하고 있으며 천 년 된 올리브 나무나 이국적인 바오밥

| 플라워돔 전경 | 튤립 축제 기간 중 플라워돔 |

나무 등 우리에게 낯선 이색 식물들이 색다른 볼거리를 제공한다. 무엇보다 빨갛고 노랗게 물든 천연색 꽃들은 언제 보아도 사랑스럽다. 부모님과 함께 방문한다면 소녀처럼 꽃밭을 누비며 수백 장의 사진을 담아내는 어머니들과 덩달아 행복해하시는 아버지들의 함박웃음을 볼 수 있을 것이다. 플라워 돔은 시즌에 따라 다른 테마로 꾸며져 다시 방문해도 새롭게 즐길 수 있다는 장점이 있다.

클라우드 포레스트는 들어서자마자 시선을 사로잡는 웅장한 폭포에 입이 떡 벌어진다. 싱가포르의 무더위를 단숨에 날려 버리는 시원한 물줄기가 장관을 이루며, 온실 안으로 들어오는 햇빛과 타이밍이 맞는다면 무지개까지도 볼 수 있다. 약 35미터 높이를 자랑하는 세계에서 가장 높은 실내 폭포로, 물보라 뒤로 보이는 인공 산은 어쩐지 실제 산보다 더 신비로워 보인다. 산이라고 하니 저 높은 곳을 어떻게 올라가나 덜컥 겁부터 나지만, 기막히게도 엘리베이터를 타고 꼭대기까지 올라간 다음, 산 둘레의 산책로를 따라 내려오는 구조로 동선이 짜여져 있어 아주 편안하게 관람할 수 있다. 희귀한 난꽃과 식충식물 같은 열대 고산지 식물들을 감상하다 보면 어느새 산 아래에 도착해 있을 것이다.

2019년 4월에 새롭게 오픈한 플로럴 판타지에서는 네 개의 각기 다른 테마의 정원에서 150종 이상의 아름다운 꽃식물들을 볼 수 있다. 워낙 아기자기하게 꾸며져 있어서 싱가포르 셀럽들 사이에서는 이미 인스타그램 사진 명소로 떠오르고 있다. 가든스 바이 더 베이에 한 번 다녀온 여행자라면 플로럴 판타지에 가보기를 추천한다. 현지인들처럼 살랑살랑한 드레스에 동화 속에 나올 것 같은 환상적인 꽃밭을 배경으로 멋진 인생샷을 찍어보면 어떨까. 베이프론트 MRT역 바로 앞에 위치하여 접근성이 좋은 것도 장점이다.

해가 뉘엿뉘엿 지고 어둠이 깔리면 가든스 바이 더 베이에 있던 사람들이

하트 모양을 닮은 클라우드 포레스트 산책로　　　　클라우드 포레스트에서 시원하게 쏟아지는 인공폭포

물결을 이루며 한 곳을 향해 나아가는 진풍경이 펼쳐진다. 이때 이들을 잘 쫓아가면 가든스 바이 더 베이의 하이라이트인 '가든 랩소디 Garden Rhapsody'라 불리는 슈퍼 트리쇼를 볼 수 있다! 슈퍼 트리는 영화 '아바타'에 나올 법한 거대한 인공 나무 구조물로 자그마치 200여종의 실제 식물들로 덮여 있어 환상적인 비주얼을 자랑한다. 총 18개의 슈퍼 트리가 있으며 가장 큰 나무는 16층 높이나 된다. 인공 나무지만 실제 나무가 광합성을 하는 것처럼 태양광 패널을 통해 에너지를 만들고 빗물을 모아 재사용한다. 쇼가 시작되면 흥겨운 음악과 함께 슈퍼 트리에서 화려한 조명을 뿜어내며 밤하늘을 배경으로 환상적인 빛의 공연이 펼쳐진다. 슈퍼 트리가 워낙 높아 누워서 봐야 제대로 즐길 수 있는데, 이 시간은 여행자들의 지친 몸과 마음을 충전하는 꿀 같은 휴식 시간이기도 하다. 슈퍼 트리쇼는 무료로 관람 가능하며 하루 두 번, 7시 45분과 8시 45분에 약 15분간 진행된다. 약간의 입장료를 내면 슈퍼 트리로 올라가 나무들 사이를 잇는 구름다리를 건너는 체험도 가능하다.

　　어린 자녀를 동반한 가족이라면 가든스 바이 더 베이 내 무료로 이용 가능한 또 하나의 숨은 명소인 칠드런스 가든 Children's Garden을 강력 추천한다. 클라우드 포레스트에서 도보 5분 거리에 있으며, 아이들의 마음을 사로잡는 재미난 분수대와 놀이 시설이 있어 더위도 잊고 신나게 물놀이를 즐길 수 있다. 싱가포르에는 곳곳에 이런 물놀이 시설이 많아서 어린 자녀가 있다면 항시 수영복과 여분의 옷을 챙기는 것이 여러 모로 유용하다.

(위) 많은 사람들의 인스타그램 성지가 되고 있는 플로럴 판타지, (중간, 왼쪽 아래) 환상적인 슈퍼 트리 쇼, (오른쪽 아래) 아이들이 사랑하는 칠드런스 가든

▌마리나 버라지 Marina Barrage

마리나 버라지에서 바라본 마리나베이 전경

마리나베이 샌즈 호텔에서 멀리 바다를 바라보면, 수많은 배들이 떠 있는 것을 볼 수 있다. 마리나베이와 맞닿아 있는 물도 결국 저 바다로 흘러갈 텐데, 어쩐지 마리나베이의 물은 잔잔하기만 하다. 사실 가든스 바이 더 베이 뒤로는 마리나베이에서 바다로 나가는 물길을 가로막는 작은 댐이 있다. 마리나 버라지라 불리는 이 댐이 생기면서 싱가포르 강은 바다와 완전히 분리되었고, 댐 안쪽인 마리나베이는 대형 저수지가 되었다. 2008년에 완공된 마리나 버라지는 총 350미터 길이로 9개의 대형 수문과 7개의 대형 펌프를 갖추고 있다.

어느 나라에서나 물은 국가 안보와 관련된 중요한 자원이다. 싱가포르는 우리나라와 달리 산에서 내려오는 강이나 호수가 없어 취수 자원이 절대적으로 부족하다. 깨끗한 취수원이 없기에 정수 비용도 높을 수밖에 없다. 따라서 싱가포르는 가격대비 효율성을 고려하여 수원의 약 50% 가량을 말레이시아 조호 지역에서 수입해오고 있다. 물도 수입해온다는 사실이 우리로서는 놀랍기만 하지만, 싱가포르는 기본 자원 대부분을 수입으로 충당하고 있다. 큰 강은 없지만 싱가포르에 월등히 많은 것이 있다! 바로 우리나라의 약 2배나 되는 강수량이다. 물이 귀한 싱가포르는 연일 쏟아지는 비를 수자원으로 쓰고 싶었지만 비를 담는 그릇인 저수지가 충분치 않았다. 그래서 바다를 댐으로 막아 대형 저수지를 만드는 것을 생각해낸 것이다. 댐 안쪽의 물을 바닷물과 분리해서 완전히 담수화

현지인들이 사랑하는 피크닉 장소, 마리나 버라지 루프탑

하는데 약 2년이 소요되었으며, 현재 전체 싱가포르 물 공급의 10% 이상을 이 저수지가 감당하고 있다.

　　마리나 버라지는 수돗물 공급 외에도 다양한 역할을 하고 있다. 우선 댐을 이용하여 홍수를 예방한다. 댐이 생기기 전 지대가 낮은 차이나타운, 보트키, 칼랑 지역은 항상 홍수로 골치를 썩이던 곳이었다. 이제는 폭우가 내리면 댐의 문을 열거나 대형 펌프를 작동해서 물을 바다로 흘려 보내 홍수 피해를 줄일 수 있게 되었다. 그리고 댐을 통해 새로 생긴 저수지는 조수간만의 차의 영향을 받지 않는 잔잔한 호수가 되었다. 그래서 1년 내내 카약이나 보트 경기를 즐길 수 있으며, 이 잔잔한 강물 위로 매일 관광객을 가득 실은 리버 크루즈가 안전하게 운행되고 있다.

　　마리나 버라지는 갈 곳이 많지 않은 작은 싱가포르에서 현지인들이 사랑하는 숨겨진 나들이 장소이기도 하다. 푸른 잔디가 펼쳐진 마리나 버라지 옥상정원에 오르면 모두가 사랑하는 싱가포르의 파노라마 뷰가 깜짝 선물처럼 펼쳐진다. 가든스 바이 더 베이, 마리나베이 샌즈 호텔, 싱가포르 플라이어 같은 주요 관광지부터 먼 바다에 떠 있는 큰 배들, 그리고 멀리 인도네시아 섬까지 탁 트인 풍경이 답답했던 가슴을 뻥 뚫어준다. 넓은 잔디밭 위로는 늘 시원한 바람이 불어와 피크닉을 하거나 연날리기를 하기 좋다. 연을 날리며 뛰노는 아

마리나 버라지 전경

이들, 도시락을 먹으며 소풍을 즐기는 가족과 연인들의 모습은 그림 속 풍경만큼이나 평화롭다.

마라톤을 사랑하는 이들에게 마리나 버라지 일대는 훌륭한 달리기 코스가 된다. 더운 나라에서 무슨 마라톤인가 싶지만, 놀랍게도 싱가포르에서는 1년 내내 마라톤 행사가 끊이지 않는다. 주로 선선한 이른 아침과 저녁 시간에 진행되며, 심지어는 모두가 잠든 야심한 밤중에 하기도 한다. 오히려 겨울이 없고 1년 내내 같은 시간에 해가 뜨고 지기 때문에 연중무휴 마라톤 경기가 가능하다고 하니 발상의 전환이란 이런 것이 아닐까? 평소 달리기를 즐긴다면 마리나베이 일대를 직접 달려서 경험해보자. 초보자라면 약 3.5킬로미터의 마리나베이 한 바퀴가 좋은 조깅 코스가 된다. 달리기에 자신이 있다면 마리나베이에서 가든스 바이 더 베이를 거쳐 마리나 버라지까지 다녀오는 약 5킬로미터 코스도 괜찮다. 물 위에 비친 환상적인 마리나베이 풍경은 충분한 보상이 될 것이다. 마라톤 선수급이라면 이스트코스트 파크East Coast Park로 이어지는 해안가 코스까지도 노려볼만하다. 단, 열대 무더위에 익숙하지 않은 사람이라면 뜨거운 한낮에는 달리기를 삼가고 충분한 물을 섭취하도록 하자!

EAT PLAY SHOP
– 로컬처럼 먹고 즐기고 쇼핑하라

EAT 마칸수트라 글루톤즈 베이 Makansutra Gluttons Bay
: 8 Raffles Ave #01-15, Singapore 039802

현지식 마칸(makan)은 말레이어로 '먹다'는 뜻으로, 마칸수트라는 먹는 기쁨을 알려주는 수업이라는 의미쯤 되겠다. 마칸수트라는 싱가포르 최초의 로컬 식당 가이드북으로, 전국의 호커 센터 맛집을 추려 젓가락 개수로 점수를 매겼다. 에스플러네이드 극장 바로 옆에 위치한 이곳은 마칸수트라 평론가들이 싱가포르의 대표 로컬 음식을 뽑아 만든 호커 센터다. 마리나베이의 야경과 함께 칠리크랩, 치킨라이스, 볶음 국수 등을 저렴하게 즐길 수 있다.

EAT 레벨33 Level 33
: 8 Marina Blvd, #33 - 01, Singapore 018981

바 세계에서 가장 높은 곳에 위치한 도시형 양조장이자 루프탑 바로 마리나베이 파이낸셜 센터 33층에 위치해 있다. 선선한 바람과 함께 시원하게 뻥 뚫린 마리나베이 전망을 원 없이 즐길 수 있으며, 직접 만든 다양한 수제 맥주도 맛볼 수 있다. 야외 테라스 좌석은 예약이 필수이며 최소 금액 이상을 주문해야 한다.

EAT PLAY SHOP
– 로컬처럼 먹고 즐기고 쇼핑하라

EAT 콜로니 Colony

: 7 Raffles Ave, The Ritz-Carlton, Millenia, Singapore 039799

© The Ritz-Carlton, Millenia Singapore

© The Ritz-Carlton, Millenia Singapore

뷔페식 싱가포르에서 가장 인기 있는 뷔페 식당 중 하나로, 리츠칼튼 호텔 내 위치하고 있다. 음식 하나하나가 완성도와 퀄리티가 높은데다 양식, 중식, 일식 뿐 아니라 딤섬, 락사, 커리, 사테 등 다양한 현지 음식을 한 자리에서 즐길 수 있다. 수준 높은 서비스와 세련되면서도 아늑한 분위기도 장점이다. 점심 뷔페를 이용하면 저녁 시간보다 예약도 수월하고 좀 더 저렴한 가격에 훌륭한 만찬을 즐길 수 있다.

: The Shoppes at Marina Bay Sands, 2 Bayfront Ave, #B1-67, Singapore 018972

일식 코마는 고급 레스토랑이 즐비한 마리나베이 샌즈에서 최근 큰 인기를 얻고 있는 일식 레스토랑이다. 마치 일본에 와 있는 듯한 인상적인 입구 덕분에 단숨에 인스타그램 사용자들의 주목을 끌었다. 실내의 2.5미터 높이의 큰 종과 아치형 다리는 이국적인 분위기를 더해준다. 사케를 이용한 재미난 모양의 칵테일이 유명하며, 눈이 즐거워지는 디저트도 맛있다. 가격은 착하지 않지만 혼을 빼놓는 분위기만으로도 충분히 방문 가치가 있다.

EAT PLAY SHOP
– 로컬처럼 먹고 즐기고 쇼핑하라

PLAY 퓨처 월드 Future World
: 6 Bayfront Ave, Singapore 018974

일본의 '팀랩(TeamLab)'이 참여한 퓨처 월드는
아트 사이언스 뮤지엄 최초로 상설전이 되
었다. 예술과 과학의 만남을 주제로 하여
디지털 기술로 구현한 영상과 빛이 환
상적인 예술 작품을 만들어내고 관람
객은 작품의 일부가 되어 함께 교감
할 수 있다. 특히 아이들이 직접 오감
으로 체험하는 공간이 많아 자녀를 동
반한 여행자라면 후회 없는 선택이 될 것
이다.

PLAY 마키 나이트 클럽 Marquee
: The Shoppes at Marina Bay Sands, 2 Bayfront Ave, #B1-67, Singapore 018956

나이트클럽 마니아라면 마키를 놓
치기 아쉽다. 뉴욕, 라스베이거스,
시드니에 지점이 있으며 아시아에
서는 최초로 싱가포르 마리나베이
샌즈에 문을 열었다. 약 700평, 총
3층이라는 규모도 놀랍지만 실제
탑승이 가능한 8개의 관람차에 대
형 미끄럼틀이 있다는 것이 더욱
놀랍다. 현란한 조명과 음악으로
가슴을 뛰게 하는 진정한 어른들
만의 놀이터인 셈이다.

(PLAY) **스펙트라 쇼 Spectra**

: The Shoppes at Marina Bay Sands

© Erwin Soo

스펙트라 쇼는 물과 빛, 음악이 어우러진 특별한 공연으로 마리나베이 샌즈 호텔 앞 광장에서 무료로 관람할 수 있다. 매일 밤 8시와 9시에 진행되며 금요일과 토요일에는 10시에 한 차례 더 공연이 있다. 15분간의 짧은 공연이지만 화려한 볼거리로 만족도가 높다. 쇼 시간에 맞추어 출발하는 리버 크루즈에 추가 요금을 내고 탑승하면 배 위에서 즐기는 특권을 누릴 수 있다.

(PLAY) **마리나베이 샌즈 카지노**

: 10 Bayfront Ave, Marina Bay Sands, Singapore 018956

© Sarah Ackerman

마리나베이 샌즈 호텔과 연결되어 있는 더 샵스에 위치한 카지노는 라스베가스 샌즈사에서 운영하고 있는 만큼 세계적인 수준의 시설을 자랑한다. 만 21세 이상만 입장이 가능하며, 싱가포르 시민과 영주권자는 별도의 입장료가 있지만 외국인은 무료 입장이 가능하다. 카지노 방문시에는 여권 지참이 필수다.

EAT PLAY SHOP
– 로컬처럼 먹고 즐기고 쇼핑하라

SHOP 올드 셍 충 쿠키 Old Seng Choong
: The Shoppes at Marina Bay Sands, 2 Bayfront Ave, #01-72, Singapore 018972

더 샵스에 위치한 쿠키 전문점으로 싱가
포르 로컬 음식에서 영감을 받은 다양한
맛 덕분에 인기몰이중이다. 쿠키는 크게
단맛과 짠맛으로 나누어지는데 단맛으로
는 판단 맛과 굴라말라카 맛, 짠맛으로는
사테 맛과 락사 맛 쿠키가 독특하고 맛도
좋다. 싱가포르에서만 찾을 수 있는 이색
적인 맛을 담고 있는데다 고급스러운 틴
에 담겨져 있어 특히 선물용으로 좋다.

SHOP 브리티시 인디아 British India
: 6 Raffles Blvd, #02-209/210, Singapore 039594

싱가포르와 말레이시아에서 만날
수 있는 의류 브랜드로 고급스러운
인도풍 의상을 주로 판매한다. 면,
린넨, 실크 등 다양한 소재로 여름에
입기 좋은 시원하면서도 우아한 디
자인의 옷을 찾을 수 있다. 만다린
오리엔탈 호텔과 연결된 마리나 스
퀘어 쇼핑몰 2층에 위치하고 있으며
남녀 의상 모두 판매한다.

PART 6

초기 이민자들의 삶의 흔적과
현재 싱가포르의 힙한 문화가 한 자리에
차이나타운

차이나타운

(왼쪽 위) 중추절 기간 중 차이나타운, (오른쪽 위) 차이나타운 거리 풍경,
(왼쪽 아래) 차이나타운 샵하우스 거리, (오른쪽 아래) 차이나타운의 옛 모습을 떠올려주는 알록달록한 벽화들

　　세계 유명 도시를 여행할 때면 누구나 한 번쯤 차이나타운에 들렀던 경험이 있을 것이다. 철 모르던 시절에는 기껏 해외까지 나가 왜 차이나타운에 가는지 이해가 되지 않았다. 그러나 차츰 여행의 내공이 쌓이면서 조금씩 생각이 달라졌는데, 어느새 차이나타운은 낯선 외국 음식에 지쳐갈 때쯤 익숙한 맛으로 배를 채워주는 안식처이자 여행을 계속할 수 있게 해주는 충전소가 되어 있었다. 그래서인지 여행 중 휘황찬란한 용으로 장식된 중국식 대문과 붉은 랜턴이 넘실대는 차이나타운 거리가 눈앞에 나타나면 어쩐지 반가운 마음이 앞선다.

　　우리와 비슷한 생각에서였을까, 싱가포르의 차이나타운도 중국계 이민자들이 모여 사는 곳, 그래서 맛난 중국 음식을 저렴하게 먹을 수 있는 곳 정도로 여기는 이들이 꽤 많다. 그러나 싱가포르의 차이나타운은 다른 나라와는 분명 차이가 있다! 싱가포르는 인구의 약 74.3%(2020)가 중국계 민족으로, 국민의 대다수가 중국계인데 차이나타운이 있는 것이 어딘가 이상하다. 사실 싱가포르의 차이나타운은 래플즈경의 타운 플랜에 따라 중국인들의 정착지로 정해졌으며,

중국이민자들의 출신지역 지도

현재 싱가포르 사람들의 조상 격인 초기 이민자들이 처음 정착한 곳으로 그 역사적 의미가 크다. 도심지와 가까운 탓에 고층 건물이 많아졌지만 싱가포르 초기 주거형태인 샵하우스와 오래된 사원들이 남아 있어 싱가포르의 옛 모습을 경험할 수 있다. 또한 차이나타운은 사라져가는 전통 문화를 즐길 수 있는 곳으로, 중국계 최대 명절인 구정(춘절)과 우리의 추석에 해당하는 중추절 기간에는 화려한 장식이 장관을 이루어 우리를 들뜨게 한다.

흥미롭게도 싱가포르에 건너 온 중국계 이민자들은 대부분이 중국 남부 지방 출신으로, 푸젠성 출신의 호키엔민족Hokkien, 광둥성 출신의 광둥민족Cantonese과 광둥성 조주시 출신의 차오저우민족Teochew을 비롯하여 하카민족Hakka과 하이난민족Hainanese을 포함한다. 그런데 같은 중국이라도 대륙의 클래스 답게 지역에 따라 언어도 문화도 크게 다르다! 도슨트 활동 중 만난 상해 출신 친구는 싱가포르 어르신들의 말은 대부분 중국 남부 지방 언어라 알아듣기 어렵다고 해 우리

를 놀라게 했다. 그제서야 싱가
포르 중국어 채널에는 왜 항상
중국어 자막이 뜨는지 이해가
됐다. 또한 그 친구는 싱가포르
에서 볼 수 있는 중국 문화는 대
부분이 중국 남부 지방에서 온
것이라며, 중국 문화가 다 똑같
다고 생각하면 안된다는 당부의
말도 남겼다.

차이나타운이라고 해서 옛
유적지만 가득하고 따분할 거라
생각하면 오해다. 관광객들이
사랑하는 가성비 좋은 중국 음
식점과 각종 기념품 샵 뿐 아니
라 현지인들이 즐겨 찾는 힙한
카페와 바, 근사한 레스토랑들
이 모두 모여 있으니 말이다. 낮

(위) 차이나타운의 밤을 즐기는 사람들, (아래) 차이나타운 루
프탑바

에는 오랜 역사를 지닌 사원에 들러 옛 문화의 정취에 흠뻑 빠져 보았다가 어둠
이 내리면 멋진 바에서 사람들과 어울리며 맥주 한잔을 즐길 수도 있으니, 차이
나타운은 역사와 전통을 사랑하는 이들도 최신 유행을 좇는 이들도 모두 만족할
수 있는 매력적인 곳이라 하겠다.

차이나타운은 크게 텔록아이어, 크레타아이어, 부킷파소, 탄종파가의 네 개
의 지역으로 나누어진다. 꽤 방대한 지역인만큼 차이나타운, 텔록아이어, 탄종파
가, 맥스웰, 오트람파크, 다운타운 등 여러 MRT역에서 접근이 가능하다. 지역마
다 다른 색깔과 볼거리를 지니고 있어 네군데 모두 돌아보면 가장 좋겠지만, 시
간이 부족한 여행자라면 텔록아이어와 크레타아이어만으로도 충분히 차이나
타운의 매력을 느낄 수 있을 것이다. 네 지역 중 내 스타일에 맞는 지역은 어디
일지 본격적인 탐색을 시작해보자.

Chapter 1

초기 이민자들의 첫 보금자리
: 텔록아이어(Telok Ayer)

차이나타운 투어의 미팅포인트이기도 한 텔록아이어 역 입구

차이나타운에 가기로 결심했다면 대부분의 여행자들은 틀림없이 차이나타운 역으로 갈 것이다. 그러나 우리의 차이나타운 투어는 그 다음 역인 텔록아이어 역에서 시작된다. 역 이름도 어렵고 낯선데 왜 군이 텔록아이어일까? 우리에겐 다 계획이 있다! 텔록아이어는 200여년 전 중국 이민자들이 싱가포르 땅에 첫발을 내딛은 곳이었기에, 우리는 그들이 도착한 시점부터 시작해서 그들의 파란만장한 싱가포르 정착기를 따라가고 싶기 때문이다.

역에서 나오면 작은 거리인 텔록아이어 스트리트를 만나게 된다. 텔록아이어는 말레이어로 된 지명으로, 텔록은 '만bay', 아이어는 '물'을 뜻한다. 이곳이 광양만, 순천만 할 때 그 만이라니, 아마 조금만 생각해보면 이 거리가 과거 바다와 맞닿아 있는 해안가였다는 사실을 쉽게 눈치챌 수 있을 것이다. 그러나 주변을 아무리 둘러봐도 바다는 커녕 건물들만 보인다. 사실 작은 섬나라 싱가포르는 일찌감치 바다를 메워 영토를 넓히기 시작했는데, 텔록아이어는 무려 1880년대부터 간척 사업이 진행되었다. 다시 주변을 둘러보면 텔록아이어 스트리트를 기준으로 옛날부터 육지였던 쪽은 낮은 건물이 옹기종기 서 있고, 다른 쪽은 높은 빌딩숲을 이루고 있는 것을 알 수 있다. 저 높은 빌딩들이 모두 간척지 위에 지어졌다는 사실에 어느날 갑자기 사라지지 않을까 문득 겁이 나기도 하지만 눈에 띄는 대비를 보여주는 이 도시가 신기하기만 하다.

과거 싱가포르로 오는 뱃길은 길고 험난했다. 먹고 살기 어려워 고향을 떠날 결심을 했던 사람들은 대부분 큰 빚을 져야 겨우 뱃삯을 구할 수 있었으며 오로지 희망 하나만을 품고 배에 올랐다. 승선 인원 규정 따위는 없었던 시절이니 배 안에는 최대한 많은 사람들을 채워 넣었는데, 비좁은 선실은 종종 '꽁치 캔' 혹은 '물 위를 떠다니는 지옥'으로 묘사될 만큼 안전 및 위생문제가 심각했고, 그 결과 안타깝게도 많은 이들이 항해 중 목숨을 잃었다.

가끔 비행기가 난기류를 만나 심하게 흔들릴 때면 자신도 모르게 손이 모아지는 경험을 해봤을 것이다. 목숨을 건 항해 끝에 싱가포르에 도착한 이들이 가장 먼저 찾은 것은 무엇이었을까? 바로 각자가 믿고 의지하는 신이었다. 그들은 무사히 살아 도착한 것에 대해 감사기도를 드리고, 이 땅에 잘 정착하기를 간절히 빌었다. 이런 이유로 텔록아이어에는 일찍부터 자연스레 여러 종교 시설들이 들어섰다. 지금도 각자의 존재감을 뽐내며 서 있는 사원들을 바라보면 다인종, 다문화 국가로 대표되는 싱가포르의 정체성과 대면하는 기분이 든다.

천복궁 Thian Hock Keng Temple

● 관람시간 : 매일 오전 7시 30분 ~ 오후 5시 30분
● 입장료 : 없음
● 주의사항 : 사원 내 본당에서는 사진촬영이 금지되어 있으니 주의하자.

천복궁 내부 모습

천복궁은 싱가포르에서 가장 오래된 사원 중 하나로, 1842년 호키엔이라 불리는 중국 푸젠성 출신 이민자들이 세웠다. 얼핏 보면 우리에게 익숙한 불교

사원 같지만 사실 천복궁은 도교 사원이다! 도교 하면 장자가 '내가 꿈에서 나비가 되었던 것인지, 나비가 꿈에서 내가 되었던 것인지 모르겠다'고 했던 호접몽 이야기나 불로장생한다는 신선 이야기가 떠오를 지도 모르겠다. 도교는 신선사상을 바탕으로 오랜 기간 노장사상 및 다양한 사상이 민간 신앙과 결합하며 형성된 종교라 할 수 있다. 현재까지 도교는 중국계 싱가포르인들의 삶에 중요하게

(위) 마주 행렬을 따라가는 싱가포르의 신자들, (아래) 멀리 중국 푸젠성에서부터 천복궁을 방문한 마주 신상

자리하고 있기에, 싱가포르의 도교 사원은 낯설지만 흥미로운 장소다.

천복궁은 본래 마주 여신을 모시기 위한 작은 사당으로 시작하였다. 우리에게는 생소한 마주媽祖(또는 마조) 여신은 중국, 대만, 홍콩 및 동남아시아 항구도시에서는 아주 중요하게 모시는 신앙의 대상이다. 왜 항구도시일까? 마주는 바다의 여신으로, 바다와 날씨를 다스리는 능력이 있어 항해자들을 돕는다고 알려져 있는데, 신자들은 일상에서도 일이 잘 풀리지 않거나 어려움에 처할 때면 마주 여신에게 도움을 청한다.

2017년에는 마주의 탄생지로 알려진 푸젠성에서 높이 1.8미터의 마주 신상이 비즈니스 클래스를 타고 말레이시아 순방(?)을 온 일이 있었다. 당당히 좌석한 칸을 차지한 채 비행 중인 마주의 모습은 진정 실화인가, 눈으로 보고도 믿기 어렵다. 마주 여신이 말레이시아를 거쳐 싱가포르에 도착하자 수백명의 신자들은 신상을 따라 약 100킬로미터를 행진한 후 천복궁에 모였다. 신자들은 마주 여신이 직접 싱가포르를 방문한 일은 어머니가 자식을 만나러 온 것과 같다며 크게 감격하였다. 몇 년 전에는 대만 최고 부자 중 하나인 폭스콘의 궈타이밍 회장이 꿈 속에서 국가를 위해 헌신하라는 마주 여신의 계시를 받았다며 총통 선거 출마 선언을 한 일도 있었으니 마주의 영향력이 얼마나 큰지 느낄 수 있다.

화려한 입구에서 천복궁을 올려다보면 파란 하늘 아래 오렌지색 지붕이 먼

문신: 울루 신도

문신: 돌사자상

저 눈에 띈다. 지붕은 제비꼬리 모양으로 아름다운 커브를 그리는데, 푸젠성의 대표적인 사원 양식을 보여준다. 지붕 한가운데는 진주가 있고, 양쪽으로 네 마리의 용이 마치 그 진주를 잡으려는 듯 힘차게 꿈틀거린다. 지붕의 곡선을 따라 알록달록한 꽃과 동물 장식이 아기자기한 멋을 더한다. 자세히 보면 모자이크처럼 되어 있는데, 자를 전자에 붙일 점자를 쓰는 전점법剪粘이라는 기법으로, 여러 색깔의 도자기를 작게 자른 조각으로 문양을 만들어 붙인 것이다.

천복궁을 지을 당시 건축 자재는 모두 중국에서 수입해 왔으며, 중국에서 온 숙련된 기술자들이 단 한 개의 못도 사용하지 않고 한 땀 한 땀 정성 들여 지었다고 한다. 요즘은 '메이드 인 차이나'가 크게 환영 받지 못하는 시대이지만 그 때는 중국 본토에서 들여온 물건을 단연 최고로 여겼다. 현재 사원 본당에 있는 마주 신상 또한 마주의 고향인 푸젠성에서 직접 모셔왔다고 하니 그 정성이 대단하다.

천복궁 내 소원을 비는 우물

흥미롭게도 천복궁에는 하나의 사원 안에 여러 종교의 신들이 오손도손 모여 있다! 마주 여신은 본당에 주인장으로 자리하고, 후원에는 우리에게도 잘 알려진 관세음보살이 여러 개의 팔을 펼친 채 우아한 모습으로 앉아 있다. 한쪽에는 유교의 창시자 공자님도 보인다. 싱가포르에서는 주로 자녀들의 중요한 시험을 앞두고 공자님을 찾는다. 또한 석가모니 부처님과 도교 사원에서 흔히 볼 수 있는 삼국지의 관우도 있으니, 단 한 번의 방문으로 여러 신들을 만날 수 있는 최고의 사원이 아닌가 싶다.

나고르 다르가 인도 무슬림 헤리티지 센터 Nagore Dargah Indian Muslim Heritage Center

● 관람시간 : 월-금 오전 10시 ~ 오후 5시 30분, 토요일 오전 9시 ~ 오후 1시, 일요일 휴무
● 입장료 : 무료

나고르 다르가 인도 무슬림 헤리티지센터

천복궁에서 나와 다시 텔록아이어 역 쪽으로 몇 발걸음 옮기면 천복궁과는 전혀 다른 매력으로 도저히 그냥 지나치기 어려운 비주얼의 건축물이 등장한다. 우리도 이 건물을 처음 보고는 솟아오르는 호기심을 누르지 못해 수줍게 안으로 들어가 봤던 기억이 있다. 응당 종교시설일 거라 생각했는데 알고 보니 박물관이어서 놀라고, 인도 무슬림 헤리티지 센터라는 알쏭달쏭한 정체에 두 번 놀랐다. 인도인이라면 당연히 힌두교 신자라 여겼는데 이슬람교를 믿는 인도인이라니, 우리의 안일했던 생각이 부끄러워지는 순간이다. 사실 싱가포르에는 인도계 이민자 중 이슬람교 신자의 비율이 꽤 높은데, 그래서인지 싱가포르의 이슬람 사원(모스크) 중에는 이들을 위한 사원이 꽤 많다.

다행히도 종교시설일거라는 우리의 예상이 완전히 빗나간 건 아니었다. 원래 이곳은 1800년대 초 '출리아Chulias'라고 불리던 남인도 출신 이민자들이 세운 이슬람 사원이었으며, 2001년에서야 인도계 무슬림들에 관한 역사 박물관으로 모습을 바꾼 것이다. 그렇다면 출리아란 또 누구일까? 싱가포르에 온 인도계 이민자들은 대부분이 인도 남부 지방인 타밀 나두 또는 북스리랑카 출신인데 이들을 모두 통칭하여 타밀이라 부른다. 그리고 이 타밀 민족 중에서도 이슬람교를 믿는 무슬림 커뮤니티를 출리아라 한다.

박물관 건물은 눈에 띄는 비주얼답게 동서양 건축 양식의 독특한 조화를 보여준다. 건물 안팎으로는 고대 그리스 건축에서 볼 수 있는 코린트식과 도리

아식 기둥이 줄지어 서 있으며, 건물 위로는 이슬람 사원에서 흔히 볼 수 있는 뾰족한 첨탑에 작은 양파 모양 돔이 올려가 있어 반전 매력을 더한다. 싱가포르에 정착한 인도계 무슬림들의 풍부한 문화 유산을 경험하고 싶다면 주저 말고 박물관 안으로 들어가 보자. 평소 보기 어려운 한국인 방문객을 만난 박물관 직원의 열렬한 환영을 받을 수 있을 것이다.

▌ 알아브라 모스크 Al-Abrar Mosque

알아브라 모스크 전경

텔록아이어 스트리트에는 또 하나의 이슬람 사원이 숨어 있다. 알아브라 모스크라는 곳으로 역시 남인도 무슬림을 위한 이슬람 사원이다. 초기에는 '오두막 모스크'라고도 불렸던 이곳은 비교적 단순한 건축 양식으로 되어 있어 바쁘게 걷다 보면 미처 발견하지 못하고 지나칠 수 있다. 하지만 점심시간이나 해질 무렵 기도를 하러 온 신자들의 행렬이 사원 바깥까지 나와 있는 모습을 본다면 분명 호기심에 발걸음이 멈춰질 것이다. 이 건물 역시 동서양의 조화를 잘 보여주는데, 건물 중앙에 초승달과 별을 얹은 두개의 큰 팔각 첨탑이 세워져 있는 것이 독특하다. 누구나 내부 입장이 가능하지만 종교 시설인 만큼 복장에 유의할 필요가 있다. 긴 바지(또는 긴 치마)에 소매가 있는 셔츠를 입고 신발은 벗은 채 입장한다.

싱가포르 국립박물관에 가면 19세기 텔록아이어 스트리트의 건축물들이 제법 세밀하게 묘사된 아름다운 풍경화를 볼 수 있다. 영국 화가인 퍼시 카펜터가 그린 '윌리치 산

© 비비시스터즈

국립박물관의 풍경화, 윌리치 산에서 본 풍경

에서 본 풍경 View of Singapore from Mount Wallich'이라는 작품으로 지금과는 다른 한가롭고 고즈넉한 풍경이 마음을 포근하게 해 준다. 자세히 들여다보면 텔록아이어 스트리트가 바다와 맞닿아 있고, 알아브라 모스크와 천복궁, 나고르 다르가 모스크, 그리고 옛 어시장이었던 라우파삿까지 현재까지 살아 남은 건물들을 확인할 수 있어 더욱 흥미롭다. 참고로 윌리치 산은 이제 사라지고 없다. 간척 사업에 필요한 흙을 조달하기 위해 다 깎이고 지금은 윌리치 스트리트 Wallich Street라는 작은 도로만이 그 자리를 지키고 있다.

텔록아이어 중국감리교회 Telok Ayer Chinese Methodist Church

© Bjoertvedt

텔록아이어 스트리트의 중국감리교회 전경

텔록아이어 스트리트 끝에 다다르면 독특한 비주얼을 한 또 하나의 건물이 깜짝 등장한다. 기와 지붕이 있어 당연히 불교나 도교 사원일 거라 예상했는데, 이번엔 둘 다 아니었다. 이 건물의 정체는 텔록아이어 중국감리교회라 불리는 교회였다. 마치 BBB 지역에서 보았던 워털루 스트리트처럼, 텔록아이어 스트리트에도 도교와 이슬람교 사원에 이어 기독교 교회까지 하나의 도로 위에 다양한 종교 시설이 공존하는 것이다.

1924년에 완공된 이 교회는 표준적인 교회 건축 양식을 따르지 않고, 동서

양의 건축 양식을 조합하여 만들어졌다는 점이 특별하다. 무엇보다 가장 눈에 띄어야 할 교회 첨탑이 없으니 언뜻 봐서는 교회인지 아닌지 아리송하기만 하다. 건축 부지가 부족했던 이유로 서양 교회의 전통적인 십자가 모양이 아닌 단순한 사각형으로 지어졌으며, 교회 정문도 전통적인 동쪽이 아닌 서쪽을 향하게끔 설계되었다고 한다. 중국식 기와 지붕과 동남아시아 양식을 따른 문과 창문은 확실히 아시아 문화의 영향을 받은 듯하다. 반면 예배당이 2층에 위치한 것은 당시 유럽에서 흔히 따르던 교회 건축 양식의 영향을 받은 것이며 사각형 건물 위에 양쪽으로 두 개의 탑을 세우는 것도 서양식 건축 방식이라 할 수 있다.

이 교회처럼 많은 부분에서 여러 양식이 혼합된 싱가포르의 문화를 소개하다 보면 "그럼 싱가포르 고유 문화는 무엇인가요?" 하는 질문을 종종 받는다. 우리도 이에 대해 몇 번이나 격한 토론을 벌였지만, 다양한 문화 요소가 혼재되어 있어 독특한 이 혼합 문화 자체가 싱가포르 문화가 아닐까 하는 것이 우리의 잠정적인 결론이다. 건축 양식과 음식, 그리고 싱글리쉬Singlish*에서 볼 수 있듯이, 여러 요소가 섞여 있으면서도 고유의 멋이 느껴지는 싱가포르 문화는 분명 그만의 매력을 갖고 있다!

---

* 영어를 기본으로 싱가포르에서 사용하는 중국어, 말레이어, 타밀어의 요소가 섞인 싱가포르의 비공식 언어

Chapter 2

우리가 아는 바로 그 차이나타운
: 크레타아이어(Kreta Ayer)

(왼쪽 위) 차이나타운 곳곳에서 볼 수 있는 '우차수(牛車水)' 글자, (오른쪽 위) 소가 끄는 수차가 그려진 벽화, (왼쪽 중간) 차이나타운의 파고다 스트리트 (오른쪽 중간, 왼쪽 아래, 오른쪽 아래) 차이나타운의 다채로운 거리 풍경

차이나타운 역 A번 출구로 나오면 마치 중국의 어느 도시로 순간이동이라도 한 듯 대륙의 향기가 물씬 느껴지는 파고다 스트리트 Pagoda Street가 눈 앞에 펼쳐진다. 붉은 랜턴과 중국어 간판, 그리고 온갖 먹거리와 볼거리로 시끌벅적한 우리가

아는 차이나타운이 바로 여기인 것이다! 한국 관광객들이 즐겨 찾는 육포, 망고 빙수, 꿔바로우(찹쌀 탕수육), 딤섬, 열대 과일부터 현지인들이 즐겨 찾는 치킨라이스와 중국식 디저트까지 다양한 먹거리가 우리를 유혹한다. 골목골목을 누비며 아기자기한 기념품을 고르는 재미도 쏠쏠하다. 냉장고에 붙이는 형형색색 마그넷과 누가 봐도 싱가포르 여행 인증이 가능한 멀라이언 가방과 '아이 러브 싱가포르' 글자가 새겨진 티셔츠도 저렴하게 구입할 수 있다.

차이나타운 중에서도 언제나 관광객들로 가득한 이 동네를 싱가포르 사람들은 크레타아이어라 부른다. 크레타아이어는 말레이어로 '수차Water Cart'라는 뜻이다. 수도가 없던 시절, 이 지역에서는 소가 끄는 수레에 물통을 싣고 집집마다 물을 배달했는데, 이러한 풍경을 흔히 볼 수 있어 동네 이름이 크레타아이어가 되었다. 같은 이유로 지금도 싱가포르 사람들은 차이나타운을 '우차수牛車水'라고 부르며, 차이나타운 거리에는 우차수라는 글자나 소가 끄는 수차 그림을 심심치 않게 볼 수 있다.

크레타아이어의 볼거리는 사우스 브리지 로드South Bridge Road를 따라 모여 있다. 사우스 브리지 로드는 텔록아이어 스트리트처럼 한 도로 위에 서로 다른 종교 시설이 나란히 있는 것으로도 유명하다. 이슬람 사원, 힌두 사원, 불교 사원이 불과 몇 미터 간격을 두고 자리하고 있으며, 도로 끝에는 교회도 있다. 파고다 스트리트 끝에 서 있는 힌두 사원부터 탐방을 시작해보자. 알록달록한 고푸람이 멀리서도 눈에 띌 것이다.

스리 마리암만 사원 Sri Mariamman Temple

- 관람시간 : 매일 오전 7시 ~ 오후 12시, 오후 6시 ~ 9시
- 입장료 : 없음
- 주의사항 : 사원 내부 입장 시 신발은 벗어 두고, 어깨와 무릎을 가리는 옷을 입는다. 사원 앞에서 긴 치마와 숄을 무료로 대여할 수 있다.

스리 마리암만 사원은 싱가포르에서 가장 오래된 힌두 사원이자 차이나타운의 오랜 랜드마크다. 싱가포르에 무역 항구가 생긴지 얼마 되지 않은 1827년, 작은 사당으로 문을 열었다가 힌두 사원으로 발전하였다. 사원은 파고다 스트리트와 템플 스트리트Temple Street 사이에 위치하고 있는데, 파고다(탑)와 템플(사

원)이라는 길 이름은 모두 이 사원 덕분에 붙여진 것이다. 그런데 역사가 오랜 힌두 사원이 리틀인디아가 아닌 차이나타운에 있다니 조금 의아하다. 여기에 관한 궁금증은 '리틀인디아' 편에서 자세히 알아보도록 하겠다.

© 비비시스터즈

스리 마리암만 사원 전경, 화려한 고푸람이 눈에 띈다

수많은 힌두 신들로 가득한 고푸람은 언제 보아도 놀랍고 이국적이다. 인도 남부 지역의 사원 양식으로, 높이 올린 고푸람은 교회나 성당을 지을 때 첨탑을 최대한 높이 쌓아 올리는 것처럼 신과 가까워지고 싶은 신자들의 마음이 담겨 있다. 또한 고푸람을 높이 세워 어디 있더라도 신자들이 쉽게 사원을 찾을 수 있게 한 배려도 느껴진다.

스리 마리암만 사원의 주요 신은 마리암만 여신으로, 힌두교에서 풍요의 근원으로 여기는 비를 관장하고 질병을 다스리는 능력을 가진 것으로 알려져 있다. 초기 싱가포르에는 공공 위생 시설도 잘 갖추어져 있지 않았을 뿐더러, 많은 이민자들이 열악한 환경에서 지내면서 늘 질병에 노출되어 있었기에 특별히 마리암만 여신을 모시는 사원이 가장 먼저 생긴 것이 아닐까 짐작해 볼 수 있다. 마리암만 여신은 본당 중앙에 자리하고 있으며, 오른쪽에는 전쟁을 관장하는 무루간 신이, 왼쪽에는 정의의 수호자 라마 신이 있다. 무루간은 주로 공작을 타고 창을 든 모습으로 묘사되고, 라마는 힌두교의 3대 신 중 하나인 비슈누 신의 7번째 화신으로 인도 대서사시 '라마야나'의 주인공인 인간 영웅이다. 알고 보면 힌두 신들의 이야기도 그리스 로마 신화 만큼이나 흥미진진하다.

과거 스리 마리암만 사원은 처음 싱가포르에 온 인도계 이민자들이 일자리를 구할 때까지 숙식을 제공하고 분쟁 조정이나 혼인 신고 같은 행정 업무를 봐주는 등 안정적인 정착을 도왔다. 현재도 많은 신자들이 이곳에서 결혼식을 올리는데, 주말이면 종종 그들의 화려한 결혼식을 엿볼 수 있다. 또한 매년 10-11월 사이에는 '티미티 Thimithi'라는 특별한 힌두교 행사가 이 사원에서 펼쳐진다. '불 위를 걷는 축제'로 더 유명한 티미티는 실제로 뜨겁게 달궈진 숯불 위를 맨발로 걸어 신자들의 믿음을 증명하고 소원을 성취한다는 의미를 갖는다. 맨발로 불 위를 걷다니 상상만으로도 아찔하지만, 신실한 믿음 덕분인지 참여하는 신자들은 큰 화상 없이 이 어려운 일을 해낸다. 티미티 기간 중에는 응급 상황을 대비한 소방차들과 수많은 구경꾼들로 사원 주변은 인산인해를 이룬다.

자마에 모스크 Jamae Mosque

- 이용시간 : 토-목요일 오전 10시 ~ 오후 6시, 금요일 오전 10시 ~ 오후 12시, 오후 2시 30분 ~ 오후 6시
- 입장료 : 없음
- 주의사항 : 사원 내부 입장시 신발은 벗어 두고, 어깨와 무릎을 가리는 옷을 입는다.

© Bjoertvedt

자마에 모스크 전경

붉은색이 압도적인 차이나타운 안에 유독 눈에 띄는 파스텔톤의 에메랄드 빛 건물이 있다. 일자로 쭉 뻗은 사우스 브리지 로드 위, 스리 마리암만 사원과 이웃하며 서 있는 이 건물은 싱가포르에서 가장 오래된 이슬람 사원 중 하나인 자마에 모스크다.

앞서 텔록아이어에서 소개했던 알아브라 모스크나, 원래 모스크였다가 박물관이 된 인도 무슬림 헤리티지 센터처럼 자마에 모스크도 출리아(남인도 무슬림)들을 위한 이슬람 사원이다. 그래서인지 동서양의 스타일이 잘 어우러진 모스크 건축 양식도 크게 다르지 않으며, 모스크 입구에는 공통적으로 양파 모양의 돔 장식이 올라간 높은 첨탑이 있다. 스리 마리암만 사원과 함께 오랜 기간 차이나타운의 랜드마크 역할을 해왔으며, 1820년대에 세운 옛 파사드가 그대로 남아있다는 점에서 더욱 의미가 있는 곳이다.

불아사 Buddha Tooth Relic Temple & Museum

● 관람시간 : 매일 오전 9시 ~ 오후 6시
● 입장료 : 없음
● 주의사항 : 사원 내부 입장시 어깨와 무릎을 가리는 옷을 입는다. 사원 앞에서 긴 치마와
숄을 무료로 대여할 수 있다.

불아사 야경

불아사 전경

사우스 브리지 로드에는 스리 마리암만 사원과 견주어도 뒤지지 않는 존재
감을 뿜어내는 또 하나의 사원이 있으니, 바로 불아사다. 입구에 걸린 '불아사佛
牙寺' 현판이 알고 보면 강력한 스포일러인데, '부처 불'에 '어금니 아' 자를 쓰는
사원 이름 그대로 이곳에는 부처님의 성치(치아)가 보존되어 있다! 분명 인도에
서 나서 입멸한 석가모니 부처님의 치아가 어떻게 여기 있을까 의문이 들 지도
모른다. 그러나 파리 노트르담 성당에서 보관하다 최근 큰 화제 때 간신히 참사
를 면한 예수의 가시 면류관과 터키 톱카프 궁전에 가면 볼 수 있다는 이슬람교
창시자 무하메드의 족적과 모세의 지팡이를 떠올려보라. 성물에 대한 믿음은 신
자들의 몫으로 남겨 두고, 가벼운 마음으로 불아사 탐방에 나서 보면 어떨까.

불아사의 보물인 성치를 보기 위해서는 엘리베이터를 타고 4층으로 올라
가야 한다. 그렇다. 불아사는 2007년 5월에 완공된 사원으로 현대식 시설을 갖
춘 화려한 내외관을 자랑한다! 부처님의 성치는 금으로 된 사리탑에 소중하게
모셔져 있는데, 무려 320킬로그램 가량의 순금이 사용됐고, 그 중 4분의 3은 신

불아사 1층 백룡보전의 화려한 내부

자들이 직접 기부한 것이라니 사리탑만 해도 귀한 보물이라 할 수 있겠다. 사리탑 안의 성치는 1980년대 미얀마에서 오래된 불상과 사리탑을 복원하던 중 발견되었다고 한다. 귀한 성치가 특별한 인연으로 싱가포르에 오게 되자 새로운 절을 지어 보관하기로 했고, 정부의 지원과 신자들의 기부로 지금의 불아사를 세울 수 있었다.

백 마리 용으로 장식되어 있다 하여 백룡보전白龍寶殿으로 불리는 1층 본당은 들어서자마자 금빛으로 번쩍이는 화려한 모습에 눈이 휘둥그레진다. 중앙에는 대형 불상이 있고, 그 뒤로는 마치 용이 날아오를 듯 실감나게 표현된 비단 자수 장식이 있다. 2-3층에는 불교 관련 유적과 미술품이 전시되어 있고, 꼭대기층에는 자그마한 루프탑 정원도 마련되어 있으니 시간 여유가 있다면 잠시 들러 쉬어 가도 좋다.

차이나타운 헤리티지 센터와 샵하우스 이야기 Chinatown Heritage Centre & Shophouses
● 주의사항 : 별도 공지시까지 임시 휴관 중.

차이나타운 헤리티지 센터 전경

차이나타운 헤리티지 센터는 과거 중국계 이민자들이 싱가포르에 정착해 살던 삶의 현장이 생생하게 재현되어 있어 관람객의 흥미와 공감을 불러일으키는 생활사 중심의 박물관이다. 투어에 함께했던 어르신들은 종종 1950-60년대 우리네와 크게 다르지 않았던

차이나타운의 샵하우스 모습

이민자들의 삶의 모습에 격하게 공감하며 옛 이야기를 들려주시곤 했는데, 특히 가족 여행자들에게는 여러 세대가 자연스레 공감하고 소통할 수 있는 좋은 기회가 될 수 있었다.

차이나타운 헤리티지 센터가 더욱 특별한 것은 싱가포르의 전통가옥인 샵하우스shophouse 세 개를 합쳐 박물관으로 만들었다는 데 있다. 샵하우스는 대체 어떤 건축물일까? 차이나타운을 비롯하여 캄퐁글람이나 리틀인디아 같은 문화유산 보존지구에 가면 알록달록한 낮은 집들이 나란히 줄 지어 서 있는 것을 흔히 볼 수 있는데, 바로 이것이 샵하우스다. 샵하우스는 중국 남부 지역의 건축양식으로 중국 이민자들을 따라 자연스레 싱가포르로 들어와 유럽과 말레이 양식의 디자인 요소가 가미되며 발전해왔다. 보통 1층은 상점shop, 2-3층은 가정집house으로 사용하여 현대의 상가주택과 비슷한 주거 형태라 할 수 있겠다. 전형적인 샵하우스는 건물 전면의 가로 폭이 상당히 좁고, 건물 앞뒤로는 전면의 세 배 이상이 될 정도로 깊은 것이 특징이다. 왜 이런 모양으로 지었을까? 알고 보니 과거 영국 식민지 시절에는 세금을 건물 전면의 가로 폭에 비례하여 매겼는데, 세금을 적게 내려고 애쓰다 보니 자연스레 생긴 디자인이라 한다. 예나 지금이나 세법은 우리네 생활에 많은 영향을 주는가 보다.

여러 채가 나란히 붙어 있는 샵하우스 앞에는 긴 통행로가 나 있다. 그 길의 폭이 약 5피트ft가 되어(1피트는 약 30센티미터) 싱가포르에서는 '파이브 풋 웨이 five-foot-way'라고 부른다. 샵하우스는 1층보다 2층이 조금 더 앞으로 나와 있는 구조라 파이브 풋 웨이 위로는 자연스레 지붕이 생기는데, 싱가포르 거주자라면 분명 파이브 풋 웨이의 고마움을 몸소 느껴본 적이 있을 것이다. 파이브 풋 웨이만 따라 걸으면 싱가포르의 뜨거운 태양과 갑작스런 소나기도 용케 피해갈 수 있으니 말이다!

샵하우스 타일 모양 컵받침

샵하우스의 또다른 매력 포인트는 건물 외벽을 장식하고 있는 색색의 타일이다. 당시 타일 대부분은 유럽에서 들여 온 것으로 사치품에 속했다. 그래서인지 사람들은 값비싼 타일로 집 안팎을 꾸며 부유함을 과시하고 싶었던 것 같다. 집집마다 다양한 타일을 보는 재미도 쏠쏠한데, 이웃집에 붙인 신상 타일을 보고 남 모르게 경쟁심을 불태웠을 집주인의 모습을 상상하니 구경하는 재미가 두배가 된다. 알록달록한 샵하우스를 배경으로 찍은 사진은 대충 찍어도 인생샷이 되며, 샵하우스를 주제로 한 그림이나 가방, 컵받침 등은 색다른 기념품으로 눈여겨볼 만하다.

차이나타운 헤리티지 센터 앞 삼수이 동상

놀랍게도 2차 세계대전 이후에는 싱가포르에 수많은 이민자들이 모여들면서 한 샵하우스에 무려 100명이 함께 세들어 살기도 했다! 보통 5.7제곱미터(약2평)의 방에서 8인 가족이 거주했다고 하니 얼마나 열악했는지 쉽게 상상이 될 것이다. 차이나타운 헤리티지 센터에서는 그들의 어려웠던 삶의 모습과 함께, 쿨리라고 불리던 하급 노동자, 인력자전거꾼, 가정부로 일했던 마지에, 주로 건설 현장에서 힘든 노동 일을 하던 빨간 모자의 삼수이 여인 등 다양한 직업을 가진 사람들의 이야기로 채워져 있어 더욱 흥미롭다.

▌차이나타운 컴플렉스와 호커 센터 이야기 Chinatown Complex & Hawker Centres

차이나타운의 대표적인 호커 센터인 맥스웰 푸드 센터 풍경

싱가포르의 대표 관광지인 차이나타운은 싱가포르 사람들의 거주지이기도 하다. 특히 불아사 뒤에 자리한 차이나타운 컴플렉스는 부기스의 브라스바사 컴플렉스와 같이 주로 싱가포르 사람들이 거주하는 공공아파트HDB, Housing Development Board와 아래층의 상업공

간이 함께 하는 주상복합 형태의 건물로, 싱가포르 사람들의 일상을 가장 가까이서 경험할 수 있는 곳이다. 이곳을 지날 때면 건물 앞 광장에서 어르신들이 삼삼오오 모여 장기를 두거나 먹거리를 나누며 즐겁게 담소를 나누는 모습을 볼 수 있는데 언제 봐도 참 정겹기만 하다.

지하로 내려가면 우리의 재래시장 같은 웻마켓Wet Market을 만날 수 있다. 싱가포르의 식재료가 궁금하다면 한번 둘러볼 만한데, 깊숙이 들어가면 개구리나 거북이 같은 이국적인 식재료도 있으니 너무 놀라지는 말자! 1층에는 우리네 아파트 상가처럼 옷 가게, 이불집, 신발가게, 잡화점들이 복잡하게 얽혀 있고, 2층에는 각종 로컬 음식을 파는 호커 센터가 있다. 이 호커 센터는 다소 허름해 보여도 길거리 음식으로는 세계 최초로 미슐랭 스타를 받은 '호커찬Hawker Chan' 본점이 바로 이곳에 있다! 홍콩식 소야 소스 치킨라이스와 누들이 인기 메뉴로, 무엇보다 미슐랭 음식을 약 4천원의 가격으로 맛볼 수 있다는 사실에 횡재한 기분이다. 근처 스미스 스트리트에 깔끔한 분점도 있으니 참고하자.

싱가포르에는 음식 노점들이 한 자리에 모인 호커 센터를 어디서나 쉽게 찾을 수 있다. 사실 물가 비싸기로 유명한 싱가포르에서 저렴하게 한끼를 해결하기에는 호커 센터 만한 곳이 없다. 싱가포르 식문화를 대표하는 호커 센터는 어떻게 시작되었을까? '호커hawker'는 영어사전에서 찾아보면 '행상'을 뜻하는데, 싱가포르에서는 거리에서 음식을 파는 사람들을 예전부터 호커라 불렀다. 그러나 점차 불법적인 노점상이 늘어나면서 음식의 위생과 안전, 그리고 도시 미관

차이나타운 컴플렉스 입구. 우차수라는 글자가 눈에
들어온다

호커찬 홍콩 소야 소스 치킨라이스 & 누들집

에도 문제가 제기되었다. 이에 싱가포르 정부는 도시 정비 사업을 진행하며 이
들이 안전하고 위생적으로 장사를 이어 나갈 수 있도록 호커 센터를 만들어 한
자리로 불러 모았다. 야외에 있지만 지붕이 있어 비와 더위를 피할 수 있고 화장
실과 세면 시설이 있어 이전보다 훨씬 위생적이었다. 현재 호커 센터는 '국민 부
엌National Kitchen'이라고 불릴 정도로 싱가포르 사람이라면 적어도 하루 한 끼 이
상의 식사를 해결하고 이웃들과 소통할 수 있는 없어서는 안될 중요한 공간이
되었다.

　　호커 센터하면 늘 떠오르는 에피소드가 있다. 싱가포르에 온지 얼마 되지
않았을 때의 이야기인데, 지금 생각해도 얼굴이 화끈거린다. 점심시간 호커 센
터는 자리 잡기가 여간 어려운 것이 아니다. 주문한 음식을 받고 자리를 찾아 둘
러보니 운 좋게도 떡 하니 빈 자리가 있는 것이다. 테이블 위에 작은 휴대용 티
슈가 있었지만, 별 생각 없이 앉아 기쁜 마음으로 밥 한술을 뜨려는 순간, 갑자
기 싱가포르 사람 하나가 다가와 뭐라뭐라 하는 것이다. 당황해서 눈만 동그랗
게 뜨고 있었더니, 놓여 있던 티슈를 집어 들고는 총총 사라졌다. 나중에 알고
보니 우리는 그분께 큰 실수를 저지른 것이었다! 호커 센터에는 이곳만의 법칙
이 있는데, 티슈를 테이블 위에 두면 그 자리를 맡았다는 뜻이 된다. 싱가포르
에서는 이 행위를 싱글리쉬로 '촙chope'이라고 한다. 도장찍다는 뜻의 말레이어,
찹cap에서 유래됐다는 설도 있는데, 아마도 도장을 찍듯 자리를 찜했다는 의미
가 되는가 보다. 호커 센터에 가면 무조건 '촙'부터 하자! 그리고 '촙'을 위한 필
수품, 휴대용 티슈도 꼭 챙겨가자.

Chapter 3

젊은이들이 사랑하는 핫플레이스
: 부킷파소(Bukit Pasoh)

부킷파소 거리의 알록달록한 샵하우스

과거 홍등가로 악명 높았던 부킷파소의 현재 모습을 보면 싱가포르 어르신들은 격세지감을 느낄 법하다. 한 때는 첩들의 거리 Second Wives' Street라고도 불렸던 부킷파소는 어느덧 싱가포르에서 가장 힙한 동네 중 하나가 되어, 맛과 멋을 좀 즐길 줄 안다는 사람들이 즐겨 찾는 곳으로 완전히 바뀌었으니 말이다. 특히 부킷파소에는 트렌디한 바와 카페, 파인다이닝 레스토랑들이 모여 있어 특별한 날 저녁 모임을 갖거나 주말 브런치를 즐기기에도, 기분 좋게 커피나 와인을 즐기기에도 더할 나위 없이 좋다.

발음도 어려운 부킷파소라는 지명은 역시나 말레이어다. 부킷은 말레이어로 '언덕'이고, 파소는 '항아리'라는 뜻인데, 여기가 왜 '항아리 언덕'이 됐는지는 확실치 않다. 부킷파소는 차이나타운의 다른 지역과 마찬가지로 문화유산 보존 지구에 포함되어 있다. 그래서 거리 곳곳마다 옛 모습이 잘 보존된 샵하우스를 볼 수 있는데, 영화 '크레이지 리치 아시안'에서도 부킷파소의 샵하우스 골목이 등장한 바 있다. 반면 샵하우스 내부는 대부분 모던하게 꾸며져 있어 과거의 운치를 간직한 공간에 현대의 세련미가 더해진 독특한 멋을 보여준다. 아직은 덜 알려졌지만 매력이 넘치는 부킷파소로 떠나보는 건 어떨까? 과거와 현재가 만나 살아 숨쉬는 싱가포르만의 감성에 흠뻑 빠져볼 수 있을 것이다.

포테이토 헤드 Potato Head Singapore

- 영업시간 : 매일 오전 11시 ~ 오전 12시
- 홈페이지 : https://potatohead.co/singapore

© 비비시스터즈

지금은 포테이토 헤드가 들어선 옛 동아 건물

부킷파소 안에서도 가장 핫한 케옹사익 로드 Keong Saik Road 중심에는 흰색 외벽에 빨간색 라인이 돋보이는 건물이 눈에 띈다. 둥근 코너 모양 그대로 세워진 건물에는 '동아 東亞'라는 글자가 쓰여 있는데, 원래 이 건물에는 1939년부터 싱가포르에서 가장 오래된 커피숍 중 하나이자 오랜 역사를 지닌 동아 이팅하우스 Tong Ah Eating House가 자리하고 있었기 때문이다. 지금도 독특한 외관 덕에 많은 이들의 관심을 받고 한 몸에 받고 있으며, 명실공히 부킷파소의 랜드마크로 이 지역을 빛내는 중이다.

현재 이 건물에는 햄버거 맛집이자 인도네시아 발리섬에서 비치 클럽으로

유명한 '포테이토 헤드'가 들
어와 있다. 각 층마다 레스토
랑, 바, 루프탑 바로 나누어져
있고 고풍스러운 외관과 달리
실내는 독특한 장식과 아기자
기한 매력으로 마치 다른 세상
으로 들어간 듯한 착각을 불러
일으킨다.

포테이토 헤드 루프탑 바

관광객들이 선호하는 마리나베이의 루프탑 바에서는 화려한 도시 야경을
즐길 수 있다면, 이곳의 루프탑 바에서는 따스한 옛 감성의 차이나타운 골목과
샵하우스를 색다르게 즐길 수 있다. 그렇다면 옛 커피숍 동아 이팅하우스는 완
전히 사라진 걸까? 다행히도 포테이토 헤드 근처에 아직 남아 있다. 이곳에서는
싱가포르의 대표 음식인 카야 토스트와 수란, 싱가포르식 커피kopi를 즐길 수 있
다. 카야 토스트 마니아라면 유명 체인점인 '야쿤 카야 토스트'나 '토스트 박스'
외에 한번쯤 들러 봐도 좋은 현지 맛집이다.

▌ 씨족 회관과 백만장자 클럽 Clan Associations & Millionaire Club

부킷파소에는 다양한 씨족 회관들이 모여 있다. 씨족 회관이란 우리의 동
향회관 또는 종친회관과 비슷한 개념으로, 과거 싱가포르에 들어 온 중국계 이
민자들이 잘 정착하도록 돕는 중요한 역할을 담당했다. 주로 같은 성씨의 사람
들, 같은 고향 사람들, 같은 업종에 종사하는 사람들끼리 이러한 협회를 만들었
는데, 현재까지도 싱가포르에는 약 200여 개의 협회가 남아있다고 한다. 싱가포
르에 처음 도착한 이민자들은 본인과 연고가 있는 회관에 찾아가면 임시 거처를
제공받거나 일자리를 소개받을 수 있었다. 또한 회관에서는 이민자들의 결혼식
이나, 이민자 자녀들을 위한 학교를 세우기도 했다.

한편 부킷파소에는 영화에서나 볼법한 백만장자 클럽이 숨겨져 있다. 이화
헌 클럽Ee Hoe Hean Club이라 불리는 이 모임은 1895년에 만들어진 실제 백만장자
들을 위한 사교 클럽이다. 이들은 정기적인 모임을 통해 친분을 쌓고 정보를 교

© 비비시스터즈

© 비비시스터즈

© 비비시스터즈

(위) 백만장자 클럽 전경, (아래 왼쪽) 안씨 성을 가진 사람들의 협회인 안씨공회(Gan Clan Association),
(오른쪽 아래) 여씨 성을 가진 사람들의 협회인 여씨총회(Yee Clan Association)

환하였으며, 정치적인 의견을 나누기도 했다. 2차 세계대전 당시에는 항일운동
을 위한 모금 활동도 이루어졌다고 하니 단순히 부자들의 놀이터는 아니었나 보
다. 이 클럽은 지금까지도 그 명맥을 유지하고 있으며, 싱가포르의 주요 인사들
이 여전히 클럽 멤버로 활동 중이라고 한다.

Chapter 4

싱가포르 속 코리아타운
: **탄종파가(Tanjong Pagar)**

탄종파가 거리 풍경

탄종파가는 종종 싱가포르의 코리아타운으로 불린다. 특별히 많은 한국 교민들이 모여 사는 곳은 아니지만, 싱가포르의 내로라 하는 한식집은 다 여기에 모여 있기 때문이다. 탄종파가라는 이름이 영 입에 붙지 않는 걸 보면 역시 영어가 아닌 말레이어 지명임을 눈치챌 수 있을 것이다. 말레이어로 탄종은 '곶(바다로 돌출되어 나온 뾰족한 모양의 땅)'이라는 뜻이고, 파가는 '말뚝'을 뜻한다. 과거 바닷가 어촌 마을이었던 이곳에서는 고기잡이나 양식을 위해 설치한 말뚝들을 흔히 볼 수 있어 이러한 이름이 붙었다고 한다.

탄종파가 로드 양쪽으로 즐비한 한국어 간판들을 보면 마치 한국에 와 있는 듯 마음이 푸근해진다. 싱가포르 사람들이 가장 좋아하는 코리안 바베큐 고깃집을 필두로 짜장면, 떡볶이, 한국 직송 회까지 종류별로 골라 먹을 수 있으니 한국음식이 당기는 날에는 무조건 탄종파가로 가줘야 한다. 최근에는 한류의 영향으로 싱가포르에서도 한식의 인기가 더욱 뜨겁다. 그래서일까, 주말 저녁이면 한식당 앞에 길게 줄을 서고 한국 음식을 즐기는 현지인들의 모습에 뿌듯한 마음이 든다.

그렇다면 싱가포르에서 한국인들에게 인기 있는 주거 지역은 어디일까? 싱가포르 중심부에 위치해 있고 좋은 학교가 많은 부킷티마, 여러 개의 대형 쇼핑몰과 편의 시설이 모여 있는 노비나, 그리고 쇼핑 중심지로도 유명한 오차드 로드 주변과 싱가포르 강을 끼고 있는 리버밸리 정도를 꼽아볼 수 있겠다. 그렇지만 워낙 도시가 작고 교통이 편리한 싱가포르기에 한국인이 살기에 크게 불편한 지역은 없다고 봐도 무방하겠다.

한국음식이 아니더라도 탄종파가는 꼭 한 번 들러 볼 만하다. 덕스톤 힐Duxton Hill을 중심으로 분위기 좋은 레스토랑과 카페도 많고, 마치 보물찾기를 하듯 골목골목 부킷파소 못지 않은 예쁜 샵하우스와 의외로 오랜 역사를 지닌 건축물도 발견할 수 있다. 또한 싱가포르에서 가장 현대적인 디자인의 공공아파트와 싱가포르에서 가장 높은 건물도 만날 수 있어 반전매력이 가득하다.

▌진릭샤 스테이션 Jinrikisha Station

진릭샤 스테이션 건물 전경

탄종파가 로드가 시작되는 교차로에 자리한 빨간 벽돌 건물은 왁자지껄한 먹자골목의 시작을 알린다. 진릭샤 스테이션이라 불리는 이곳은 1903년 인력거꾼들의 영업 등록과 관리를 담당하던 인력거 사무소로 지어졌으며, 당시 탄종파가는 부둣가와 시내를 잇는 교통의 요충지였다. 최근 이 건물이 다시 주목을 받은 것은 2011년 배우 성룡이 무려 1,100만 달러SGD(약 94억 원)에 건물을 매입했다는 뉴스가 나왔을 때다!

사람이 직접 끄는 인력거는 2차 세계대전 이전까지 싱가포르에서 가장 보편적으로 이용되던 교통수단이었다. 그러나 자전거로 끄는 트라이쇼trishaw가 등장하자 인력거는 사람이 힘들여 끌어야 한다는 점에서 비인간적이라는 비판이 거세졌고, 영국 정부는 결국 1900년대 중반부터 인력거 영업을 금지하기에 이른다.

인력거 사무소가 없어진 후 이 건물은 현재까지 상업용으로 이용되고 있다. 중국식 차 문화에 관심이 많다면 이 건물에 있는 티 챕터Tea Chapter라는 찻집에 들러도 좋겠다. 영국 엘리자베스 2세 여왕이 방문했던 곳이라 서양 관광객들 사이에 인기가 많다.

© Rijksmuseum

옛 사진 속 싱가포르 인력거꾼의 모습

배우 성룡처럼 중화권 스타들 중에는 싱가포르에 부동산을 보유하고 있는 이들이 꽤 많은 것으로 알려져 있다. 황비홍의 이연걸, 붉은 수수밭의 공리, 드라마 황제의 딸에 나왔던 조미 등이 대표적이다. 싱가포르는 슈퍼 리치들에게도 인기가 높다. 여러 이유가 있겠지만 상속세, 증여세가 없고 의료, 치안, 교육 수준이 높은 것이 큰 몫을 했을 것이다. 영어와 중국어가 모두 통용되는 것도 장점이다. 2019년 크레디트 스위스가 발표한 '세계부자보고서Global Wealth Report 2019'에 의하면 싱가포르 인구의 약 5%인 226,000명이 세계에서 가장 부유한 1% 그룹에 포함된다고 한다.

▌구 호랑이 연고 공장 Former Tiger Balm Factory

(좌,우) 쉐이크쉑 버거로 더 유명한 구 호랑이 연고 공장 건물 전경

탄종파가와 부킷파소 경계에 위치한 옛 유럽식 건축물은 싱가포르의 2번째 쉐이크쉑 지점이 들어서면서 새롭게 주목을 받았다. 쉐이크쉑 버거의 인기가 예

© Steffen Buus Kristensen

우리가 아는 바로 그 호랑이 연고

전 같지 않음에도 불구하고 젊은이들이 즐겨 찾는 지역인 만큼 주말 저녁이면 여전히 줄을 선 사람들의 모습을 볼 수 있다. 재미있게도 이 건물은 1920년대 초, 호랑이 연고를 만드는 공장으로 지어졌다. 고개를 들어 이 4층 건물 지붕 위에 있는 육각탑 모양 창을 살펴보자. 우리가 아는 바로 그 호랑이 연고병과 매우 닮아 있다는 것을 알 수 있다.

건물 앞쪽의 정갈하면서도 고전적인 유럽식 파사드와는 달리 뒤쪽을 장식하고 있는 컬러풀한 벽화는 이 오랜 건물에 생기를 더해준다. 싱가포르 아티스트 삼로Sam Lo의 작품으로 차이나타운에서 영감을 받아 그렸다고 한다. 차이나타운 속 샵하우스에서 보았던 알록달록한 타일과 중국식 모티프가 눈에 띈다. 현재 이 건물에는 쉐이크쉑과 함께 더 워킹캐피톨The Working Capitol이라는 공유 오피스 회사가 자리하고 있다.

피나클 앳 덕스톤 The Pinnacle@Duxton

- 스카이 브리지 이용시간 : 매일 오전 9시 ~ 오후 9시
- 입장료 : 6불(싱가포르 교통카드인 이지링크 카드, NETS, 투어리스트 패스로만 지급 가능)

호텔 같은 디자인의 공공아파트, 피나클 앳 덕스톤 전경

차이나타운 일대를 다니다 보면 반드시 그 정체가 궁금해지는 건물이 있다. 50층 높이로 어디서나 눈에 띄는 데다가 병풍처럼 쫙 펼쳐진 건물들 사이로 공중 다리가 이어진 독특한 디자인 때문일 것이다. 피나클 앳 덕스톤이라는 이름을 가진 이 건물은 싱가포르가 자랑하는 공공아파트HDB다. 공공아파트는 싱가포르의 주택개발청Housing Development Board에서 지은 아파트로 싱가포르 인구의 80% 이상이 거주하는 싱가포르의 대표적인 주거 형태다. 싱가포르의 공공아파트 이야기는 '싱가포르 주거공간' 편

에서 자세히 알아볼 수 있다.

피나클 앳 덕스톤은 기존 공공아파트에서는 볼 수 없던 세련된 외관 때문에 호텔이나 고급 아파트로 착각할 정도다. 2005년에 완공된 이 아파트는 분양 당시 로또급 청약으로 인기가 엄청났다. 청약 조건이 맞는 싱가포르 시민이라면 누구나 일단 신청서를 넣고 보았다는 이야기가 지금도 전설처럼 남아 있다.

총 7개 동으로 이루어진 피나클 앳 덕스톤은 각 동의 26층과 50층 두 군데가 스카이 브리지로 연결되어 있다. 26층에 있는 스카이 브리지는 입주자들만을 위한 공간으로 조깅 트랙과 운동시설, 놀이터가 조성되어 있다. 또한 50층의 스카이 브리지는 거주자가 아니더라도 유료 출입이 가능한데, 저렴한 가격으로 싱가포르 도시 전망과 스펙타클한 항만 시설까지 감상할 수 있어 숨겨진 야경 명소 중 하나로 손꼽힌다. 최근에는 피나클 앳 덕스톤처럼 세련된 디자인과 다양한 편의시설을 갖춘 공공아파트가 점차 늘어나고 있다.

▌구오코 타워 Guoco Tower

구오코 타워는 현재 싱가포르에서 가장 높은 건물로 탄종파가 역에 내리면 밖으로 나오지 않고도 지하를 통해 들어갈 수 있다. 총 64층, 290미터의 높이를 자랑하며, 상업시설과 주거시설, 소피텔 호텔이 함께 자리하고 있다. 완공 후 국제적인 건축상을 여러 차례 받기도 했으나, 정작 사람들의 이목을 집중시킨 것은 다른 이유에서였다. 2019년 무선 청소기로 유명한 다이슨Dyson의 대표가 이 건물 꼭대기에 있는 펜트 하우스를 미화로 약 5,200만달러(약 615억 원)에 구입한 것이다. 화제의 이 건물은 삼성물산에서 공사를 맡았다.

© Bjoertvedt

구오코 타워

EAT PLAY SHOP
— 로컬처럼 먹고 즐기고 쇼핑하라

EAT **동북인가** Dong Bei Ren Jia
: 22 Upper Cross St, Singapore 058334

중식 여행자들에게는 동방미식이 유명하지만 현지인들은 동북인가를 더 좋아한다. 북경식 찹쌀 탕수육인 꿔바로우, 줄기콩 볶음, 군만두, 중국당면요리 등이 우리 입맛에도 잘 맞는 이 집의 인기 메뉴다. 요리 몇 개를 여럿이 나누어 먹으면 저렴한 가격으로 배불리 먹을 수 있다. 영어가 잘 통하지 않더라도 음식 사진이 있는 메뉴판을 짚어가며 주문하면 되겠다.

EAT **미향원 본점** Mei Heong Yuen Desserts
: 63-67 Temple St, Singapore 058611

© Orderinchaos

디저트 망고 빙수로 유명한 오랜 맛집으로 싱가포르 전역에 지점이 있지만 본점은 차이나타운에 있다. 입구는 작지만 들어갈수록 넓어지는 매장이 신통방통하다. 우리 돈 5천원이 안 되는 가격으로 다양한 빙수와 싱가포르 대표 디저트를 맛볼 수 있으니 절로 행복해진다. 망고 빙수와 첸돌 빙수가 인기이며 현지인들이 즐겨 먹는 푸딩과 따끈한 디저트도 맛있다.

EAT 마이 어썸 카페 My Awesome Café

: 202 Telok Ayer St, Singapore 068639

브런치, 와인바 무료 진료소였던 옛 건물을 개조하여 2014년에 오픈했다. 옛날 약방에서 쓰던 앤티크 가구들을 활용한 인테리어가 독특하며, 천장에 가득 매달린 알록달록 랜턴도 예쁘다. 건강한 스타일의 다양한 양식 메뉴가 있으며, 종종 직원들이 친근하게 말을 걸어오기도 한다. 저녁에는 아기자기한 브런치 카페의 모습은 사라지고 근사한 와인바로 변신한다.

EAT 우나기 테 일식당 Unagi Tei Japanese Restaurant

: 1 Keong Saik Rd, #01-01, Singapore 089109

일식 싱가포르에서 가장 유명한 일본식 장어구이 전문점이다. 식당 근처만 가도 장어 굽는 냄새가 진동을 하고 식당 앞에는 언제나 긴 줄이 늘어서 있다. 수족관에 있는 싱싱한 장어를 잡아 바로 조리해주며, 생와사비를 갈아 먹을 수 있게 내어준다. 장어구이 덮밥을 포함한 인기 세트 메뉴 가격은 25불 선부터다.

EAT PLAY SHOP
– 로컬처럼 먹고 즐기고 쇼핑하라

(EAT) 카페 우투 Kafe Utu
: 12 Jiak Chuan Rd, Singapore 089265

아프리카식 워낙 다양한 나라의 음식을 즐길 수 있는 싱가포르지만 아프리카 식당은 꽤나 이국적이다. 싱가포르 전통의 샵하우스 내부로 들어가면 아프리카 감성이 묻어나는 인테리어와 소품들로 마치 아프리카에 와 있는 기분이 든다. 아프리카식 커리와 코코넛 라이스가 대표 메뉴이며, 홈메이드 아이스크림을 올린 도넛과 직접 로스팅한 커피도 인기다.

(EAT) 북창동 순두부 SBCD Korean Tofu House
: 7 Wallich St, #B1 - 01 / 02, Singapore 078884

© SBCD

한식 싱가포르에서 깔끔한 한식을 찾는다면 강력 추천하는 순두부 전문점이다. 탄종파가 역과 이어지는 구오코 타워 지하에 위치하고 있으며, 순두부 외에도 LA갈비, 비빔밥 등도 있다. 점심시간에는 직장인들로 붐비니 살짝 피해 가거나, 선택 시티 근처 밀레니아 워크와 알렉산드라 로드(Alexandra Retail Centre)에도 지점이 있으니 골라가면 되겠다.

(PLAY) 피플스파크 컴플렉스 발마사지 People's park complex
: 1 Park Rd, Singapore

싱가포르는 여타 동남아 국가처럼 마사지 비용이 저렴한 것이 아니라 필수는 아니지만, 바쁜 일정 속 꿀같은 휴식이 간절하다면 발 마사지를 받아보자. 차이나타운 역 근처 피플스파크 컴플렉스는 여행사, 식당, 환전소 등이 있는 주상복합 건물로, 3층에는 가성비 좋은 마사지 샵이 모여 있다. 보통 발마사지 30분에 20불선부터 이용 가능하니 쭉 둘러보고 깔끔한 가게로 선택하면 되겠다.

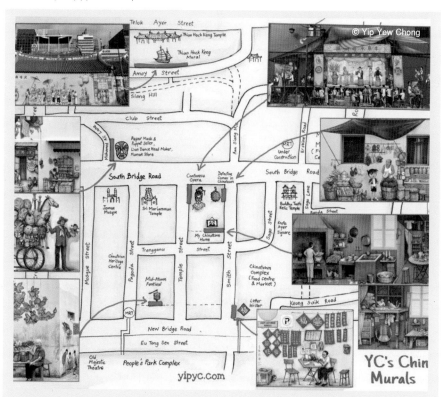

입유총 작가의 벽화들 Yip Yew Chong's Murals

: https://yipyc.com/maps/

싱가포르의 대표적인 벽화 작가인 입유총은 싱가포르의 옛 풍경을 정감 있게 담아내는 것으로 유명하다. 회계사였던 그는 자신의 오랜 꿈을 잊지 않고 48세 늦은 나이에 그림을 시작했는데, 취미로 그린 작품들이 유명세를 타면서 지금은 가장 핫한 아티스트가 되었다. 차이나타운은 그의 작품들이 가장 많은 곳이니, 골목 구석구석 숨겨진 벽화를 찾아보며 인증샷을 남겨보자. 벽화 위치가 표시된 지도는 그의 홈페이지에서 찾을 수 있다.

EAT PLAY SHOP
— 로컬처럼 먹고 즐기고 쇼핑하라

SHOP 페라나칸 타일 갤러리 Peranakan Tiles Gallery
: 36 Temple St, Singapore 058581

샵하우스를 장식하고 있던 알록달록한 타일을 한 자리에서 구경하고 싶다면 이곳으로 가보자. 싱가포르의 유명한 타일 수집가 빅터림이 운영하는 곳으로, 1970-80년대부터 곧 허물어질 샵하우스를 찾아다니며 타일을 모으기 시작해서 지금은 명실공히 타일 전문가가 되었다. 값비싼 앤티크 타일부터 기념품으로 안성맞춤인 타일 모양 마그넷과 컵받침도 살 수 있다.

SHOP 림치관 Lim Chee Guan
: 203 New Bridge Rd, Singapore 059429

한국 여행자들에게는 비첸향 육포가 유명하지만 현지인들은 림치관 육포를 조금 더 선호한다. 우리 입맛에는 큰 차이를 느끼기 어려울지 모르나 비첸향은 한국에도 매장이 있으니 림치관 육포를 맛보는 건 어떨까. 차이나타운에만 두 개의 매장이 있으며 돼지고기 육포가 가장 인기다. 육포는 육가공품으로 국내 반입이 금지되어 있으니 현지에서만 즐기도록 하자.

SHOP 야쿤 카야 토스트 본점 Yakun Kaya Toast
: 18 China St, #01-01, Singapore 049560

카야 토스트는 싱가포르에서 꼭 먹어 봐야 할 로컬 음식으로, 야쿤 카야 토스트는 싱가포르에서 가장 유명한 토스트집이다. 싱가포르 전역에 매장이 있지만 본점만의 특별함이 있다. 달달한 카야잼과 버터를 바른 바삭한 토스트에 부드러운 수란을 곁들이고, 진한 싱가포르식 커피를 마셔주면 완벽한 아침식사가 된다. 야쿤의 카야 잼은 기념품이나 선물용으로도 좋다.

PART 7

이국적인 말레이 & 이슬람 문화를
싱가포르에서 친근하게 경험하다
캄퐁글람

캄퐁글람

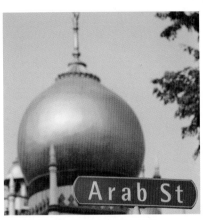

캄퐁글람 내 작은 도로, 아랍스트리트 표지판

"무조건 캄퐁글람으로 가세요!" 싱가포르의 웬만한 관광지는 다 가봤거나 여행 말미에 일정이 남아 고민인 분들께 우리는 늘 이렇게 얘기한다. '캄퐁글람'이라 하면 다소 생소할 수 있지만 '아랍스트리트'라고 하면 대부분 안다. 왜냐하면 한국 가이드북이나 여행 프로그램에는 보통 아랍스트리트라는 이름으로 소개되었기 때문이다.

우리가 격하게 아끼는 캄퐁글람, 그곳에 꼭 가봐야 하는 이유는 차고도 넘친다. 우선 캄퐁글람은 싱가포르에서 가장 이국적인 곳이다. 늘씬한 야자수가 늘어선 거리에는 황금색 모스크가 그림처럼 서 있고, 형형색색으로 꾸며진 벽화 거리는 매일같이 인스타그래머들로 북적거린다. 또한 거리를 가득 메운 가게에는 알라딘이 자스민 공주와 함께 타고 하늘을 날았을 법한 양탄자부터 화려한 패턴의 옷감, 당장이라도 집에 들여 놓고 싶은 램프까지 이색 볼거리도 많다. 게다가 골목 곳곳 숨겨진 맛집과 분위기 좋은 바까지 있으니 캄퐁글람에는 여행자들이 꿈꾸는 것들이 다 모여 있다 해도 과언이 아닐 것이다.

낯선 이름의 캄퐁글람은 과연 무슨 뜻일까? 캄퐁은 말레이어로 '마을 또는 부락'을 뜻한다. 그리고 글람은 영어 사용자라면 보통 영어의 글래머러스glamorous(화려하고 매력이 넘치는)라는 단어를 먼저 떠올리지만, 역시 말레이어이며 '글람나무Glam Tree'라는 나무 이름에서 왔다. 우리도 감나무가 많은 동네를 감나무골이라 부르듯, 글람나무가 많던 동네라 '글람나무 마을'이라는 이름이 붙었다고 전해진다. 글람나무는 카유푸트cajeput 나무라고도 하는데, 우리에게 익숙한 티트리 나무와 같은 과 식물이다. 잎에서 추출한 오일은 예로부터 약으로 쓰였고, 목재는 물론 꽃, 열매, 나무 껍질까지 쓰이지 않는 부분이 없어 그야말로 아낌없이 주는 나무였다. 그런데 쓰임새가 너무 많아서 였을까? 사람들이 하도 베어내다 보니 이제는 이 동네에서 글람나무 보기가 꽤 어려워졌다. 그러나 캄퐁글람까지 가서 글람나무를 못 보고 가기는 너무 아쉽다. 우리끼리의 비밀이지만, 말레이 헤리티지 센터 근처에 몇 그루가 남아 있으니 꼭 찾아 보길 바란다.

캄퐁글람이 아랍스트리트라는 이름으로 알려지다 보니, 대부분의 여행자들은 이곳을 아랍 이민자들이 모여 살던 아랍인 마을 쯤으로 여기는 듯하다. 아주 틀린 말은 아니지만 절반만 맞는 얘기다! 실제로는 캄퐁글람 안에 아랍스트리트라는 거리가 있고, 캄퐁글람에는 아랍인들 뿐 아니라 말레이인들도 함께 정착해 살았다. 래플즈경의 타운 플랜을 다시 한 번 떠올려 보자. 캄퐁글람은 말레이 민족과 아랍 상인들을 위한 거주지였다는 것이 어렴풋이 기억날 것이다. 사실 1819년 래플즈경은 새로이 싱가포르의 왕이 되어 함께 조약을 맺은 술탄 후세인에게 캄퐁글람 땅을 내어 주었고, 술탄 후세인은 이곳에 왕궁과 모스크를 짓고 지냈다. 그 후 같은 종교와 문화를 공유하는 말레이인들과 아랍인들이 자연스럽게 이 지역으로 모여 정착하면서 캄퐁글람은 현재까지 싱가포르의 말레이 문화와 이슬람교 중심지로 굳건히 자리하게 된 것이다.

"말레이인Malays은 말레이시아 사람Malaysian을 말하는 건가요?" 캄퐁글람 투어를 하다 보면 종종 받는 질문이다. 대답은 No다. 말레이인이라고 하면 말레이 민족을 의미하며, 말레이시아 국적을 가진 말레이시아 사람과는 구분되는 개념이다. 한국에서는 민족도 코리안이고 국적도 코리안인 경우가 많아 민족과 국적 개념이 구분되는 것이 낯설지만 다인종 국가 싱가포르에서는 이러한 구분이 자연스럽다. 말레이 민족은 싱가포르 인구의 약 13.5%(2020)를 차지하고 있으며, 오래전부터 싱가포르에 살던 원주민과 현재의 말레이시아, 인도네시아 등지에서 이주해 온 사람들을 포함한다. 그리고 싱가포르에 사는 말레이 민족은 대부분 이슬람교를 믿는다.

© 비비시스터즈

캄퐁글람의 대표 인생샷 장소인 술탄 모스크 앞 거리

　말레이 문화나 이슬람교는 우리에게 아직 생소하다. 그러나 생소하기에 캄퐁글람은 우리에게 더욱 이국적으로 다가온다. 옛 말레이 궁전과 모스크에서 역사와 종교를 경험하고, 전통 의상을 입은 사람들 사이를 거닐며 음식을 맛보고 거리의 향기를 느끼다 보면 어느새 그들의 문화에 흠뻑 빠져들 것이다. 그렇다고 캄퐁글람에 전통 문화만 남아 있는 것은 아니다. 싱가포르에서 가장 힙하다는 젊은이들의 거리도 캄퐁글람에 있다! 낮에는 패션의 거리지만 어둠이 깔리면 음악과 맥주가 함께하는 흥 넘치는 거리로 변신한다. 부기스나 니콜 하이웨이 역에 내리면 금방이라 시내에서도 멀지 않으니 꼭 한번 들러 캄퐁글람만의 이국적인 정취를 즐겨보자.

Chapter 1

싱가포르 말레이 왕족의
발자취를 따라서

말레이 헤리티지 센터 Malay Heritage Centre

- 이용시간 : 화-일 오전 10시 ~ 오후 6시, 월요일 휴무
- 입장료 : 성인 8불, 학생 및 60세 이상 5불
- 주의사항 : 박물관 내부는 신발을 벗고 입장해야 한다. 2022년 말 새단장 공사로 휴관 예정.
- 홈페이지 : https://www.malayheritage.org.sg/en

© TamanWarisanMelayu

말레이 헤리티지 센터

캄퐁글람의 랜드마크를 꼽으라면 대부분은 술탄 모스크를 먼저 떠올릴 것이다. 멀리서도 시선을 사로잡는 황금색 돔은 캄퐁글람 전체에 신비로움을 더한다. 그러나 술탄 모스크 바로 옆에는 놓치지 말아야 할 중요한 랜드마크, 말레이 헤리티지 센터가 있다. 이곳은 싱가포르에 정착한 말레이 민족의 역사와 문화를 전시해 놓은 박물관으로, 정원 가운데 시원하게 쏟아지는 분수와 박물관 건물이 어우러진 눈부신 풍경을 마주한다면 여기까지 찾아온 자신이 새삼 기특하게 느껴질 것이다. 맑은 날이면 파란 하늘과 오렌지색 지붕, 샛노란 건물, 초록빛 정원과 빨간 간판까지 총천연색이 조화를 이루며 비현실적인 아름다움을 자아낸다.

예전부터 싱가포르에서는 이 건물을 '이스타나 캄퐁글람'이라고 불렀다. 요즘은 이스타나라고 하면 오차드 로드에 있는 대통령궁이 먼저 떠오르겠지만, 이스타나는 원래 말레이어로 '궁전'을 뜻하는 말이다. 그렇다면 오랫동안 이곳이 '캄퐁글람에 있는 궁전'이라고 불려졌다는 것인데, 그렇다면 혹시 여기가? 그렇다. 옛 이름에서 예상 가능하듯 말레이 헤리티지 센터 건물은 한때 싱가포르의 말레이 왕족이 살았던 궁전이었다! 한때 조호 왕국의 왕위 다툼에서 밀려났다가 새롭게 싱가포르의 왕이 된 술탄 후세인은 사실상 싱가포르에 아무런 기반이

없었다. 그래서 래플즈경은 그가 싱가포르에 잘 정착하도록 캄퐁글람에 있는 땅을 내어주었고, 그 땅 위에 술탄 후세인은 그와 그의 가족들이 함께 머물 수 있는 궁전을 지었으며, 궁전 옆에는 신앙 생활을 할 수 있는 모스크(지금의 술탄 모스크)를 세웠다.

말레이 헤리티지 센터 내부 모습

본래 궁전이었다는 사실을 알게 되면 예뻐 보이기만 했던 건물에 어쩐지 위엄이 더해진다. 알고 보면 건물이 노란색인 것도 다 이유가 있었다. 말레이 문화권에서 노란색은 왕족을 상징하기에 특별히 쓰인 것이다. 현재까지 남아있는 이 건물은 1840년에 완공되었으며, 술탄 후세인이 세상을 떠난 후, 아들인 술탄 알리가 원래 궁전 자리에 지은 것이다. 술탄 알리는 새 궁전을 짓는데 꽤 공을 들인 듯하다. 당시 싱가포르에서 인기있던 유럽의 팔라디오 양식을 따르면서도, 말레이 전통 가옥의 특징이 함께 엿보인다. 말레이 전통에 따라 시원하고 탁 트인 2층 공간은 왕족들이 사용했고, 1층은 주로 부엌이나 하인들의 방으로 쓰였다.

2층 전시실에서 창 밖을 내다보면 약 300미터 앞에 좌우로 가로지르는 널찍한 도로가 보인다. 이 도로는 BBB 편에서도 언급된 적이 있는 비치 로드Beach Road다. 이름에서 알 수 있듯이 예전에는 이 도로가 바닷가 해안선이었다. 지금은 간척사업으로 인해 바다를 볼 수 없지만, 이곳이 궁전이었던 시절을 생각해보면 조금만 나가도 푸른 바다가 펼쳐져 있었다는 얘기가 된다. 아마도 왕족들은 우리가 서 있는 2층 발코니에 앉아 아름다운 해변 뷰를 즐겼으리라. 그리고 잔잔한 바다 위 평화로이 떠 있는 수많은 배들과 각지에서 들어온 진귀한 물건을 싣고 내리는 뱃사람들의 모습이 어우러져 진풍경을 이루었을 것이다.

총 6개의 갤러리로 구성된 말레이 헤리티지 센터에서는 왕족들이 사용했던 유물 및 다양한 전시물을 통해 말레이 민족들의 이야기를 보다 가깝게 경험할 수 있다. 말레이 남자들의 부적과 같은 크리스Kris 단검과 말레이 여인의 웨딩 드레스, 말레이 부엌의 필수품인 코코넛 가는 기계, 이슬람교 성지인 메카로 순레를 떠날 때 가져갔던 여행 가방 같은 유물 속에는 그들의 삶의 모습이 고스란히 담겨 있다. 또한 말레이 민족 출신인 싱가포르 초대 대통령 유소프 빈 이샥Yusof bin Ishak에 대해서도 잘 소개되어 있는데, 리콴유 총리와 동시대의 인물로 모든 싱가포르 달러 지폐에 그의 얼굴이 새겨져 있어 많은 여행자들이 정체를 궁금해 하는 인물이기도 하다.

싱가포르 달러 지폐에 새겨진 유소프 빈 이샥 초대 대통령

관람을 마치고 밖으로 나오면 작은 정원이 눈에 띈다. 이곳에는 말레이 음식에 사용하는 여러가지 허브와 향신료 나무가 자라고 있다. 그리고 모두가 궁금해 하는 캄퐁글람의 글람나무도 바로 이 정원 안에 있다! 그러나 그렇게 많았다는 글람나무가 보기 어려워진 것처럼, 한때 캄퐁글람을 지키던 말레이 왕족들도 이제는 역사 속으로 사라졌다. 아쉬운 마음을 뒤로한채 말레이 왕족들이 남긴 또 하나의 발자취이자 캄퐁글람의 랜드마크인 술탄 모스크로 발걸음을 옮겨보자.

술탄 모스크 Sultan Mosque

- 이용시간 : 오전 10시 ~ 오후 12시 & 오후 2시 ~ 오후 4시(금요일은 입장 불가)
- 입장료 : 없음
- 주의사항 : 모스크 내부 입장시 신발은 벗어 두고, 소매가 있는 셔츠와 긴 하의를 착용해야 한다. 모스크 앞에서 방문객들을 위한 가운을 무료로 대여할 수 있다.

황금색 돔이 눈에 띄는 술탄 모스크

늘씬하게 뻗은 시원한 야자수 길 사이로 우뚝 서 있는 황금빛 술탄 모스크를 마주하면 평소 별 감정 표현이 없던 사람이라도 절로 감탄사가 터져 나오는 경험을 하게 될 것이다. 한국에서 보기 드문 이국적인 풍경에 싱가포르에서 꽤 오래 지낸 우리도 '우리가 외국에 살긴 하는구나' 하

며 너스레를 떨게 되니 말이다. 모두가 인정하는 핫플레이스다 보니 모스크 앞은 언제나 사진 찍는 사람들로 북적인다. 이들을 쫓아 대충 한 장만 찍어 봐도 금세 사진 맛집의 기운이 느껴진다. 배경 자체가 워낙 열일 중이니 완벽한 샷을 남기려는 욕심은 살짝 내려놓아도 좋다. 머리 위로 작렬하는 태양에 점점 열기가 느껴지고, 그 열기가 짜증으로 바뀌기 전 서둘러 모스크 안으로 들어가 봐야 한다!

술탄 모스크는 '왕의 모스크'라는 의미를 갖고 있다. 그리고 그 이름처럼 술탄 모스크는 약 200여년 전 술탄 후세인이 궁전 옆에 지은 왕의 모스크로 시작되었다. 재미있게도 그가 처음으로 지은 모스크는 우리가 흔히 모스크 하면 떠올리는 양파 모양 돔 형태가 아니라 말레이 전통 가옥 형태의 목조 건물이었다. 그러나 약 100년쯤 지나자 목조 모스크는 점차 빛을 바래고, 반면 신자 수는 점차 늘어나면서 새로운 모스크가 필요해졌다. 새 모스크는 싱가포르에서 가장 오래 되고 명망 높은 건축 회사인 스완 앤 맥클라렌Swan and McClaren의 건축가 데니스 샌트리Denis Santry가 디자인하였으며, 1932년 황금색 돔과 뾰족한 첨탑을 지닌 모습으로 완공되어 현재까지 그 자리를 지키고 있다.

돔의 황금색은 말레이 헤리티지 센터의 노란색과 같이 왕족을 상징하는 색이기에 특별히 선택되었다. 그리고 돔 꼭대기에는 흔히 이슬람교의 상징으로 여겨지는 초승달과 샛별 모양의 장식이 있다. 황금빛 돔에는 비밀이 숨어 있는데, 돔 아래를 받치고 있는 검은색 띠를 자세히 살펴보면 동그란 패턴이 반복되어 띠를 이루고 있는 것을 알 수 있다. 이 동그란 패턴은 사실 유리병의 바닥 부분으로, 알고 보니 돔 아래에 수많은 유리병을 뺑 둘러 장식을 한 것이었다. 분명 더 좋은 건축 자재도 많았을 텐데, 왜 유리병이었을까? 사실 이 많은 유리병은 모스크를 지을 당시 가난한 무슬림들이 모아 기부한 것인데, 유리병을 실제 모스크를 장식하는데 사용함으로써 부유한 신자들 뿐만 아니라 가난한 신자들도 모스크 건축에 함께 기여했다는 의미가 담겨 있다.

지금도 술탄 모스크에 가면 싱가포르에 온지 얼마 되지 않았을 때 한국에서 친구들이 놀러 왔던 일이 떠오른다. 캄퐁글람 거리를 구경하다 한 친구가 모스크 안에 들어가 보자는 제안을 한 것이다. 모스크는 처음이었던 우리는 순식

술탄 모스크 내부 모습

간에 들어가자는 쪽과 말자는 쪽, 두 무리로 나뉘어졌다. 한참을 설왕설래하다 들어가기로 극적 타결을 하고 모스크 앞으로 갔더니 이게 웬걸, 그 사이 입장 시간이 지나 모스크 문이 굳게 닫힌 것이다. 결국 우리는 서로를 바라보며 박장대소했고 지금까지도 잊지 못할 추억으로 남아 있다. 어쨌든 여기서의 교훈은 술탄 모스크는 입장 시간이 정해져 있으며, 내부까지 봐야 제대로 본 것이라는 점이다!

신발을 가지런히 벗어 두고 복장 체크까지 마치면 모스크 안으로 들어갈 수 있다. 높은 아치형 천장과 창문, 꽃을 본 뜬 듯한 화려한 장식과 기하학적인 무늬가 눈에 띈다. 다른 종교 사원과는 달리 신이나 성인의 모습을 나타낸 조각상이나 그림을 볼 수 없는데, 이슬람교에서는 인간이나 동물의 모습으로 신을 묘사하는 것을 금하고 있기 때문이다. 대신 신을 찬미하는 의미로 정교하고 세련된 장식이 발달하였다. 또한 꼭 우리네 서예처럼 예술적인 서체로 쓴 코란Koran(이슬람 경전) 구절도 모스크 곳곳에서 볼 수 있다.

모스크 정면에는 마치 문처럼 생긴 아치형 장식이 보인다. 움푹 패여 있긴 하지만 실제로 문은 없다. '미흐랍'이라 부르는 이것은 이슬람교 성지인 메카 방향을 표시해준다. 여행 중 종종 호텔 천장에 메카 방향을 가리키는 화살표가 붙어 있는 것을 본 적이 있을 것이다. 이슬람교 신자들은 하루 다섯 번 메카를 향해 기도하기에 어디에 있든 그 방향을 아는 것이 매우 중요하다. 미흐랍 옆에는

© 비비시스터즈

다양한 언어로 번역된 이슬람교 경전 코란이 비치되어 있다

종교 지도자인 '이맘'이 올라가 예배를 인도하는 설교단 '민바르'도 보인다. 그런데 가만히 관찰해보면 1층 기도홀에는 남자 신자들만 보인다. 모스크에는 남녀 신자들의 예배실이 따로 구분되어 있는데, 남자들은 1층을, 여자들은 2층 예배실을 사용한다.

모스크 밖으로 나오면 아까 열심히 사진을 찍었던 예쁜 거리가 다시 한번 펼쳐진다. 부소라 스트리트Bussorah Street라는 이름을 갖고 있는데, 이라크의 '바스라'라는 도시 이름에서 따왔다고 한다. 한때는 이 근방을 '캄퐁 하지'라고 불렀다. '하지Hajj(하즈)'란 사우디 아라비아의 메카로 성지순례를 떠나는 것으로, 이슬람교 신자라면 건강과 경제 사정이 허락하는 한 평생 한 번은 꼭 해야하는 의무이기도 하다. 흥미로운 사실은 과거 싱가포르가 하지 출발지로도 이름을 날렸다는 것이다! 싱가포르는 일찍부터 항구가 발달했고 중동 지역으로 가는 바닷길이 좋아서 근처 동남아시아 국가의 무슬림들이 싱가포르에 모여 함께 메카로 떠났다. 특히 모스크 앞 부소라 스트리트는 메카로 떠나기 직전 순례자들이 모이는 곳이었기에 자연스레 캄퐁 하지, 즉 '성지순례 마을'이라는 이름이 붙을 수 있었다.

부소라 스트리트는 축제 기간이 되면 더욱 특별해진다. 이슬람교 금식 기간인 라마단 종료를 기념하는 하리라야 푸아사Hari Raya Puasa 시즌이 다가오면 오후부터 밤늦게까지 먹거리 장터가 열린다. 치킨 사테, 케밥, 말레이 전통 케이크인 색색깔의 쿠에Kueh 등 다양한 길거리 음식을 맛볼 수 있으며, 무슬림들이 라마단 기간 중 특히 즐겨 찾는 달콤한 대추야자도 종류별로 나온다. 라마단은 이슬람력의 9번째 달을 말하며, 태음력으로 이루어져 있어 그 기간은 해마다 조금씩 빨라진다.

축제 기간을 놓치더라도 너무 아쉬워는 말자. 술탄 모스크 근처에는 말레이 음식을 즐길 수 있는 곳이 많다. 모스크 바로 앞에 있는 루마 마칸 미낭에서는

수십 가지 반찬 중 좋아하
는 것을 쏙쏙 골라 밥과 함
께 먹는 나시파당Nasi Padang
을 맛볼 수 있고, 부소라 스
트리트 끝에 있는 캄퐁글람
카페에서는 말레이인들의
소울 푸드인 나시르막Nasi

싱가포르에서 맛볼 수 있는 대표
말레이 음식, 나시르막

달콤한 말레이식 밀크티, 테타릭

Lemak과 달콤한 밀크티 테타릭Teh Tarik을 맛볼 수 있다. 나시르막은 코코넛 밀크를
넣고 지은 쌀밥에 고추장 같은 매콤한 삼발 소스와 멸치볶음 같은 작은 반찬을
곁들여 먹는 음식으로 한국인 입맛에도 잘 맞는 편이다.

참고로 모스크 근처 식당들은 대부분이 할랄Halal 식당이다. 할랄은 아랍어
로 '허용된 것'이라는 뜻으로 무슬림들은 할랄이 아닌 음식은 철저히 금한다. 육
류의 경우에는 이슬람 율법에 따라 도축된 짐승의 고기만 허용되며 돼지고기와
알콜은 엄격하게 금지되어 있다. 할랄인지 아닌지를 알아보려면 할랄 인증 마크
를 확인하면 된다. 싱가포르에 있는 맥도날드나 KFC 같은 패스트푸드점은 할랄
마크가 있는 할랄 식당이다. 그래서 맥도날드 햄버거 속 베이컨은 돼지고기가
아닌 닭고기로 만든 것이다! 맛에 민감한 사람들은 그 차이를 느끼기도 하던데,
그 맛이 궁금하다면 한번 시도해 보길 바란다.

싱가포르 식당에서 종종 보이는 할랄 인증 마크

Chapter 2

아랍인들의 문화유산
: 싱가포르에서 만나는 이슬람 종교 학교

█ 알사고프 마드라사 Madrasah Alsagoff Al-Arabiah

알사고프 마드라사 전경

캄퐁글람 거리를 지나다 보면 가끔 순백색의 히잡(머리쓰개)을 쓴 소녀들을 볼 수 있다. 발목까지 내려오는 하얀 스커트에 하얀 운동화까지 똑같이 맞춰 입었는데, 또래들끼리 삼삼오오 모여 해맑게 웃고 장난치는 모습은 여느 학생들과 다르지 않다. 싱가포르 학생들은 대부분 교복을 입는 터라 처음에는 이 아이들이 학교를 다니지 않나 싶기도 했다. 그런데 나중에 알고 보니 이 아이들은 '마드라사'라고도 불리는 이슬람 종교 학교 학생들이었고, 흰색으로 맞춘 아이들의 복장은 바로 이 학교의 교복이었다.

맑은 웃음이 참 예뻤던 여학생들의 학교는 말레이 헤리티지 센터에서 2-3분만 걸어가면 만날 수 있다. 밝은 오렌지색 지붕에 유럽풍 양식을 하고 있는 2층의 아담한 학교 건물은 그 모습이 예쁘고 독특해서 지나는 사람들의 발길을 멈추게 한다. 건물 정면에는 '1912'라는 숫자와 함께 '알사고프 아랍 학교Alsagoff Arab School'라는 글자가 영어와 아랍어로 새겨져 있다. 이 학교는 당시 싱가포르에서 내로라하는 부유한 아랍 상인 알사고프Syed Omar bin Mohamed Alsagoff가 돌아가신 삼촌의 유지의 따라 1912년에 설립하였으며, 현재까지 싱가포르에서 가장 오래된 이슬람 종교 학교로 그 자리를 굳건히 지키고 있다.

알사고프는 예멘의 하드라마우트 지역 출신의 부유한 아랍 가문이었다. 일찍이 무역에 능했던 그들은 싱가포르 최초로 증기선을 소유했을 정도로 그 부가 상당했다. 증기선 사업은 알사고프 가문에 더욱 큰 부를 가져다 주었으며, 이후에는 하지 성지순례자들을 싣고 싱가포르와 사우디아라비아를 오가는 여행업에도 진출했다. 한편 알사고프 가문은 싱가포르에 상당히 많은 부동산을 갖고 있던 것으로 알려져 있는데, 특히 싱가포르 최고의 호텔인 래플즈 호텔도 원래 알사고프 가문 소유의 땅이었던 것으로 유명하다.

알사고프 아랍 학교는 아기자기한 외관 때문에 처음부터 여학교였을 것만 같지만, 놀랍게도 개교 당시에는 남학생들만 다니는 학교였다. 2차 세계대전 이후가 되어서야 여학생들도 입학을 받기 시작했고 싱가포르 독립 이후에는 아예 여학교가 되었다. 현재 싱가포르에는 총 6개의 풀타임 이슬람 종교 학교가 있으며, 종교 교육과 일반 교육과정을 통합하여 가르치고 있다. 그래서 학생들은 코란과 아랍어 뿐 아니라 영어, 말레이어, 수학, 과학 같은 일반 과목도 배운다. 통합 교육과정을 따르는 것은 졸업 후 종교와 무관한 진로를 택하는 학생들에게도 더 많은 기회를 제공해 줄 수 있고, 종교인의 길을 가더라도 일반 과목을 배우는 것이 역시 중요하다고 생각하기 때문이라고 한다.

이슬람 종교 학교 학생들은 일반 학교 학생들과 쉽게 구분이 가능하다. 왜냐하면 교복이 말레이 전통 의상 형태로 되어 있기 때문이다. 남학생들은 챙이 없는 동그란 모자인 '송콕songkok'을 쓰고, 여학생들은 흔히 히잡으로 알려진 '투둥tudung'이라는 머리쓰개를 쓴다. 반면 싱가포르의 일반 학교에서는 정해진 교복만 입게 되어 있으며 송콕이나 투둥과 같이 특정 민족을 나타내는 의상은 특별한 경우를 제외하고는 금하고 있다.

▌ 알주니드 마드라사 Madrasah Aljunied Al-Islamiah

알주니드 마드라사 전경

캄퐁글람에는 같은 이슬람 종교 학교가 한 군데 더 있는데, 바로 캄퐁글람의 북쪽 경계를 이루는 로초 강변Rochor Canal에 자리한 알주니드 마드라사다. 1927년에 설립된 이 학교는 알사고프 아랍 학교에 이어 싱가포르에서는 두 번째로 오래된 이슬람 종교 학교다. 옛 학교를 허물고 2000년도에 새로 지은 건물이라 얼핏 보면 여느 학교와 크게 다르지 않아 보이지만 조금 멀리서 바라보면 건물 꼭대기 위로 모스크에 있을 법한 푸른색 돔이 모습을 드러내며 학교의 정체성을 느낄 수 있다.

싱가포르 MRT 노선에 익숙한 사람이라면 알주니드라는 이름이 그리 낯설지는 않을 것이다. 왜냐하면 부기스 역에서 세 정거장만 가면 알주니드라는 이름의 MRT역이 있기 때문이다. 알주니드Syed Omar Aljunied는 알사고프와 마찬가지로 예멘의 하드라마우트에서 온 부유한 아랍 상인이었다. 그는 1819년 래플즈 경이 무역항을 열자마자 싱가포르로 건너 왔는데, 그래서 싱가포르에 온 최초의 아랍인이라는 기록도 있다. 당시 래플즈경은 싱가포르 항구 발전을 위해 아랍 상인들을 유치하려고 부단히 애를 썼다고 한다. 왜냐하면 그들은 예전부터 무역에 능했고, 싱가포르 주변 지역의 말레이인들과는 이슬람교라는 같은 종교를 공유하며 강력한 네트워크를 쌓아왔기 때문이다.

아랍 상인들은 무역 뿐 아니라 부동산 투자에도 탁월한 능력이 있었다. 1930년대에는 아랍인들이 유대인들과 더불어 싱가포르 부동산계의 큰 손이었다고 한다! 알사고프와 마찬가지로 알주니드 가문 역시 많은 부동산을 소유하고 있었으며, 알주니드 마드라사도 알주니드 가문이 남긴 유산 중 하나가 되겠다. 흥미로운 것은 그들이 이슬람교 외 다른 커뮤니티에도 땅을 기부했다는 점이다. 올드시티에서 보았던 세인트 앤드류 대성당과 오늘날 탄톡셍 병원의 전신인 가난한 중국인들을 위한 병원이 대표적인 예이다.

한때 엄청난 부를 누리던 아랍인들은 어떻게 되었을까? 아쉽게도 싱가포르가 전쟁을 겪고 독립을 맞으면서 그들의 부와 영광은 많은 부분 역사 속으로 사라졌다. 고향으로 돌아가지 않고 싱가포르에 남은 아랍인들은 같은 종교를 공유하는 말레이인들과의 결혼을 통해 점차 말레이 커뮤니티에 융화되었다. 그래서 대다수의 아랍인 후손들은 중국계, 말레이계, 인도계, 기타로 나누어지는 싱가포르 인구 구성 중 말레이 민족에 포함된다. 그러나 여전히 캄퐁글람에 건재하는 두 개의 마드라사처럼 아랍인들이 싱가포르에 남긴 문화유산은 앞으로도 싱가포르 역사에 오래도록 기억될 것이다.

Chapter 3

쇼핑 천국 올드 앤 뉴
: 아랍스트리트 vs 하지레인

© 비비시스터즈

젊은이들의 거리 하지레인

여행의 꽃은 쇼핑이라 해도 과언이 아닐 것이다. 여행지만의 독특한 감성이 담긴 소소한 물건들은 훗날 여행을 떠올리게 해주는 소중한 추억이 되곤 한다. 캄퐁글람 속 작은 거리, 아랍스트리트와 하지레인은 이러한 여행자들을 만족시켜주는 완벽한 쇼핑 장소다! 나란히 등을 맞대고 있는 두 거리는 정반대의 매력을 뽐내기에 더욱 흥미롭다. 아랍스트리트에 가면 중동의 어느 도시 속 전통 시장에 와 있는 듯하고, 하지레인에 가면 마치 한국의 가로수길처럼 젊고 트렌디한 감성이 느껴진다. 아마도 이런 서로 다른 매력 덕분에 캄퐁글람은 남녀노소를 불문하고 누구에게나 사랑받는 핫플레이스가 될 수 있는가 보다.

아랍스트리트는 1800년대 초 캄퐁글람에 정착한 아랍인들의 영향으로 형성되었다. 초기부터 주요 쇼핑지로 발전해온 이곳에는 아랍, 중국, 인도, 말레이 상인들이 세계 각지에서 들여온 귀한 물건들로 가득했다고 한다. 지금도 아랍스

아랍스트리트의 원단 가게 　　아랍스트리트의 화려한 램프 가게

트리트에는 한국에서 보기 힘든 이국적인 물건들이 가득한데, 페르시아산 카펫과 컬러풀한 아랍풍 조명은 상인들의 말재간만큼이나 화려하며, 동대문 시장을 떠올리게 하는 원단 가게들은 마치 왕족들이 입어야 할 것만 같은 눈부신 옷감으로 우리의 눈을 휘둥그렇게 만든다. 벌써 한참 된 일이지만 2012년에 방영된 디자이너 선발 프로그램 '프로젝트 런웨이 코리아 시즌4'를 보다가 싱가포르 미션 중 아랍스트리트에서 원단을 사는 장면이 나와 얼마나 반가웠는지 모른다.

아랍스트리트에서 우리가 가장 즐겨 찾는 곳은 바로 '바틱Batik' 집이다. 바틱은 인도네시아와 말레이시아 등지에서 발달한 전통 염색 기법으로 화려하면서도 정교한 무늬가 있는 것이 특징이다. 정교한 무늬를 만들기 위해서는 옷감을 염색하기 전 왁스를 이용하여 그림을 그리거나 도장으로 찍어 반복적인 패턴을 만든다. 그런 다음 염색을 하면 왁스가 묻은 자리는 물이 들지 않고 그대로 남아 세밀한 무늬를 만들 수 있는 것이다. 싱가포르에서도 예전부터 말레이 민족과 페라나칸 민족을 중심으로 많은 사람들이 바틱을 즐겨 입었다. 오늘날 바틱 무늬는 예쁘기로 소문난 싱가포르 항공 승무원 유니폼에서도 볼 수 있다. 세계적인 디자이너 피에르 발망이 전통 의상인 사롱 케바야에서 영감을 받아 디자인했는데, 유니크한 디자인과 바틱 특유의 아름다움 덕분에 한 번을 봐도 기억에 남는다.

우리도 바틱의 매력에 빠져 하나씩 사 모으기 시작한 것이 어느새 서랍 하

© 비비시스터즈

아랍스트리트의 카펫 가게　　　　　　　　　　아랍스트리트의 바틱 가게

나를 가득 채우게 됐다. 특히 캄퐁글람 투어를 준비하면서부터는 꼭 바틱을 입고 투어를 하겠다며 아랍스트리트 구석구석 참 열심히도 찾아 다녔다. 그때의 마음처럼 항상 그러지는 못하지만 가끔 투어 때 바틱 사롱을 입고 등장하면 반응이 뜨겁다. 폭이 좁고 발목까지 내려오는 스커트라 불편하지 않은지 궁금해하시기도 하지만, 다행히도 보기 보다 편하고 시원해서 입을 만하다. 아랍스트리트에는 스커트 외에도 바틱 천으로 만든 셔츠, 가방, 스카프, 쿠션 커버, 손수건 등 다양한 제품을 찾을 수 있으니 취향에 맞게 골라보면 좋겠다.

　아랍스트리트를 지나 하지레인으로 들어서면 순식간에 그 분위기가 180도 달라진다. 컬러풀한 샵하우스마다 개성 넘치는 가게들이 가득하고, 아이들 마저도 사로잡는 귀여운 캐릭터 상품과 장난감, 여행지에서 꼭 입어줘야 하는 동남아시아풍 원피스와 라탄 가방이 우리를 향해 손짓한다. 싱가포르 느낌이 담긴 인테리어 소품과 로컬 디자이너들이 만든 액세서리도 눈길을 끈다. 그리고 아랍스트리트와는 어울리지 않는 비키니 가게와 타투 전문점도 있다. 일반 쇼핑몰에서는 찾기 어려운 디자인이 많아 보물찾기 하듯 가게 하나하나를 꼼꼼히 둘러보는 것이 하지레인 쇼핑의 묘미라 할 수 있겠다.

　'싱가포르에서 가장 힙한 거리' 또는 '패션과 젊음의 거리'라는 화려한 수식어를 자랑하는 하지레인이지만 그 시작은 지금의 모습과는 거리가 아주 멀었다. 하지레인이라는 이름에서 알 수 있듯이 이곳은 하지, 즉 메카 성지순례와 관련

© 비비시스터즈

하지레인의 알록달록한 벽화들

있는 곳이었다. 과거 동남아시아 각지의 순례자들이 메카로 가기 위해 싱가포르로 모였다는 것을 기억할 것이다. 하지레인은 그들이 사우디아라비아로 떠나기 전에 머무르던 여인숙이 모여 있던 곳이었다. 여기에는 그저 배 시간을 맞추기 위해 미리 도착해서 짧게 머무는 사람들도 있었지만, 일찍부터 싱가포르에 건너와 일을 하며 하지 여행 비용을 모았던 장기 투숙자들도 있었다고 전해진다.

그러던 하지레인이 어떻게 힙한 패션의 거리로 바뀔 수 있었을까? 그 시작은 2005년 패션 브랜드 꼼데가르송이 하지레인에 1년간 팝업스토어를 열면서부터다. 1990년대까지만 하더라도 하지레인은 아랍스트리트와 별반 다르지 않은 모습이었다고 한다. 그러나 이 팝업스토어가 생기면서 주변에 옷 가게나 소품 가게, 카페 등이 하나 둘씩 들어서기 시작한 것이다. 현재는 오히려 꼼데가르송 같은 유명 브랜드 상점을 찾아볼 수 없지만, 하나의 팝업스토어가 지역 상권과 분위기를 완전히 바꿔 놓았다는 점이 꽤 흥미롭다.

쇼핑 외에도 하지레인에 꼭 가봐야 하는 이유는 또 있다. 바로 샵하우스 곳곳에 그려진 벽화다. 이 벽화들은 주인장의 감성과 가게의 개성을 고스란히 드러내며 하지레인만의 독특한 분위기를 자아낸다. 확실한 것은 이곳의 벽화를 배경으로 사진을 찍으면 모두가 인생샷이 된다는 점이다! 그 사실을 잘 아는 우리

© 비비시스터즈

(위)흥이 넘치는 하지레인의 밤, (아래)젊은이들의 거리 하지레인

는 하지레인만 오면 꼭 사진을 찍어야 한다고 목청껏 강조한다. 평소 사진을 잘 안 찍으시는 분들도 반신반의하며 한두 장 찍었다가 생각 외로 잘 나온 사진에 세상 행복해하시는 모습을 많이 보았다.

어둠이 내린 하지레인은 낮 시간과는 또 다른 매력을 뿜어낸다. 사진 찍는 사람들로 분주했던 골목길에는 어느새 테이블이 하나 둘씩 들어서고, 벽을 가득 메우고 있던 벽화들은 어둠 속으로 사라지고 화려한 조명이 그 자리를 대신한다. 주말이면 종종 라이브 공연도 펼쳐지는데, 시원한 밤 바람을 맞으며 음악과 함께 하는 차가운 맥주 한잔, 이보다 완벽한 하루의 마무리가 또 있을까? 열대 싱가포르의 밤에 취해 기분 좋게 하루의 피로를 풀어보자.

Chapter 4

시선을 사로잡는
감각적인 디자인의 현대 건물

▌ 파크뷰 스퀘어 Parkview Square

ⓒ 비비시스터즈

파크뷰스퀘어 건물 전경

캄퐁글람에서 사람들이 가장 궁금해하는 건물은 무엇일까? 아쉽게도 술탄 모스크도 아니고, 말레이 헤리티지 센터는 더더욱 아니다. 문화유산 보존지구로 지정되어 낮은 샵하우스 건물이 주를 이루는 캄퐁글람에 존재감을 과시하며 우뚝 서 있는 고층 건물, 파크뷰 스퀘어가 바로 그 주인공이다! 아트데코 양식의 이 건물은 영화 배트맨의 배경인 고담시티와 닮아서 싱가포르 사람들은 '고담 빌딩' 또는 '배트맨 빌딩'이라고도 부른다. 그 디자인이나 분위기로 볼 때 굉장히 오랜 역사를 자랑할 것처럼 보이지만 사실은 2002년에 생긴 신상 건물로, 대만 출신의 부동산 재벌 차오푸Chyau Fwu 그룹의 창립자 C.S Hwang이 고인이 되기 전 마지막 프로젝트로 지은 것이라 한다.

갈색 계열의 화강암이나 동 같은 묵직하고 웅장한 느낌의 건축 자재가 돋

파크뷰 스퀘어 내 아틀라스 바 내부 모습

보이는 파크뷰 스퀘어는 당장 뉴욕 번화가 속 빌딩 숲에 옮겨 놓아도 전혀 이질 감이 없을 듯하다. 그도 그럴 것이 이 건물은 뉴욕의 랜드마크 중 하나인 맨해 튼 렉싱턴 애비뉴의 채닌빌딩Chanin Building(1929년 완공)에서 영감을 받아 디자인 되었기 때문이다. 싱가포르의 풍수지리 전문가들은 이 건물에 화강암을 주로 쓴 이유가 따로 있다고들 한다. 바로 옆에 있는 '더 게이트웨이The Gateway, 올드시티 편에 수록)' 건물이 꼭 칼처럼 날카로워 금속의 기운이 강한데, 흙의 기운이 강 한 화강암은 이를 상쇄해줄 수 있다고 말이다. 그 이유가 무엇이든지 간에 우리 로서는 서로 다른 매력의 감각적인 두 현대 건물을 가까이서 함께 감상할 수 있 다는 것이 그저 고마울 뿐이다.

파크뷰 스퀘어는 건물 자체도 하나의 예술 작품 같지만 내부로 들어가면 실제로 세계 유명 작가들의 예술 작품을 만날 수 있다. 3층 파크뷰 뮤지엄Parkview Museum에는 종종 굵직한 국제 컨템포러리 아트 전시가 있어 들러볼 만하다. 이 뮤지엄은 차오푸 그룹 창립자의 아들이자 홍콩 기반 사업가, 조지 윙George Wong 이 문을 열었는데, 그는 전 세계에서 살바도르 달리의 작품을 가장 많이 소장하 고 있는 예술 애호가로도 유명하다. 하나의 야외 미술관과 같은 정원에는 그가 소장한 달리의 작품 중 하나인 '달팽이 여왕Snail Queen', 그리고 보트키에서 보았

살바도르 달리의 달팽이 여왕(Snail Queen)

페르난도 보테로의 드레스드 우먼(Dressed Woman)

던 조각상 '새'의 작가인 페르난도 보테로의 '드레스드 우먼Dressed Woman' 등 흥미로운 작품들이 가득하다.

그러나 파크뷰 스퀘어를 진정한 핫플레이스로 만든 것은 1층 로비의 '아틀라스 바Atlas Bar'다! 아틀라스 바는 2019년 세계 50대 베스트 바World's 50 Best Bars 2019에서 당당히 8위를 차지했으며, 아시아에서는 무려 1위로 선정됐다. 대체 어떤 점이 그렇게 특별한 걸까? 우선 이 건물을 대표하는 아트데코 스타일의 고풍스러운 인테리어가 한 몫 단단히 한다. 어떤 사람들은 영화 '위대한 개츠비'에 나오는 1920년대 뉴욕의 파티 장면이 떠오른다고도 하는데, 그만큼 높은 천장과 벽면을 장식하는 예술 작품들은 웅장한 공간 속에 우아함을 더해준다. 또한 중앙에 있는 8미터 높이의 '진 타워'는 그 규모와 아름다움에 절로 탄성이 터져 나온다. 여기에는 무려 100년 이상의 역사를 자랑하는 진gin을 포함하여 1400종이 넘는 진 컬렉션이 있다고 한다! 주문이 들어오면 바텐더는 사다리를 타고 올라가 병을 가지고 내려오는데 그 모습 자체가 하나의 퍼포먼스가 된다. 빈티지 진이 부담스럽다면 진 베이스의 칵테일도 좋고 애프터눈 티나 가볍게 커피 한잔도 가능하니 마음 편히 즐겨보자.

▌ 듀오 DUO

고풍스러운 느낌의 파크뷰 스퀘어 뒤편으로는 마치 이차원처럼 보이는 날

럽한 '더 게이트웨이' 건물과 함께, 또 하나의 독특한 디자인을 한 초현대식 건물이 서 있다. 듀오라는 이름의 이 컴플렉스는 쌍둥이처럼 서로 닮은 두 개의 타워로 구성되어 있으며, 각 타워는 수백 개의 육각형 프레임들로 덮여 있어 마치 거대한 벌집을 연상케 한다. 파크뷰 스퀘어와는 전혀 다른 상반된 디자인을 하고 있지만 멀리서 바라보면 듀오의 두 타워가 파크뷰 스퀘어를 둥근 커브 모양으

© 비비시스터즈

듀오 전경

로 감싸고 있는 모양새라 따로 동떨어져 있다기 보다는 묘하게 연결되어 있는 느낌을 준다.

듀오라고 하면 낯선데 둘 중 하나가 싱가포르에 새로 생긴 안다즈 호텔 건물이라고 하면 조금 친숙하게 느껴진다. 재미있게도 안다즈 호텔 로비는 25층에 있고, 그 아래층은 오피스로 이용하고 있다. 호텔이 25층부터 시작되는 셈이라 로비 찾기가 어려울 수도 있지만, 대신 모든 객실이 높은 층에 위치하여 좋은 뷰를 확보할 수 있었다. 시내와 가까워 접근성도 좋고, 부기스 MRT역과 지하로 바로 연결되어 교통도 편리한 것이 큰 장점이다. 참고로 듀오를 이루는 또 다른 타워는 고급 아파트다.

종종 쌍둥이로 불리는 두 타워는 확실히 일란성은 아닌가보다. 얼핏 비슷해 보이지만 사실은 높이도 다르고 모양도 다르다. 그렇지만 함께 놓고 보면 희한하게도 둘이 꼭 맞춰질 듯 어우러진다. 문득 어떤 건축가의 작품인지 궁금해진다. 듀오는 독일 출신 건축가 올레 스히렌Ole Scheeren의 작품으로 말레이시아와 싱가포르 두 나라의 합작 투자사인 M+S가 지었다. 올레 스히렌은 북경의 랜드마크인 CCTV 본사와 텔레비전 문화 센터를 디자인한 것으로 유명하며, 싱가포르

(왼쪽 위)미스터 스톡에서 내려다 본 캄퐁글람 전경, (오른쪽 위)미스터스톡 루프탑바, (아래)미스터 스톡에서 내려다 본 마리나베이 뷰

에서는 레고 블록을 쌓은 듯한 독특한 디자인의 아파트, 인터레이스The Interlace(센토사 편에 수록)를 지으며 이름을 알렸다. 그는 듀오가 두 나라의 합작품인 만큼 둘의 유대관계를 상징적으로 표현하는데 가장 중점을 두었다고 한다. 두 나라를 상징하는 두 건물이 닮은 듯하면서도 개성이 느껴지고, 다이내믹한 조화를 이루는 모습이 긍정적인 평가를 받고 있다. 어느 쪽이 싱가포르고 어느 쪽이 말레이시아인지 끝내 밝혀지지 않았지만 가장 중요한 것은 듀오라는 이름처럼 둘의 조화가 아닐까.

최근 인기 호텔로 떠오르는 안다즈 호텔은 하얏트의 럭셔리 라이프 스타일 브랜드로 고객 맞춤형 서비스를 자랑하는 곳이다. 지은 지 얼마 되지 않아 객실도 깨끗하고, 고급스러우면서도 캐주얼한 분위기로 인기를 얻은 듯하다. 39층에는 미스터 스톡Mr Stork이라는 루프탑 바가 있는데, 아직까지는 관광객들에게 덜 알려진 곳이라 퇴근 후 들르는 현지인들이 많은 편이다. 마리나베이 야경도 아름답지만 부기스와 캄퐁글람을 한 눈에 내려다볼 수 있어 캄퐁글람 여행을 마무리하기에도 참 좋은 곳이다.

EAT PLAY SHOP

– 로컬처럼 먹고 즐기고 쇼핑하라

EAT 잠잠 Zam Zam

: 697-699 North Bridge Rd, Singapore 198675

© Orderinchaos

현지식 술탄 모스크 뒤에 위치한 잠잠 식당은 100년 이상의 역사를 가진 무르타박 맛집이다. 무르타박(Murtabak)은 밀가루 반죽을 얇게 펴서 달걀, 양파, 고기 등의 소를 채우고 바삭하게 구운 다음 매콤한 커리 소스에 찍어 먹는 별미 요리다. 닭고기, 양고기 등 원하는 고기를 선택할 수 있으며 달콤한 음료와 함께 먹으면 단짠의 조화가 좋다. 중간 사이즈 하나면 둘이 나눠 먹을 수 있을 정도로 푸짐하고 가격도 착해 만족도가 높다.

EAT 블랑코 코트 프론미 새우국수 Blanco Court Prawn Mee

: 243 Beach Rd, #01-01, Singapore 189754

현지식 여행자들의 입소문을 타며 명실상부 하지레인의 공식 맛집이 된 이곳은 저렴한 가격에 호불호 없는 맛으로 점심시간이면 늘 사람들로 붐빈다. 구수하면서도 달큰한 진한 새우 국물은 여행의 피로를 풀어주고, 입맛에 따라 동남아식 매운 고추 다진 것을 넣으면 칼칼하게 즐길 수도 있다. 토핑은 취향에 따라 새우나 돼지고기 중 골라 먹을 수 있으며, 일반 새우보다 큰 점보 새우도 선택이 가능하다.

EAT PLAY SHOP
– 로컬처럼 먹고 즐기고 쇼핑하라

EAT 캄퐁글람 카페 Kampong Glam Café
: 17 Bussorah St, Singapore 199438

현지식 캄퐁글람을 대표하는 식당으로 매일 오전 8시부터 다음날 새벽 2시까지 영업하여 관광객들 뿐 아니라 현지인들도 즐겨 찾는다. 밤에는 가성비 좋은 야식을 찾는 로컬 젊은이들로 붐비지만, 할랄 식당인 만큼 술은 팔지 않는다. 실패 없는 나시고랭(볶음밥)도 좋지만, 나시르막이나 말레이식 커리 국수인 미 레부스(Mee Rebus)에도 도전해보자.

EAT 루마 마칸 미낭 Rumah Makan Minang
: 18 & 18A Kandahar St, Singapore 198884

현지식 인도네시아 전통 음식인 나시파당 전문점으로, 밥과 함께 원하는 반찬을 골라 먹는 재미가 있다. 갈비찜과 비슷한 이 집의 비프 렌당(beef rendang)은 다른 곳과는 달리 매콤해서 우리 입맛에 잘 맞으며, 가지 볶음, 오징어 볶음, 모닝글로리 등 맛있는 반찬이 너무 많아 실패할 걱정이 없다. 반찬 서너 가지를 고르면 10불 정도로 배불리 먹을 수 있다.

EAT 알라투르카 레스토랑 Alaturka Mediterranean & Turkish Restaurant

: 15 Bussorah St, Singapore 199436

터키식 캄퐁글람에는 중동 식
당이 참 많은데 알라투르카 레
스토랑은 맛과 서비스가 괜찮
아 현지인들도 즐겨 찾는다. 갖
가지 고기를 양념해서 불맛 나
게 구운 케밥이 대표적이며 얼
굴만한 크기로 부풀어 오른 빵
을 병아리콩 후무스에 찍어 먹
는 것도 맛있다. 최근 한국에서
핫한 중동식 달콤한 치즈 디저
트 쿠나파와 쌉싸름한 터키식
커피 조합도 별미다.

EAT % 아라비카 커피 % Arabica Coffee

: 56 Arab St, Singapore 199753

카페 아라비카 커피는 퍼센트(%) 모
양의 로고 때문에 한국에서는 종종
'응커피'라는 애칭으로 불리는 커피
전문점이다. 일본 교토에서 시작되어
최근 싱가포르에도 들어왔는데, 아랍
스트리트 지점이 싱가포르 1호점이
다. 라떼가 가장 유명한데, 진한 원두
향에 고소한 우유 맛이 더해져 인생
라떼로 꼽는 이들도 많다. 다만 매장
이 넓지 않으니 참고하자.

EAT PLAY SHOP
– 로컬처럼 먹고 즐기고 쇼핑하라

PLAY 글람 갤러리 Gelam Gallery
: Muscat St & Baghdad St

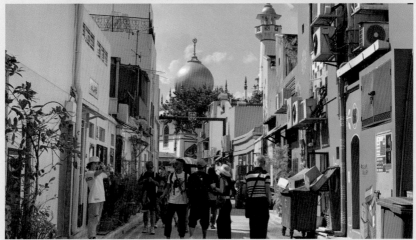

글람 갤러리는 2019년에 새로 생긴 싱가포르 최초의 야외 갤러리로, 샵하우스 뒷골목을 컬러풀한 아트 전시장으로 탈바꿈한 새로운 핫플레이스다. 싱가포르 및 해외 아티스트와 로컬 예술학교 졸업생들이 제작한 30점 이상의 벽화 작품을 감상할 수 있으며, 작가들의 다양한 배경만큼이나 각자의 개성이 뚜렷이 드러난다. 무스캇 스트리트와 바그다드 스트리트에 위치해 있으며, 벽화와 함께 사진을 남기다 보면 시간 가는 줄 모르고 즐길 수 있을 것이다.

ⓟⓁⓐⓎ 빈티지 카메라 뮤지엄 Vintage Camera Museum

: 8C & 8D Jalan Kledek, Singapore 199263

카메라 모양 파사드로 호기심을 자아내는 이곳은 싱가포르 최초이자 유일한 카메라 박물관이다. 박물관은 관장의 개인 소장품으로 꽉 채워져 있는데 1800년대의 카메라부터 무려 1,000대 이상의 카메라를 볼 수 있고, 스파이들이 썼을 법한 지팡이 카메라, 권총 카메라, 실제 세계 대전 중 쓰였던 비둘기에 부착하여 쓰는 카메라 등 독특한 카메라도 있다. 성인 20불, 아동 15불의 입장료가 있으며 사진과 카메라를 사랑하는 사람들에게 추천한다.

© vintagecamerasmuseum

ⓈⒽⓄⓅ 토코 알주니드 Toko Aljunied

: 91 Arab St, Singapore 199787

아랍스트리트에 위치한 바틱 전문점으로 현지인들도 즐겨 찾는 유명한 집이다. 바틱 제품과 함께 페라나칸 여인들이 즐겨 입었던 케바야 블라우스도 전문으로 판매한다. 입구에 전시된 화려한 색깔과 무늬의 바틱 사롱과 우아한 레이스 케바야 세트를 보면 발길을 멈추지 않을 수 없다. 바틱 천으로 만든 원피스나 바지, 가방, 아이용 옷과 작은 소품, 액세서리도 있으니 찬찬히 둘러보면서 나만의 바틱 기념품을 찾아보자.

EAT PLAY SHOP
– 로컬처럼 먹고 즐기고 쇼핑하라

(SHOP) 자말 카주라 아로마틱 Jamal Kazura Aromatics
: 21 Bussorah St, Singapore 199439

캄퐁글람에만 무려 3개의 지점이 있는 자말 카주라 아로마틱은 1933년에 시작된 전통 있는 향수 가게다. 알콜이 들어가지 않은 오일 베이스의 향수만을 판매하는데, 알콜을 쓸 수 없는 무슬림들이 주 고객이지만 피부에 자극이 적은 향수를 찾거나 독특한 기념품을 찾는 사람들에게도 인기를 얻고 있다. 백여 가지가 넘는 향이 있으므로 충분히 시향을 해보고 고르는 것이 좋다. 향수를 담는 중동 스타일의 예쁜 유리병도 따로 판매한다.

(SHOP) 휘게 HYGGE
: 672 North Bridge Rd, Singapore 188803

덴마크어로 편안함, 아늑함을 뜻하는 '휘게'라는 이름의 가게에는 그 이름처럼 편안하고 아늑한 소품과 액세서리로 가득하다. 싱가포르인 부부가 운영하는 곳으로, 하지레인 가게들 중에서도 눈에 띄는 예쁜 외관만큼이나 예쁜 물건들이 가득하다. 포인트 주기 좋은 핸드메이드 쥬얼리와 싱가포르를 테마로 한 컵 받침, 테이블 매트, 에코백 등이 눈길을 끈다.

PART 8

싱가포르 속
작은 인도 여행
리틀인디아

리틀인디아

컬러풀한 리틀인디아 거리 풍경

　벌써 십 년도 훨씬 더 된 일인가 보다. 싱가포르 여행을 위해 샀던 가이드북을 보다 리틀인디아에 꼭 가 보리라 다짐했던 것이 말이다. 책 속에는 화려한 관광지도 많았지만 묘하게도 신비로운 힌두 사원과 리틀인디아의 이색적인 거리 풍경이 유독 매력적으로 다가왔다. 싱가포르에 내리자마자 알고 지내던 현지인 친구에게 리틀인디아에 가겠다 하니 대번 눈이 똥그래졌다. 말은 아꼈지만 그녀의 눈은 분명 거길 꼭 가야 하겠냐고 말하고 있었다. 리틀인디아에 다녀온 후에야 그녀의 반응이 이해가 됐다. 익숙지 않은 무더위 속에서 향신료 냄새와 싸우며 골목을 헤매야 했고, 어렵게 찾은 힌두 사원에서는 무수한 궁금증만 남긴 채 허탈하게 나와야 했다. 이런 기억 때문이었는지 싱가포르에 살면서도 리틀인디아에는 가끔 인도 음식이나 먹으러 갈 뿐 자주 찾지 않았다. 한국 여행자들도 우리와 비슷한 마음이었을까, 여행 정보가 넘쳐나는 요즘에도 리틀인디아는 호불호가 극명하게 갈리는 곳이 되었다.

　그러나 투어를 준비하면서 어느새 리틀인디아는 우리가 격하게 아끼는 동네가 되어 있었다. 그리고 분명 여행자들의 마음을 빼앗는 매력적인 여행지가 될 수 있겠다는 확신이 생겼다. 우선 리틀인디아에서는 누구나 궁금하지만 아직은 생소한 인도 문화를 안전하고 편안하게 즐길 수 있다. 아무리 해외여행이 쉬워졌다 해도 인도는 여전히 큰맘 먹고 떠나야 하는 곳이 아닌가. 또한 싱가포르 인구 중 인도계는 약 9%(2020)로 그 수는 적지만, 그들의 전통 문화를 지키며 살아가기에 볼거리도 풍성하다. 게다가 이제는 세월이 흘러 구글맵이라는 든든한 아이템도 생겼다. 예전처럼 좁은 골목을 헤맬 가능성은 확 줄어들었다는 얘기다.

　그렇다면 리틀인디아는 어떻게 시작되었을까? 래플즈경의 타운 플랜을 떠올려 볼 차례다. 타운 플랜 속 최초의 인도인 거주지는 차이나타운과 맞닿아 있었는데, 싱가포르에서 가장 오래된 힌두 사원인 스리 마리암만 사원이 차이나타운에 있던 이유가 바로 여기에 있다! 이름은 리틀인디아가 아닌 '캄퐁 출리아Campong Chulia'로 되어 있는데, 캄퐁은 알다시피 마을을 의미하고, 출리아는 인도 남동 지역에서 온 인도인들을 뜻한다. 인도 남동부 출신을 보통 타밀이라 하고, 타밀 중에서도 이슬람교를 믿는 무슬림들을 출리아라 하는 것이 일반적이나, 여기서는 특별한 구분 없이 인도인 거주지를 캄퐁 출리아로 표기한 듯하다.

　당시 인도인들 중에는 소나 버팔로를 키우는 사람들이 많았다. 그러나 항구가 커지고 인구가 늘어나면서 이들은 교외로 떠날 수밖에 없었다. 이들은 지금의 리틀인디아를 관통하는 세랑군 로드Seranggoon Road에 정착했다. 왜냐하면 두 개의 강이 흐르고 있어 물도 풍부했고 넓은 목초지가 있어 소를 치기에 좋은 조건을 갖추고 있었기 때문이다. 목축업이 자리를 잡자 관련업 종사자들도 이주해왔다. 그리고 주거지와 상가가 들어서면서 마을이 형성되었다. 도시화로 목축업은 자취를 감췄지만 1989년 문화유산 보존지구로 지정되면서 인도계 사람들의 삶과 문화를 경험할 수 있는 특색 있는 지역으로 발전할 수 있었고, 리틀인디아

© 비비시스터즈

리틀인디아 전경

라는 예쁜 이름도 생겼다.

　리틀인디아는 처음부터 계획적으로 건설된 마을이 아니고, 사람들이 살기 좋은 곳을 찾아 자연스레 형성된 마을이라는 점에서 올드시티나 차이나타운, 캄퐁글람과는 그 성격을 달리한다. 그래서 얼핏 보면 복잡하고 무분별해 보여도 그만큼 사람 사는 냄새가 느껴지는 정겨운 동네이며, 싱가포르 현지인들의 일상을 가까이서 경험할 수 있는 곳이다. MRT를 이용한다면 리틀인디아나 패러파크 역에 내리면 된다. 역을 나서자 마자 진한 꽃향기와 톡 쏘는 커리 냄새가 코를 찌른다면 제대로 도착한 것이다. 아직 많은 여행자들의 발길이 닿지 않은 싱가포르 속 작은 인도, 리틀인디아로 용기 있게 떠나보자.

Chapter 1

힌두교와 인도 문화에 빠져보는 시간
: 리틀인디아 역 일대

스리 비라마칼리암만 사원 Sri Veeramakaliamman Temple

● 이용시간 : 오전 시간을 추천(보통 오후 12시 이후부터 4시 사이에는 입장이 제한된다)
● 입장료 : 없음
● 주의사항 : 사원 내부 입장시 신발은 벗어 두고, 어깨와 무릎을 가리는 옷을 입는다.
　　　　　　사원 앞에서 긴 치마와 숄을 무료로 대여할 수 있다.

© 비비시스터즈

스리비라마칼리암만 사원 전경

리틀인디아에 가기로 마음 먹었다면 힌두 사원은 필수적으로 가줘야 한다. 힌두교는 대다수의 인도인들이 따르는 종교이면서도 그들의 일상과 떼려야 뗄 수 없는 오랜 삶의 방식이기에 힌두 사원이야 말로 인도 문화를 진하게 경험할 수 있는 곳이라 하겠다. 사원에 가는 날은 아침 일찍 서두르는 것이 좋다. 오후에는 문을 닫는 곳도 많은데다가, 신자들이 모이는 오전 시간에 가야 그 분위기를 더 잘 느낄 수 있다.

리틀인디아를 대표하는 스리 비라마칼리암만 사원은 세랑군 로드 위에 있다. 세랑군 로드를 따라 걷다 보면 컬러풀한 사리Sari를 곱게 차려 입은 여인들과 이마 가운데 빨갛고 하얀 점을 찍은 신자들이 하나 둘씩 보이기 시작하고, 신께 바치는 향기로운 꽃 목걸이를 만들어 파는 분주한 노점상들도 눈에 띈다. 그리고 저 멀리 수많은 힌두 신들로 화려하게 장식된 고푸람이 보인다면 제대로 찾은 것이다. 멀리서도 한 눈에 보이는 높은 고푸람을 세운 옛 사람들의 지혜가 힘을 발휘하는 순간이다!

그런데 고푸람에 새겨진 신들을 바라보고 있노라면, 힌두교에는 왜 이렇게 많은 신이 있을까 하는 의문이 생긴다. 힌두교는 고대부터 전해오던 브라만교와 인도 토착의 민간신앙이 융합되어 탄생한 종교로, 애초에 수많은 신과 여러 사상을 포괄하는 복잡한 믿음이 모인 데다 뚜렷한 창시자나 특정 교단 조직도 없어 이해하기 어려운 것이 사실이다. 그러나 가장 일반적으로 알려진 설명에 따르면, 힌두교의 수많은 신들 위에는 모든 존재의 근원이자 우주를 유지하는 신성한 존재 '브라만'이 있다고 한다. 브라만은 감히 인간이 이해할 수 없으며 형태가 없이 개념으로만 존재하기에 때때로 다양한 모습으로 나타난다. 그 중에서 한번쯤은 이름을 들어보았을 브라흐마, 비쉬누, 시바는 흔히 힌두교의 3대신으로도 알려진 주요 신들이다. 이들에게는 우주의 질서 유지를 위한 각각의 역할이 있는데 브라흐마는 세상의 창조, 비쉬누는 보존, 시바는 파괴를 맡고 있다. 이들은 배우자와 자녀도 있으며, 종종 아바타라 불리는 화신으로도 나타나기 때문에 힌두교에는 많은 신들이 있을 수밖에 없다. 그러나 그 신들이 브라흐마, 비쉬누, 시바 중 어느 계열인지를 파악해보면 그들의 특성을 이해하는데 큰 도움이 된다.

사원으로 들어가는 문은 멀리서 보면 보통의 문과 크게 다르지 않아 보이지만, 막상 그 앞에 서면 그 크기가 엄청남을 느낄 수 있다. 마치 신을 마주하기 전, 인간이 신 앞에 얼마나 작은 존재인지 일깨워주는 듯하다. 그 큰 문에는 군데군데 작은 종들이 달려 있는데 신자들은 내부로 들어가기에 앞서 종을 울린다. 신께 내가 왔음을 알리는 종소리다. 어떤 이들은 입구 계단에 입을 맞추기도

고푸람에서 볼 수 있는 무시무시한 칼리 여신의 모습

한다. 사원 앞에서부터 사뭇 진지해진 그들의 모습에 우리도 함께 경건해진다.

스리 비라마칼리암만 사원 안에는 어떤 신이 있을까? 사원 이름에서 알 수 있듯이 이 사원의 주요 신은 '칼리Kali'라는 이름의 여신이다. 파괴의 신인 시바 신의 아내로, 그 모습이 매우 강렬하다. 검은 얼굴에는 피가 군데군데 묻어 있고 혀가 입 밖으로 쑥 튀어나와 있으며, 목에는 해골을 목걸이처럼 걸고 손에는 잘린 머리를 움켜쥐고 있다. 칼리 여신을

(왼쪽)스리 비라마칼리암만 사원 내부의 가네샤 신, (중간, 오른쪽) 리틀인디아 거리 곳곳에서 볼 수 있는 가네샤 신상

처음 보았을 때 그 섬뜩한 모습에 마치 죄 지은 사람처럼 괜스레 똑바로 처다보기도 힘들었던 기억이 아직도 생생하다. 힌두교 신자들은 칼리 여신이 시바 신처럼 악과 무지를 파괴하고 세상의 질서를 유지하며 그녀의 추종자들을 보호한다고 믿는다.

그렇다면 왜 칼리 여신이었을까? 힌두교의 수많은 신들 중 어떤 신을 섬기느냐는 사람들의 삶과 밀접한 관련이 있다. 싱가포르로 건너 온 초기 인도 이민자들은 고향을 떠나 새로운 땅에서 힘들게 적응해야 했고, 열심히 일해서 살아남아야 했다. 이러한 고된 생활 속에서 세상의 악과 질병, 불운을 쫓고 마치 강한 어머니처럼 신자들을 보호해주는 칼리 여신을 섬기게 된 것은 어쩌면 당연한 것이 아닐까. 이 사원은 싱가포르 최초로 칼리 여신을 모신 곳으로 1855년 지금의 자리에 작은 사당으로 시작하여 현재까지 그 역사를 이어왔다.

칼리 여신은 본당 중앙에 자리하고 있으며, 양쪽으로는 든든한 두 아들, 가네샤 신과 무루간 신이 함께한다. 두 아들 모두 신자들의 사랑을 받고 있지만, 특히 코끼리 머리를 하고 있어 한 번 보면 절대 잊혀지지 않는 가네샤 신은 슈퍼스타 급 인기를 누리고 있다해도 과언이 아니다! 가네샤 신이 큰 사랑을 받는 이유는 무엇일까? 귀여운 외모도 한몫 하지만, 무엇보다 긴 코로 우리 앞을 가로막는 장애물을 없애주는 능력이 있다고 알려져 있기 때문이다. 그래서 사업가나 학생들 사이에 특히 인기가 많으며, 리틀인디아의 가게들을 봐도 가네샤 신상을 모셔 둔 경우가 많다. 투어 중 한번은 가네샤 신 이야기를 들으시고는 가네샤 신상을 구하고 싶다는 분이 계셨다. 이제 막 사업을 시작한 분이셨는데, 마음에 드

스리비라마칼리암만 사원 내부

는 가네샤 신상을 찾으시고는 기분 좋게 가셨다. 모쪼록 가네샤 신의 도움으로 번창하시길!

　종교는 달라도 무언가를 위해 간절히 기도하는 사람들을 보면 마음이 편안 해진다. 승려들은 활활 타오르는 램프를 들고 신자들 사이를 오가고, 신자들은 그 불이 뜨겁지도 않은지 손을 가져다 댄 후 눈과 머리를 쓸어 내린다. 간절한 바람이 담긴 기도 종이와 꽃 목걸이를 승려들에게 건네면, 승려들은 정성스레 염불을 외며 신께 바친다. 그리고는 신자들에게 돌아와 이마 가운데 점을 찍어 준다. 이 표식을 보통 '틸라크Tilak'라고 하는데 신의 축복을 상징한다. 어쩐지 틸 라크를 받은 얼굴 속에 환한 기쁨이 느껴진다.

　이들의 간절한 마음이 우리에게도 전해지는 걸까, 가끔은 기도에 직접 참여 해보고 싶다는 분들이 계신다. 어느 날은 안내를 해드리며 옆에 서 있다가 얼떨 결에 같이 틸라크를 받은 적이 있다. 그리고는 사원을 나와 리틀인디아 곳곳을 다니는데 다들 틸라크를 한 눈에 알아보고 친근하게 반겨 주는 것이 아닌가! 신 의 축복을 받은 덕분이었을까 어쩐지 이들과 한 걸음 더 가까워진 기분이었다. 어찌 보면 우리네 사는 모습은 크게 다르지 않기에 좀 더 마음을 열어 본다면 낯 선 힌두 사원도 좀 더 가깝게 경험해볼 수 있을 것이다.

인디언 헤리티지 센터 Indian Heritage Centre

● 이용시간 : 화-일 오전 10시 ~ 오후 7시, 월요일 휴무, 일요일 및 공휴일은 4시까지 오픈
● 입장료 : 성인 8불, 학생 및 60세 이상 5불
● 홈페이지 : https://www.indianheritage.org.sg/en

인디언 헤리티지센터 밤

헌두 사원을 보고 인도계 이민자들의 스토리가 궁금해졌다면 리틀인디아 속 작은 박물관, 인디언 헤리티지 센터로 발걸음을 옮겨보자. 2015년에 새롭게 문을 연 이곳은 약 200년 전부터 현재까지 싱가포르에 건너와 정착한 인도계 이민자들의 역사와 문화, 그리고 그들이 남긴 발자취를 다양한 유물을 통해 깊이 있게 배울 수 있는 곳이다. 규모는 작지만 마치 리틀인디아 속 오아시스처럼 복잡한 거리에서 벗어나 즐겁고 알차게 리틀인디아를 경험할 수 있어 좋다. 역사에 관심이 많거나 더위에 쉽게 지칠 수 있는 아이들과 함께하는 여행자들에게 특히 추천하고 싶다.

인디언 헤리티지 센터는 낮은 샵하우스가 즐비한 리틀인디아에서 머리 하나 툭 튀어 나온 듯한 현대식 건물을 찾으면 된다. 4층 건물 한쪽 면은 전체가 통유리창으로 되어 있는데, 얼핏 다이아몬드처럼 보이는 육각형 창틀이 반복적인 패턴을 이루고 있어 독특하다. 현대적인 외관 때문에 주변 건물들과 어울리지 않는다며 비판을 받기도 했으나 우리가 몰라봤을 뿐, 이 건물은 인도 전통의

인도의 전통 계단식 우물, 아바네리의 찬드 바오리   인디언 헤리티지센터 낮

계단식 우물, 바오리haori에서 영감을 받아 디자인되었다고 한다. 예로부터 건조한 기후로 물이 귀했던 인도에서는 깊은 우물을 만들고 물을 길으러 내려가는 길을 계단으로 연결했다. 여러 개의 계단이 대칭을 이루며 만들어내는 패턴을 건축가는 현대 건물 속 유리창으로 형상화한 것이다. 이 창은 낮에는 거울처럼 리틀인디아를 품고 있고, 밤에는 랜턴처럼 리틀인디아를 환하게 비춘다. 밤에는 유리창 안쪽을 장식하고 있던 컬러풀한 그림들이 빛을 받아 장관을 이루는데 낮과는 전혀 다른 모습으로 매력적이다.

건물 디자인에 대한 이야기는 이쯤 해두고 박물관 안으로 들어가보자. 상설전시관은 3층과 4층에 있는데, 4층부터 관람을 시작하여 3층으로 내려오는 식으로 짜여져 있다. 4층까지 어떻게 올라가나 걱정할 필요는 없다. 1층에서 티켓을 구입하면 한 번에 20명도 훨씬 넘게 탈 수 있는 널찍한 엘리베이터로 금세 4층까지 올라간다. 4층 전시실 끝에는 3층으로 내려가는 계단이 있는데, 이곳은 우리가 인디언 헤리티지 센터에서 가장 좋아하는 공간이다. 왜냐하면 계단이 밖에서 보았던 통유리창과 맞닿아 있어서 탁 트인 창을 통해 내려다보는 리틀인디아 풍경이 참 예쁘기 때문이다. 나란히 줄지어 서 있는 샵하우스의 오렌지색 지붕들과 인도 전통 의상을 입은 거리의 사람들, 쇼핑을 즐기는 관광객들이 한데 어우러져 리틀인디아만의 생동감 넘치는 풍경이 펼쳐진다.

옛 불상과 힌두 신상, 값진 장신구들 중 4층의 하이라이트는 단연 3.4미터 높이의 나무 문이다. 전시실에서 가장 큰 유물인 이 문은 나무를 아주 세밀하게 깎아서 만들었는데, 가까이서 보면 5,000개가 넘는 작은 조각상이 새겨져 있어 그 섬세함에 감탄이 나온다. 이 문은 19세기 말 인도 남부 타밀나두 주의 체티

나드 지역에서 만들어졌다. 당시 싱가포르에 는 체티나드 출신 사람들이 많이 건너왔는데, 대부분 채티아라는 직업을 갖고 있었다. 아마 도 싱가포르 강변 편에서 채티아가 등장하는 조각 작품을 본 것이 어렴풋이 떠오를 것이다. 채티아들은 대부업으로 많은 돈을 벌었지만 아주 검소한 생활을 하며 번 돈의 대부분은 고 향의 가족들에게 보냈다. 이 화려한 문은 당시 채티아들이 축적했던 엄청난 부와 함께, 활발 했던 무역 상황을 떠올리게 해준다.

인디언 헤리티지 센터의 하이라이트. 체티 나드 지방의 문

3층에서는 본격적으로 싱가포르에 정착한 인도계 이민자들의 스토리를 들 을 수 있다. 세인트 앤드류 대성당을 포함하여 초기 싱가포르 건설에 기여했던 인도 재소자들과 집집마다 우유를 배달해주던 밀크맨들의 이야기, 실제 채티아 들이 사용했던 차용증서도 흥미롭다. 그리고 영국 식민지 시절의 경찰 유니폼도 볼 수 있는데, 하나같이 머리에 터번을 쓰고 있는 것이 재미있다. 왜냐하면 당 시 경찰 대부분은 인도 펀자브 출신의 시크교인이었는데 이들은 월등한 신체 조 건 덕분에 경찰로 선발될 수 있었다. 전시실 끝에는 싱가포르 발전에 기여를 한 인도계 인물들도 만나볼 수 있다. 싱가포르 초대 외무장관이었던 라자라트남S. Rajaratnam은 1967년 동남아시아국가연합ASEAN 설립 멤버였으며, 우리의 국기에 대한 맹세와 같은 싱가포르의 국민 선서문National Pledge을 만든 인물이기도 하다.

리틀인디아 아케이드 Little India Arcade
● 이용시간 : 오전 9시 ~ 오후 10시

인디언 헤리티지 센터 바로 앞 리틀인디아 아케이드는 늘 많은 사람들로 북적인다. 리틀인디아를 찾는 관광객이라면 십중팔구는 반드시 찾는다는 리틀 인디아 아케이드의 인기 비결은 뭘까? 여러 이유가 있겠지만 아마도 여행지에 서 기대하는 아기자기한 쇼핑 거리가 다 모여 있기 때문이 아닐까. 이국적인 힌 두 신상과 명상을 할 때 피우면 좋을 향도 있고, 여행지에서 꼭 입어줘야 하는

디파발리 기간 중 리틀인디아 아케이드

헐렁한 에스닉풍 바지나 원피스도 곳곳에 보인다. 인도풍 액세서리와 빈디 스티커, 그릇, 천연 염색제인 헤나도 있다. 조금만 더 살펴보면 더 좋은 것이 나타날 것만 같아 자꾸만 돌아보고 싶은 곳이 바로 리틀인디아 아케이드다.

안으로 들어가면 화려한 인도풍 의상이 우리의 눈길이 사로잡는다. 인도 전통 의상 하면 아무래도 우아한 사리가 가장 먼저 떠오를 것이다. 리틀인디아에서는 인도 전통 의상인 사리를 입은 여인들을 심심치 않게 볼 수 있는데, 결혼식 같은 특별한 날이 아니어도 일상적으로 즐겨 입는 모습이 참 멋지다. 그런데 진심으로 이 여인들이 존경스러웠던 것은 난생 처음 사리를 입어봤을 때다. 한 벌의 드레스처럼 보이는 사리는 사실 바느질이 하나도 되어 있지 않은 직사각형 모양의 긴 천으로, 이것을 몸에 휘감아 적당한 볼륨과 주름을 만들어 드레스로 연출하는 것이다. 몇 년 전, 우리는 사리에 대한 순수한 호기심으로 사리를 사본 적이 있다. 주인 아주머니께 입는 법을 배워와 몇 번을 시도해봐도 땀만 뻘뻘 흘리고 결국은 포기해야 했던 슬픈 사연이 있다. 리틀인디아에는 여전히 전통 사리집들을 볼 수 있는데, 원하는 사리를 고르면 아예 드레스 모양으로 재봉을 해주는 서비스도 있으니 관심이 있다면 들러보자.

리틀인디아 아케이드가 더욱 빛을 발하는 시기는 축제 기간인 디파발리와 퐁갈 때다. 힌두교 최대 명절이자 빛의 축제인 디파발리가 다가오면 리틀인디아를 관통하는 세랑군 로드에는 크리스마스 못지않은 화려한 조명이 거리를 환

254   싱가포르 건축 여행

리틀인디아 아케이드 전경

디파발리 기간 중 눈부신 세랑군 로드

히 밝힌다. 리틀인디아 아케이드 앞에는 큰 장터가 열리는데, 명절 맞이를 위한 새 옷과 달콤한 간식거리, 그리고 집을 밝히는 램프들이 좌판을 가득 메운다. 한편 남인도식 추수 감사제인 퐁갈 기간에는 리틀인디아 아케이드 앞에서 꽃단장한 소들을 만날 수 있다. 1년간 애써 준 수고를 기리기 위해 소들을 깨끗이 목욕시키고 뿔을 색색깔로 칠해 장식한다. 퐁갈은 우리말로 '끓어 넘치다'라는 뜻이다. 토기로 된 솥에 우유와 올해 추수한 쌀, 그리고 생강, 강황, 설탕, 기 버터 등을 넣고 끓이는데, 솥이 넘치는 순간 서로 부를 기원하며 넘쳐 흐르는 쌀은 풍작을 상징한다.

테카 센터 Tekka Centre

- 이용시간 : 오전 6시 30분 ~ 오후 9시
- 주의사항 : 1층 재래시장은 오후 5시 이전에 닫으며, 쇼핑을 원한다면 가급적 현금을 준비해 가자.

테카센터 전경

"집에서 칠리크랩을 만들어 먹는다고요?" 싱가포르를 대표하는 음식이지만 전문 식당에서만 먹을 수 있다고 생각했던 칠리크랩을 직접 해먹는다는 동네 언니의 말에 우리는 마치 미리 입을 맞추기라도 한 듯 동시에 외쳤다. 게다가 생각보다 만들기 쉽다는 말에 우리는 할 말

테카 센터의 재래시장

을 잃었다. 소스야 시판 소스를 사서 쓴다 치더라도 게는 어디서 구한다는 말인
가? 언니 말로는 테카 센터에 가면 다 있다고 했다. 누군가 그랬다. 맛있는 음식
을 만들기 위해 요리 솜씨 만큼 중요한 것은 좋은 식재료라고. 알고 보니 싱가포
르에서 요리 좀 한다는 사람들의 보물 창고가 바로 테카 센터였다.

테카 센터는 싱가포르에서 가장 큰 재래시장으로, 100년 이상의 역사를 갖
고 있다! 테카라는 이름이 독특해서 인도식 이름일까 싶지만 의외로 중국어다.
대나무 죽⁰에 다리 각⁰자를 쓰는데 중국 남부 호키앤어로는 '테카'로 읽는다.
주변에 강이 흐르고 늪지대가 많아 대나무가 흔했던 모양이다. 1980년대에는
테카 센터가 지금의 건물로 옮겨오면서 이름이 바뀐 적이 있었다. 당시 싱가포
르는 '중국 표준어 말하기 캠페인Speak Mandarin Campaign'을 실시하고 있었는데, 시장
이름도 표준어 발음인 '주지아오Zhujiao'로 바꾼 것이다. 그러나 우리가 봐도 주지
아오는 테카와는 전혀 다른 이름 같다. 결국 아무도 새 이름을 쓰지 않았고 끝내
테카라는 이름을 되찾을 수 있었다. 스토리를 알고 보면 정부도 말릴 수 없었던
테카를 향한 이곳 사람들의 애정이 새삼 진하게 느껴진다.

테카 센터는 총 2층으로 되어 있는데 1층에는 재래시장과 호커 센터가 있
다. 시장 안으로 들어서면 마치 서로 경쟁을 하듯 진한 향기를 내뿜는 열대 과일
들이 우리를 반긴다. 달콤함의 최강자 망고와 망고스틴, 그리고 꼬릿한 냄새를
풍기는 잭프루트와 두리안까지 종류도 참 다양하다. 시장 안쪽에는 정육과 해

(왼쪽)재래시장 내 과일가게, (중간) 재래시장 내 향신료가게, (오른쪽)테카센터에서 흔히 맛볼 수 있는 비리야니

산물 코너도 있다. 굳이 길을 묻지 않아도 특유의 냄새를 따라가면 금세 찾을 수 있다. 싱가포르의 다양한 소비자층을 겨냥한 듯 각양각색의 정육점이 보여 재미있다. 한국에서는 흔치 않은 양고기와 염소고기집도 보이고, 무슬림들을 위한 할랄 정육점, 서양인들이 즐겨 찾는 스테이크 전문점도 보인다. 해산물 코너는 우리나라보다 규모는 작지만 어떤 생선이 있는지 구경하는 재미가 있다. 산더미처럼 쌓인 큼지막한 대하와 싱싱한 병어가 반갑다. 칠리크랩에 들어가는 통통한 스리랑카산 머드 크랩도 바로 여기에 있다.

테카 센터에서 우리의 마음을 사로잡은 것은 향신료 가게였다. 한국의 반찬 가게처럼 큰 통에 색색깔의 가루를 쌓아 놓고 파는 모습이 참 신기하다. 통마다 강황, 계피, 코리앤더, 후추, 큐민, 고춧가루 등 향신료 이름이 적혀 있는데 이것이 바로 인도 대표 음식인 커리의 재료가 된다. 어떤 향신료를 얼만큼 섞느냐는 음식의 종류, 지역, 개인 취향에 따라 달라진다. 슈퍼마켓에 가면 손쉽게 완제품을 살 수도 있지만, 요리 고수들은 자신만의 레시피로 직접 배합을 한다. 어떻게 사야할지 모르겠다면 걱정 말고 주인장에게 물어보자. 무엇을 요리하는 지만 알려주면 기막힌 배합으로 맛있는 커리를 만들어 줄 것이다.

2층으로 올라가면 분위기가 확 바뀌면서 인도풍 의상을 판매하는 종합 의류 상가가 펼쳐진다. 세상의 모든 색깔이 다 모여 있는 듯한 컬러풀한 드레스에 눈부시게 화려한 황금빛 장식을 보면 어쩐지 마음이 설렌다. 일상복으로 입기에는 투머치(?)하다 싶은 디자인이 많지만 싱가포르에 살면서 꼭 전통 의상을 입어야 하는 모임이 있다면 고민하지 말고 테카 센터로 가보자. 곳곳에 수선집도 있고 액세서리 가게도 있어 머리부터 발끝까지 한 번에 쇼핑이 가능하다.

한바탕 신나는 쇼핑 후에는 1층 호커 센터로 가보자. 다양한 먹거리가 있지만 여기서는 인도 음식을 먹어 주어야 한다. 우리가 잘 아는 커리와 난도 있고, 단돈 2-3불이면 즐길 수 있는 인도식 얇은 크레페 도사Dosai, 납작한 크루아상처럼 바삭하고 쫀득하게 구운 로티 프라타도 있다. 로컬 사람들은 비리야니Biryani라는 쌀 요리를 가장 즐겨 먹는다. 큰 솥에 생쌀과 채소, 고기, 향신료를 켜켜이 쌓아 쪄낸 다음 잘 섞어서 서빙되는 요리로 1인분을 시켜도 어마어마한 양이 나오니 배고픈 여행자들에게는 안성맞춤이다.

▌ 중국인 진동령 가옥 House of Tan Teng Niah

인스타그램에서 리틀인디아를 검색하면 가장 많이 등장하는 장소는 어디일까? 화려한 힌두 사원? 현지인들의 삶을 느낄 수 있는 테카 센터? 모두 아니다. 주요 랜드마크를 다 제치고 리틀인디아의 핫플레이스로 뽑힌 곳은 중국인 진동령(탄텡니아)의 가옥이다! 빨주노초파남보 총 천연색 옷을 입고 있어 '무지개 하우스'라고도 불리는 이곳은 이국적이고 독특한 색감으로 지나는 사람들의 시선을 한 몸에 받고 있다. 인스타그램 사진 명소로도 입소문이 나면서 이제는 멀리서도 일부러 찾아오는 리틀인디아의 명물이 되었다.

100년 이상의 역사를 갖고 있는 이 집은 아쉽게도 긴 역사에 비해 많은 기록이 남아 있지는 않다. 알려진 바로는 부유한 중국 사업가 진동령이 그의 아내를 위해 지은 집이라고 한다. 과거에는 지금처럼 무지개 색깔은 아니었지만, 색깔을 빼고 보더라도 꽤나 공을 들여 지은 고급 저택임을 알 수 있다. 2층 집에는 총 8개의 방이 있었으며, 대문 양쪽으로는 마당까지 마차가 들어갈 수 있는 큰 문이 있었다고 한다. 그리고 다양한 문화가 뒤섞인 싱가포르답게 이 건물에는 중국식 기와 지붕과 전면의 유럽식 기둥 장식, 프랑스 스타일의 창문 등 중국 남부와 유럽식 건축 양식이 혼재되어 있는 것을 볼 수 있다.

어쩌면 리틀인디아에 옛 중국인 가옥이 남아 있다는 것이 의아할 지 모른다. 그러나 당시에는 꽤 많은 수의 중국인들이 이곳에 살았던 것으로 전해진다. 한때 리틀인디아에 목축업이 성행했다는 사실을 기억할 것이다. 소의 숫자가 늘어나면서 목축 관련 산업도 함께 발전했는데, 여기에는 고기를 가공판매하는 도

© 비비시스터즈

무지개 하우스라고도 불리는 진동령 가옥 전경　　인스타그래머들의 성지가 된 진동령 가옥

축업자나 유제품을 만들어 파는 사람들, 그리고 방앗간이나 라탄 제품 생산, 파인애플 가공 공장 등도 있었다. 소의 노동력을 이용하여 방아를 돌리거나 운반을 했고, 상품을 만들고 버려지는 재료는 소를 먹이는데 썼다. 당시 진동령도 이 근처에서 제과 공장과 고무 훈연처리장을 운영했다고 한다.

　　그렇다면 그의 집은 어떻게 무지개 색깔을 갖게 되었을까? 여러가지 설은 있지만 정확한 이유는 아무도 모른다. 그러나 확실한 것은 그 색깔 덕분에 이곳이 새로운 명소가 되었다는 것이다. 어느 한 부분도 같은 색깔인 데가 없어 부분을 찍어도 전체를 찍어도 사진마다 느낌이 다르다. 흥미롭게도 이 집은 말레이어로 '소'라는 뜻을 가진 커바우 로드Kerbau Road 위에 있다. 사진을 남기면서 많은 소들을 볼 수 있었던 이곳의 옛 풍경도 떠올려 보면 어떨까? 아마도 예쁜 사진과 함께 리틀인디아 스토리도 더욱 생생하게 기억에 남을 것이다.

Chapter 2
리틀인디아에서 만나는
종교 박물관

리틀인디아라고 해서 인도계 이민자들만 정착해 살았던 것은 아니다. 싱가
포르의 여타 지역과 마찬가지로 여러 민족들이 모여 지냈고, 함께 이웃하면서도
각자의 믿음에 따라 신앙 생활을 해왔다. 그리고 지금도 리틀인디아 곳곳에는
다양한 종교 시설이 자리를 지키고 있다. 시간 여유가 있다면 관광객들로 붐비
는 리틀인디아 역 근처에서 벗어나 덜 알려진 지역도 탐방해보는 건 어떨까? 골
목마다 힌두 사원, 교회, 모스크, 절 등 특색 있는 종교 시설을 둘러보는 것도 색
다른 재미가 될 것이다. 동선 상 모든 곳을 한 번에 다 가기는 쉽지 않지만, 자신
의 일정과 취향에 따라 관심이 가는 곳을 골라 방문하면 좋겠다.

▌ 스리 락슈미나라얀 사원 Shree Lakshminarayan Temple

스리 락슈미나라얀 사원 전경

스리 락슈미나라얀 사원은 싱
가포르 최초로 북인도 출신 이민자
들을 위해 만들어진 힌두 사원이
다. 싱가포르에 정착한 인도계 이
민자들은 대부분이 인도 남부 지역
출신이기에 이 사원은 특히 의미
가 있다. 높은 고푸람이 있는 남인
도식 사원과는 전혀 다른 모습이라
처음에는 사원이 맞는지 긴가민가
하기도 했지만, 건물 꼭대기에 살
짝 보이는 파고다와 흰색과 빨간색으로 이루어진 독특한 패턴에서 특별한 건물
임을 짐작할 수 있다. 이 사원은 1960년대에서야 북인도 출신 힌두교 신자들의
기부로 완공될 수 있었다고 한다. 그전까지는 매번 다른 사원을 빌려 쓰는 신세
였다고 하니, 이 사원이 생겼을 때 신자들이 얼마나 기뻐했을 지 쉽게 상상이 된

다. 사원 이름은 락슈미 신과 나라얀 신(비슈누 신의 다른 이름)을 합쳐서 만들었다. 락슈미는 부의 여신으로, 비슈누 신의 배우자이다. 북인도 사람들은 20세기 초부터 싱가포르로 오기 시작했는데, 대부분 소를 치는 목동이나 낙농업자로 일하며 크리슈나 신을 가장 열심히 섬겼다고 전해진다. 크리슈나 신은 주로 목동의 모습으로 묘사되며, 비슈누 신의 8번째 화신이기도 하다. 아마도 이 사원이 비슈누 신 계열 사원으로 락슈미나라얀이라는 이름을 갖게 된 것은 결코 우연이 아닐 것이다.

▌푸초 감리교회 Foo Chow Methodist Church

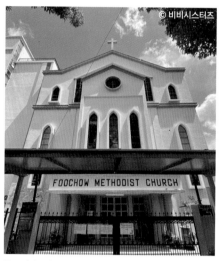

© 비비시스터즈

푸초 감리교회

리틀인디아에도 교회가 있다?! 화려한 힌두 사원과 컬러풀한 벽화들 사이로 새하얀 건물이 오히려 눈길을 사로 잡는 이곳은 푸초 감리교회라는 이름의 작은 교회다. 푸초(또는 푸저우)는 중국 남부 푸젠성 지방의 중심 도시로, 이 교회는 1897년 푸초에서 건너온 이민자들을 위해 세워졌다. 당시 푸초 출신 사람들은 인력거꾼, 쿨리, 목수, 이발사 등 대부분 육체적으로 힘든 노동일에 종사했다고 한다. 그래서 타향살이 중에도 같은 고향 사람들이 모여 고향 말로 종교 생활을 이어 나갈 수 있던 이 교회가 그들에게는 큰 힘이 되었을 것이다. 지금은 신자 수도 늘어나고 신자 층도 다양해지면서 영어, 중국어, 타밀어로도 예배를 진행하지만 지금까지도 싱가포르에서 푸초 지역 방언으로 예배를 진행하는 몇 안 되는 교회 중 하나로 남아 있다. 리틀인디아 맛집으로 유명한 무투스 커리와 바나나 리프 아폴로가 있는 레이스 코스 로드Race Course Road에 있으니 가는 길에 슬쩍 들러 보아도 좋겠다.

▌압둘 가푸르 모스크 Abdul Gafoor Mosque

압둘 가푸르 모스크 전경

이슬람교 예언자 25인의 이름이 새겨진 태양 모양 장식

리틀인디아에서 캄퐁글람 방향으로 걷다 보면 노란색과 녹색의 조화가 돋보이는 압둘 가푸르 모스크가 나온다. 마치 동화 속 궁전 같은 비주얼을 하고 있어서 처음에는 진짜 모스크가 맞나 싶을 정도였다. 모스크를 대표하는 양파 모양의 돔과 첨탑, 아치형 장식이 유독 아름다워 현지인들 사이에서는 전통 있는 사진 명소로 손꼽힌다. 특히 예배실 입구에 있는 해시계 모양 장식이 압권인데, 태양 중심에서 25개의 빛을 뿜어내는 모양을 하고 있다. 그리고 25개의 광선 안에는 무함마드를 포함한 이슬람교의 예언자 25인의 이름이 화려한 아랍어 서체로 새겨져 있다. 1859년 리틀인디아에 정착한 인도계 무슬림들을 위한 작은 모스크로 시작한 이곳은 약 50년 후 새 모스크 건물을 지으면서 건축 기금 마련에 크게 기여한 압둘 가푸르의 이름을 붙였다. 지금까지도 압둘 가푸르 모스크 신자들은 대부분이 인도계 무슬림들로 이들을 위한 타밀어 예배가 정규적으로 진행된다.

▌트루 라이트 성당 Church of the True Light

트루 라이트 성당은 압둘 가푸르 모스크에서 멀지 않은 작은 골목 모퉁이에 자리하고 있다. 소박한 디자인으로 근처의 샵하우스들과 잘 어우러져 있어 건물 꼭대기의 십자가를 발견하지 못했다면 그냥 지나치기 쉽다. 이 작은 성당은 올드시티의 세인트 앤드류 대성당과 같은 성공회 성당으로, 한때는 '트라이쇼(인력 자전거) 기사들의 성당'으로 알려지기도 했다. 왜냐하면 당시 신자들

트루 라이트 성당 전경

중에는 트라이쇼를 모는 기사나 택시나 버스를 모는 사람들이 많았기 때문이다. 이 성당은 1900년대 초 중국 남부 푸젠성 지방에서 온 성공회 신자들이 모이면서 시작되었는데 마땅한 교회가 없어 여러 곳을 전전하다 1952년에서야 지금의 교회 건물을 세울 수 있었다. 리틀인디아에 위치해 있다는 이유로 점차 인도계 신자들이 늘어나서 지금은 영어, 중국어 뿐 아니라 타밀어와 힌디어로 진행하는 감사성찬례가 있다.

▌ 캄퐁 카푸르 감리교회 Kampong Kapor Methodist Church

캄퐁 카푸르 감리교회 전경

캄퐁 카푸르 감리교회는 리틀인디아에 있는 또 하나의 감리교회로 소박하면서도 따스한 느낌을 주는 교회 건물이 인상적이다. 이곳은 싱가포르 최초의 페라나칸인들을 위한 교회이자, 싱가포르 최초의 여성 선교사 소피아 블랙모어 Sophia Blackmore가 시작한 교회라는 점에서 역사적 의의가 있다. 호주 출신인 소피아 블랙모어는 1887년 싱가포르로 건너와 선교 활동을 시작하였는데, 당시 누구도 관심을 가지지 않았던 소녀들의 교육에 힘쓰며 싱가포르에 두 개의 명문 여학교를 설립한 인물이기도 하다. 집집마다 돌아다니며 딸들을 학교에 보내라고 설득했던 일화가 유명한데, 특히 딸들에게 가정 살림 만을 강조했던 중국계와 페라나칸 가정에서 가장 애를 먹었다고 한다. 캄퐁 카푸르 감리교회는 당시 싱가포르에서 가장 흔히 사용하던 말레이어로 예배하는 교회를 세우겠다는 소피아의 생각에서 출발하였다. 페라나칸 신자들이 많아지면서 한때는 '페라나칸 교회'라고도 불렸으나, 현재는 신자층이 다양해져 영어, 중국어, 타밀어로도 예배가 진행된다. 교회 안에는 약 100년의 역사를 자랑하는 파이프 오르간도 볼 수 있다.

▌ 앙굴리아 모스크 Angullia Mosque

현재의 앙굴리아 모스크 전경　　　　앙굴리아 모스크 옛모습

　　앙굴리아 모스크는 19세기 말 싱가포르에서 무역으로 크게 성공을 거둔 앙굴리아 가문이 설립한 모스크다. 앙굴리아 가문은 모스크 설립 외에도 자선 사업을 통해 싱가포르 인도 무슬림 커뮤니티에 큰 기여를 했다. 앙굴리아 모스크는 여러 차례의 재건축을 거쳤는데 모스크 대문이 포함된 게이트 하우스만이 옛 모습 그대로 남아 있으며, 메인 모스크 건물은 2018년에 4층 건물로 새로 지어 더 많은 신자들을 수용할 수 있게 되었다. 리틀인디아 역보다는 다음 역인 패러파크 역과 가깝고 리틀인디아의 인기 쇼핑지인 무스타파 센터 근처라 무스타파를 방문할 계획이라면 함께 들러볼 만하다.

▌ 스리 스리니바사 페루말 사원 Sri Srinivasa Perumal Temple

　　페루말 사원은 앞서 보았던 스리 비라마칼리암만 사원과 쌍벽을 이루는 리틀인디아의 대표 힌두 사원 중 하나다. 페루말은 보존의 신인 비슈누 신의 또 다른 이름으로, 이 사원은 싱가포르 최초로 비슈누 신을 모신 곳이다. 싱가포르의 힌두 사원들은 대부분 시바파 신을 모시기 때문에, 비슈누파 신자들은 1855년

© 비비시스터즈

페루말 사원 내부

페루말 사원 전경

이 자리에 페루말 사원을 세웠다. 오전에만 개방하는 다른 사원과는 달리 오후 시간에도 내부 관람이 가능하여 느지막이 나온 여행자들에게는 고마운 곳이기도 하다.

페루말 사원은 매년 1-2 월 경에 열리는 타이푸삼 행렬이 시작되는 곳으로 유명하다. 타이푸삼은 선과 젊음을 대표하며 악을 파괴하는 무루간 신을 기리는 행사로 축제 당일에는 신자들이 이른 새벽부터 페루말 사원에서 클락키 근처의 탄다유타파니 사원까지 약 4킬로미터 거리를 걸어서 행진한다. 행렬을 위해 도로가 통제되므로, 싱가포르에서 아주 드물게 심각한 교통체증이 생기는 날이기도 하다. 신자들은 풍요를 상징하는 우유 항아리나 지게처럼 생긴 '카바디 kavadi'

© William Cho

타이푸삼 행렬 중 카바디를 지고 가는 사람들

를 메고 행렬에 참가한다. '매 걸음마다의 희생'을 뜻하는 카바디는 그 무게가 무려 40킬로그램에 육박하는 것도 있다. 행렬을 구경하다 보면 혀를 쇠꼬챙이로 뚫거나 몸을 관통하는 피어싱으로 카바디를 고정시켜 메고 가는 신자들도 보이는데, 이것이 과연 진짜인가 호기심이 생기면서도 얼마나 아플까 걱정도 된다. 행렬을 위해 이들은 한 달 전부터 엄격한 채식과 기도를 하며 정신 수양을 하는데, 몸과 마음에서 욕구와 쾌락이 사라지면 어떤 고통도 느끼지 않는다고 한다.

▌ 석가모니 부처 가야 사원 Sakya Muni Buddha Gaya Temple

석가모니 부처 가야 사원 내 거대 불상   석가모니 부처 가야 사원 입구

리틀인디아의 불교 사원인 석가모니 부처 가야 사원은 싱가포르에서 보기 드물게 300톤이나 되는 거대 불상을 볼 수 있는 곳이다. 재미있게도 이 사원은 기와 지붕을 한 중국식 사원과 파고다 모양의 태국식 사원이 나란히 붙어 있으며, 중국식 사원은 돌사자상 한 쌍이 태국식 사원은 호랑이와 표범 동상이 든든하게 지키고 있다. 돌사자상이야 중국식 사원에서 흔히 볼 수 있다지만, 호랑이와 표범은 왜 여기에 있는 걸까? 알고 보니 이 사원은 1927년 한 태국 승려가 세운 작은 임시 사원이었다가 1930년대에 큰 돈을 기부 받으며 지금의 사원 건물을 지을 수 있었다고 한다. 큰 돈을 기부한 이들은 바로 호랑이 연고로 유명한 호문호, 호문표 형제이며, 호랑이와 표범은 각기 두 형제를 상징한다. 호랑이 연고는 특유의 화한 냄새가 나는 근육통 연고로 여행을 좀 다녀본 사람이라면 동남아시아 여행의 필수 기념품으로 잘 알고 있을 것이다. 당시 두 형제는 각자의 이름에서 범 호虎자와 표범 표豹자를 따서 호표(또는 후바오)라는 기업을 만들고, 싱가포르에 건너와 본격적으로 호랑이 연고를 만들어 판매하기 시작했다. (차이나타운에서 보았던 옛 호랑이 연고 공장 건물을 떠올려보자.) 사실상 호랑이 연고의 본고장은 싱가포르라 할 수 있지만 아마도 모르는 사람들이 더 많을 것이다.

| 용산사 Long San See Temple

© Basile Morin

석가모니 부처 가야 사원 맞은편에는 또 다른 불교 사원인 용산사가 있다. 아담한 규모의 조용한 사원이지만 컬러풀한 오렌지색 지붕 위로 용들이 여의주를 잡으려 날아 오르는 듯한 생동감 넘치는 지붕 장식이 눈길을 사로잡는다. 용산사는 1917년 중국의 한 승려가

© 비비시스터즈

(위)작지만 화려한 용산사 내부, (아래)용산사 사원 입구

관음보살상을 모시기 위한 작은 사당으로 시작되었다가 1926년 싱가포르의 부유한 자선사업가 탄분리앗Tan Boon Liat의 도움으로 지금의 작지만 화려한 사원을 지을 수 있었다. 본당에는 싱가포르의 불교 신자들이 가장 사랑하는 관음보살이 모셔져 있으며, 차이나타운의 천복궁에서처럼 공자님도 만날 수 있다. 석가모니 부처 가야 사원과 함께 싱가포르의 부처님 오신 날인 베삭 데이Vesak Day에 방문하면 더욱 볼거리가 풍성하다.

EAT PLAY SHOP
— 로컬처럼 먹고 즐기고 쇼핑하라

EAT 바나나 리프 아폴로 Banana Leaf Apolo
: 54 Race Course Rd, Singapore 218564

인도식 '바나나 잎'이라는 식당 이름처럼 모든 음식을 바나나 잎 위에 서빙해 주는 것으로 유명한 집이다. 난과 커리는 물론이고 정말 다양한 인도 요리를 맛볼 수 있으며, 싱가포르의 별미 음식인 피쉬 헤드 커리도 있다. 바나나 잎을 그릇으로 활용하는 것은 인도 남부 지역의 오랜 전통으로 바나나 잎의 맛과 향이 음식에 더해져 색다른 분위기를 낸다.

EAT 무투스 커리 Muthu's Curry
: 138 Race Course Rd, #01-01, Singapore 218591

인도식 1969년에 문을 연 오랜 맛집으로, 싱가포르에서만 맛볼 수 있는 피쉬 헤드 커리로 유명한 곳이다. 피쉬 헤드 커리는 이름 그대로 생선 대가리를 넣은 커리인데, 시원한 생선 매운탕에 커리가 더해진 별미 음식이다. 흰밥과 함께 먹는 것이 가장 맛있고, 생선 살과 함께 들어간 토마토, 가지, 오크라 등을 건져 먹는 재미도 있다. 작은 사이즈도 양이 많으니 가급적 여럿이 나누어 먹는 것이 좋으며, 커리, 난, 사모사 같은 익숙한 인도 음식도 있다.

ⓔ코말라 빌라 Komala Vilas

: 76-78 Serangoon Rd, Singapore 217981

인도식 1949년에 문을 연 유서 깊은 남인도식 레스토랑으로 백퍼센트 채식 요리만 제공하는 베지테리언 식당이다. 크레페처럼 반죽을 얇게 펴서 구운 도사와 도넛 모양으로 튀긴 바다(Vadai)가 대표 음식이며, 현지인들은 커리와 반찬이 밥과 함께 나오는 요리를 가장 즐겨 먹는다. 2015년 인도 총리가 싱가포르에 방문했을 때 싱가포르 총리 부처와 함께 이곳에서 식사를 하면서 더욱 유명세를 탔다. 착한 가격과 인도 현지 느낌이 나는 친근한 분위기로 리틀인디아에만 여러 지점이 있을 정도로 인기가 많다.

ⓟ셀비스 뷰티 헤나 체험 Selvi's Pte. Ltd.

: 48 Serangoon Rd, Singapore 217959

우리에게는 머리염색제로 익숙한 헤나를 인도나 중동의 여인들은 몸을 장식하는데 주로 사용한다. 리틀인디아에는 헤나 체험을 할 수 있는 곳이 많은데, 셀비스는 리틀인디아 아케이드 내에 있어 접근성도 좋고 깔끔해서 인기가 많다. 원하는 도안을 고르면 크기와 디자인에 따라 가격이 매겨진다. 아티스트의 능숙한 손놀림에 따라 헤나 그림이 완성되면 최소 20분 이상은 충분히 말려야 한다. 피부에 착색된 헤나는 보통 2주가 지나면 자연스레 사라진다.

EAT PLAY SHOP
– 로컬처럼 먹고 즐기고 쇼핑하라

PLAY 아트워크 리틀인디아 ARTWALK Little India
: http://artwalklittleindia.sg

거리 곳곳에서 볼 수 있는 재미난 벽화들은 리틀인디아 여행에 활기와 즐거움을 더해준다. 이 벽화들은 2015년부터 이어져 온 '아트워크 리틀인디아'라는 공공예술 프로젝트의 일환으로 시작되었다. 매년 1월 싱가포르 관광청과 라살 예술 대학, 리틀인디아 상인 연합 등이 함께 주최하는 본 행사에는 벽화를 비롯한 예술 작품 감상 뿐 아니라 영화, 음악, 퍼포먼스, 워크숍 등도 즐길 수 있다. 벽화 위치가 표시된 지도는 공식 홈페이지를 참고하자.

SHOP **무스타파 센터 Mustafa Centre**
: 145 Syed Alwi Rd, Singapore 207704

24시간 영업으로 언제든지 쇼핑이 가능한 무스타파 센터는 한국인 여행자들이 즐겨 찾는 해피히포 초콜렛과 히말라야 크림, 카야 잼 등을 저렴하게 구할 수 있는 곳으로 유명해졌다. 알고 보면 귀금속부터 인도 전통 의상, 식료품, 향신료, 화장품, 생필품까지 안 파는 제품이 없어 현지인들은 대형마트처럼 장을 보는데 주로 이용한다. 계산을 마치면 물건을 비닐 봉투에 담아 입구를 케이블 타이로 묶어주는 것이 이곳만의 특징이다.

SHOP **하니파 사리 가게 Haniffa Textiles**
: 60 Serangoon Rd, Singapore 217967

리틀인디아를 대표하는 직물 가게로 처음에는 작은 가게로 시작했지만 지금은 건물 한 층 전체를 차지할 정도로 크게 성공하였다. 인도 전통 의상인 사리를 주로 판매하는데 수백 종이 넘는 다양한 원단과 디자인에 눈이 절로 휘둥그래진다. 가장 저렴한 10불대부터 1,000불 이상의 고급 사리까지 다양해서 관심이 있다면 기념으로 구입해 봐도 좋겠다. 현지인들 사이에는 싱가포르에서 가장 좋은 실크 사리를 살 수 있는 곳으로도 유명하다.

EAT PLAY SHOP
– 로컬처럼 먹고 즐기고 쇼핑하라

(SHOP) 시티 스퀘어 몰 City Square Mall
: 180 Kitchener Rd, Singapore 208539

무스타파 센터 근처에 위치한 대형 쇼핑몰로 리틀인디아 탐방을 마치고 쉬어가기 좋은 곳이다. 현지인들은 대형 스포츠용품점인 데카트론을 즐겨 찾으며, 스타벅스, 맥도날드 같은 패스트푸드점, 딘타이펑, 야쿤카야 토스트, 푸드 코트까지 있어 인도 음식이 입에 잘 맞지 않을 때 이용하기 좋다. 지하에는 대형 수퍼마켓도 있고, 패러파크 역과 이어져 편리하다.

PART 9

싱가포르 쇼핑 중심지,
그 뒤에 숨겨진 흥미로운 이야기
오차드 로드

오차드 로드

오차드 로드 표지판　　　　　　크리스마스 시즌의 오차드 로드

'싱가포르의 국민 취미 National hobby는 쇼핑이다' 싱가포르에 온지 얼마 되지 않았을 때 부동산 중개업자에게 들은 이야기다. 처음에는 무슨 소린가 싶었는 데, 딱 일주일을 지나고 보니 그 말에 십분 공감이 갔다. 연중 30도를 넘나드는 무더운 날씨는 100미터 산책도 마라톤처럼 느껴지게 하고, 갑작스런 소나기는 우산도 무용지물로 만들곤 했다. 결국 싱가포르에서 날씨 걱정 없이 시간을 보 내기에는 쇼핑몰 만한 데가 없다는 소중한 깨달음을 얻게 되었다.

수많은 쇼핑몰이 있는 싱가포르지만 최고의 쇼핑지는 단연 오차드 로드다! 2킬로미터를 조금 넘는 거리 양쪽으로는 서울의 명동이나 뉴욕의 5번가처럼 럭 셔리한 명품 브랜드 매장이 있는 쇼핑몰과 포시즌스, 샹그릴라 등의 고급 호텔 이 즐비해 있다. 화려한 조명이 나를 감싸는 밤거리를 걸을 때면 내 손에 묵직한 쇼핑백이 없을지라도 마치 영화 속 주인공이 된 것처럼 발걸음이 경쾌해진다.

오차드, 서머셋, 도비고트의 3개 역을 지나고 있어 MRT를 이용하기도 좋고, 각 쇼핑몰로 이어진 지하 통행로를 이용하면 한낮의 더위도 걱정없이 현지인처럼 스마트하게 쇼핑을 즐길 수 있다.

그런데 문득 럭셔리한 쇼핑가 이름이 왜 '오차드'인지 궁금해진다. 오차드는 분명 영어로 '과수원'이라는 뜻인데, 이 동네에 과수원은 눈을 씻고 찾아봐도 없으니 말이다. 궁금증을 참지 못하고 찾아본 결과, 한때는 이곳이 진정 과수원이었다는 사실을 알게 되었다! 동구 밖 과수원 길이 눈이 휘둥그레지는 쇼핑 거리가 됐으니 역사에 남을 메이크오버가 아닐 수 없다. 그럼 어떤 과일 나무가 있었을까? 당시 농장주들은 환금성이 좋은 육두구(넛맥)와 정향 등의 향신료를 주로 길렀다고 전해진다. 안타깝게도 과수원은 큰 성공을 거두지는 못했는데, 1850년대 후반 원인을 알 수 없는 전염병으로 육두구 나무가 큰 피해를 입었기 때문이다. 그 후 오차드 지역은 점차 주택가로 개발되었고, 시내 중심부에 살던 중산층들이 그때만 해도 교외였던 오차드로 이주해 살기 시작했다.

오차드 로드가 쇼핑 거리로서의 면모를 갖추기 시작한 것은 1958년 오차드 로드 최초의 백화점인 C.K. Tang(현재의 탕스 백화점)이 생기면서부터다. 싱가포르 사업가 탕춘켕이 자신의 이름을 내걸고 문을 연 이 백화점은 당시 넓은 공동 묘지를 마주하고 있었다고 한다! 어떤 이들은 그가 정신이 나갔다고도 생각했지만, 그는 이곳이 백화점을 열기에 최적의 장소라고 생각했단다. 보타닉 가든 근처 탕린 지역에는 고급 저택이 많았는데, 그는 그곳에 사는 영국 부인들이 집과 시내를 오갈 때 반드시 오차드 로드를 지나야 한다는 것을 알고 있었기 때문이다.

흥미로운 사실은 지금도 오차드 로드에 과수원 시절을 떠올리게 하는 단서들이 은밀하게 남아 있다는 것이다! 오차드 로드의 대표 쇼핑몰인 아이온 오차드 앞에는 거대한 열매 조각상이 있다. 싱가포르 작가 쿠마리 나하판Kumari Nahappan의 '넛맥과 메이스Netmeg and Mace'라는 작품으로, 과거 이곳에서 흔히 볼 수 있던 육두구 열매가 갈라져 씨앗을 드러낸 모습을 표현하였다. 또 하나의 육두구는 서머셋 역 근처 오차드 센트럴 건물 앞에 있다. 이탈리아 출신 작가 미셸 리게티Michele Righetti의 '넛맥 그로브Nutmeg Grove'라는 작품으로, 육두구 씨앗의 강렬

아이온 오차드 쇼핑몰 앞 '넛맥과 메이스'　　　　오차드 센트럴 쇼핑몰 앞 '넛맥 그로브'

한 붉은색과 검은색이 인상적이다. 얼핏 헬멧 같아 보이기도 하지만, 육두구라는 걸 알고 보면 꼭 나만 아는 비밀 같아 더욱 반갑다.

　오늘 하루는 오차드 로드 쇼핑으로 불태우리라 굳게 마음 먹었다면 방문 전 쇼핑몰 정보를 미리 알아보자. 쇼핑몰이 많아도 너무 많아서 무작정 헤매다가는 힘들게 다니고도 빈손으로 돌아갈 지 모른다. 여행자라면 면세 혜택을 위해 여권을 준비하고 한 매장에서 100불SGD 이상 구매 시에는 영수증도 챙기자. 매년 6-7월 경 진행되는 '그레이트 싱가포르 세일' 기간에는 거의 모든 브랜드에서 50% 이상 할인을 하니 알아 두면 좋다. 크리스마스 무렵 오차드 로드는 대형 크리스마스 트리와 눈부신 조명이 앞다투어 거리를 밝히며 환상적인 동화 속 세계로 변신한다. 여기에 크리스마스 할인 행사도 함께 진행되니 득템을 노려볼 만하다.

　쇼핑을 즐기지 않더라도 오차드 로드는 여전히 매력적이다. 쇼핑 중심지에 있는 싱가포르에서 최고로 핫한 도서관에 들러도 좋고, 중심가에서 살짝 벗어나 싱가포르만의 독특한 정취가 느껴지는 샵하우스 골목길을 걸어도 좋다. 오차드 로드 끝자락에는 대통령궁 이스타나도 있어 싱가포르 근대사와 정치 이야기에 잠시 빠져볼 수도 있겠다. 그리고 오차드 로드에서 조금만 가면 나오는 보타닉 가든에서는 자연과 함께 진정한 힐링의 시간을 보낼 수 있다.

Chapter 1

싱가포르 명품 거리
: 오차드 역 일대

▍ 아이온 오차드 ION Orchard

© 비비시스터즈

유리로 화려하게 장식한 아이온 쇼핑몰

　　오차드 로드를 대표하는 쇼핑몰 하면 단연코 아이온 오차드가 먼저 떠오른다. 오차드 로드의 메인 교차로 한편을 떡 하니 차지하고 있는데다, 번쩍이는 금속과 눈부신 유리, 고급스러운 대리석을 사용한 화려한 외관은 첫 만남부터 그럭셔리한 분위기에 압도된다. 밤이 되면 빛을 받아 반짝이는 유리창과 형형색색으로 물든 LED 광고판으로 더욱 존재감을 드러낸다. 게다가 쇼핑몰 안에는 300개 이상의 브랜드가 입점해 있어 수많은 쇼핑몰 중 한 군데만 봐야 한다면 아이온 오차드를 강력 추천한다. 쇼핑 공간은 지하 4층, 지상 4층으로 되어 있으며, 쇼핑몰 위로 높이 솟아오른 건물은 고급 아파트인 콘도미니엄이다.

　　지상 1층에서 3층까지는 디올, 프라다, 루이비통 같은 명품과 쥬얼리 매장들이 복층의 널찍한 공간을 뽐내며 쇼핑객들을 반긴다. 특별히 가격이 저렴한 것은 아니지만 면세 혜택도 있고, 한국에서는 오래 대기해야 하거나 구하기

아이온을 상징하는 컬러풀한 쇼퍼들의 조각상

어려운 신상품도 종종 찾을 수 있다는 것이 장점으로 꼽힌다. 지하에는 자라, H&M, 망고 같은 대중적인 중저가 브랜드와 자라의 고급 버전인 마시모두띠, 소녀 감성의 케이트 스페이드, 감각적인 스페인 브랜드 빔바이롤라 등이 있다. 싱가포르 쇼핑 리스트에 항상 포함되는 찰스앤키스와 페드로도 지하 3층에 나란히 자리하고 있는데 트렌디한 디자인의 가방과 신발을 부담 없는 가격에 구매하기 좋다.

화장품 매장들이 모여 있는 지하 2층은 기분 좋은 향기로 가득하다. 세계에서 가장 유명한 뷰티 편집숍 세포라와 달달한 향의 목욕 용품을 대량으로 사기 좋은 배쓰 앤 바디웍스도 있다. 평소 이케아에서 몇 시간을 거뜬히 보내는 사람이라면 4층의 미국 홈데코 전문점, 크레이트 앤 배럴도 추천해본다. 공간별로 꾸며 놓은 모습이 어찌나 근사한 지 우리 집으로 그대로 옮겨 오고 싶어진다. 또한 4층에는 아이온 아트 갤러리라는 전시 공간이 있고 안으로 들어가면 오차드 로드에서 가장 높은 전망대, 아이온 스카이 ION Sky로 올라가는 엘리베이터가 있다. 218미터 높이의 전망대에서는 오차드 로드 일대 뿐 아니라 싱가포르 전역을 한눈에 조망할 수 있다. 쇼핑몰 내 일정 금액 이상의 지출 내역이 있으면 입장이 가능하니 홈페이지나 4층 컨시어지에서 확인해 보자.

폭풍 쇼핑 후에는 늘 배가 고프기 마련이다. 미슐랭 원스타가 보장하는 중식당 푸티엔 Putien, 고급스러운 딤섬집 테이스트 파라다이스 Taste Paradise, 페라나칸 식당 바이올렛 운 Violet Oon Singapore 등이 아이온에서 만날 수 있는 인기 맛집들이다. 향긋한 차와 디저트를 즐기는 사람들에게는 싱가포르 인기 찻집인 TWG가 기다리고 있다. 최근에는 커피계의 TWG로 입소문이 자자한 모로코 출신의 바샤 커피 Bacha Coffee도 큰 인기를 끌고 있다.

▌탕스 싱가포르 TANGS Singapore

© 비비시스터즈

탕스 싱가포르 쇼핑몰 전경

"저기 보이는 기와 지붕은 뭐지?" 세련된 아이온 건물 건너편 푸른색 중국식 기와가 눈에 띈다. 어쩐지 화려한 오차드 로드와는 맞지 않아 보이는 이 건물은 오차드 로드 최초의 백화점, 탕스다. 무려 중국의 자금성을 본 따서 만들었다는 이 백화점은 문을 열자마자 오차드 로드의 랜드마크가 되었고 몇 차례의 새단장을 거쳐 지금도 터줏대감처럼 이 자리를 지키고 있다. 쇼핑몰 위 팔각정 모양으로 우뚝 솟아 있는 건물은 메리어트 호텔로, 1층의 야외 카페는 거리 풍경을 즐기는 여행객들로 늘 북적인다.

오랜 역사를 자랑하는 만큼 탕스에서는 싱가포르 로컬 브랜드가 많이 들어와 있다! 의류 브랜드 아이젝Aijek은 지속 가능한 소재를 쓰면서도 디테일이 있는 원피스로 유명하며, 인굿컴퍼니In good company는 미니멀함이 돋보이는 디자인으로 비대칭 요소나 과감한 드레이핑이 들어간 실루엣을 자랑한다. 또한 쥬얼리 브랜드인 캐리케이Carrie K.나 마릴린 탄Marylin Tan에서는 싱가포르 감성의 액세서리를 찾을 수 있다. 한편 지하에는 현지인들에게 인기 있는 가전 및 주방 용품 매장과 여행자들을 위한 기념품 매장이 있다. 실제 난꽃에 금 도금을 입혀 액세서리를 만드는 리시스RISIS와 태국 여행에서 종종 보이는 코끼리 조각상도 주목할 만하다. 사회적 기업인 엘리펀트 퍼레이드는 코끼리 보호를 위한 자선활동으로 코끼리상을 만드는데, 탕스에는 특별히 싱가포르를 테마로 한 디자인을 볼 수 있다.

© 비비시스터즈

탕스의 트레이드 마크인 초록 기와 지붕을 쓴 귀여운 코끼리상

▌파라곤 The Paragon

© 비비시스터즈

파라곤 쇼핑몰 입구

탕스 쇼핑몰에서 나와 걷다 보면 경쾌한 발걸음의 사람 모양 조각상이 우리를 반긴다. 오차드 로드를 대표하는 또 하나의 쇼핑몰, 파라곤 도착이다! 전면이 모두 유리로 되어 있어 건물 전체가 하나의 큰 쇼룸처럼 보이는 파라곤은 어마어마한 규모는 아니지만 다양한 가격대의 브랜드가 모여 있어 편리하며, 고급스럽고 점잖은 디자인부터 젊은이들이 선호하는 개성 넘치는 패션 브랜드, 어린이들을 위한 주니어 매장까지 쇼핑의 폭이 넓은 것이 특징이다.

1층에는 구찌, 발렌시아가 등의 명품 매장이 있으며, 2-3층에는 캘빈클라인, 디젤 등의 캐주얼 브랜드가 있다. 또한 '백화점 안의 백화점' 컨셉으로 막스앤스펜서와 무인양품, 메트로 백화점과 같은 큰 상점이 입점해 있는 것도 독특하다. 5-6층에는 키즈 브랜드가 모여 있는데, 주니어 명품 편집샵과 샤또드사블Chateau De Sable, 시드Seed, 진저스냅스Gingersnaps, 토이저러스 등 어린 자녀나 조카가 있는 어른들의 지갑을 저절로 열게 하는 위험한(?) 매장들과 가족 쇼핑객들을 위한 편의시설이 마련되어 있다.

파라곤 지하에는 대형 수퍼마켓과 함께 스타벅스, 토스트 박스 같은 작은 카페부터 고급 레스토랑까지 다양한 먹거리가 있다. 특히 다른 데서는 맛볼 수 없는 수프 레스토랑Soup Restaurant의 삼수이 진저 치킨(차이나타운에서 등장했던 삼수이 여인에서 유래된 음식이 맞다)을 강력 추천하며, 누구나 좋아하는 맛집 딘타이펑Din Tai Fung도 있다. 5층에 있는 임페리얼 트레저Imperial Treasure는 북경 오리를 사랑하는 팬들에게 높은 평가를 받는 곳으로 고급스러운 인테리어와 음식 맛 모두 후한 점수를 받고 있다.

▌니안 시티 Ngee Ann City

니안시티 건물 전경

　흔히 다카시마야 백화점으로 알려진 이 건물에는 '니안 시티'라는 글자가 더 크게 쓰여져 있어 낯설다. '니안'은 중국 광동 지방에 있는 조주潮州시의 옛 이름으로, 싱가포르에는 조주 출신의 차오저우민족Teochew이 많이 건너왔다. 그리고 그들은 1845년 니안 공시Ngee Ann Kongsi라는 회관(차이나타운에서 언급된 회관을 떠올려 보라)을 설립하여 정착을 도왔다. 오늘날까지도 니안 공시는 비영리 자선 단체로 싱가포르에 많은 기여를 하고 있으며, 현재 이 건물의 건물주이기도 하다! 이제 왜 이 건물에 니안 시티라는 이름이 붙었는지 의문이 풀렸을 것이다. 놀라운 점은 과거 이 자리가 니안 공시가 운영하던 공동묘지였다는 사실

(좌, 우) 키노쿠니아 서점

이다! 이제 왜 과거 탕스 백화점이 공동묘지를 마주 보고 있었는지도 이해가 될 것이다. 들뜬 쇼핑객들에게는 너무 호러 스토리가 아닐까 걱정도 되지만, 그런 이유로 건물을 중국식 묘비 모양을 본 따 만들었다고 하니 역사를 알고 보면 그 이름만큼이나 디자인도 흥미롭게 보일 것이다.

　　내부로 들어가면 옛날 이야기는 싹 잊혀질 만큼 세상 화려하다. 샤넬과 루이비통 매장을 필두로 여러 브랜드가 골고루 입점 되어 있으며 레스토랑, 카페, 수퍼마켓 등 편의시설도 다양해서 한 쇼핑몰 안에서 모든 것을 해결하기 좋다. 지하에는 일본 음식만 판매하는 일식 전문 푸드 코트도 있어 현지인들에게 인기다. 다카시마야는 싱가포르에서 가장 큰 서점인 키노쿠니아Kinokuniya가 있는 것으로도 유명하다. 영어 서적은 물론 일본어 서적도 구매가 가능하며 종종 영문 소설책 세트를 할인된 가격으로 판매하기도 한다. 다만 서점이 크고 복잡한 구조라 일행과 헤어지면 찾기가 쉽지 않으니 주의하자!

Chapter 2

젊은이들이 좋아하는 착한 가격의 쇼핑 거리
: 서머셋 역 일대

▌ 313@서머셋 313@somerset

© 비비시스터즈

313@서머셋 쇼핑몰 전경

오차드 역에서부터 쇼핑을 시작했다면 서머셋 역에 닿을 쯤에는 슬슬 에너지도 바닥나고 쇼핑 의지도 한풀 꺾일지 모른다. 그러나 명품이 아닌 캐주얼이나 스포츠웨어, 로컬 브랜드 쇼핑을 기대했다면 지금이 바로 에너지를 끌어 모아야 할 시점이다. 서머셋 역 주변에는 비교적 착한 가격의 브랜드 매장이 많고 이색적인 문화 공간과 맛집이 모여 있어 싱가포르의 젊은이들이 즐겨 찾는다.

서머셋 역에 내리면 313@서머셋 쇼핑몰로 자연스레 이어진다. 주소가 오차드 로드 313번지라 아예 쇼핑몰 이름이 되어버린 사연이 재미있다. 1층에는 누구나 아는 자라와 저렴한 캐주얼 의류로 유명한 코튼 온Cotton On이 자리하고 있다. 그리고 선물 사기 좋은 호주 브랜드가 3개나 모여 있는데, 알록달록한 라벨이 예쁜 차 브랜드 T2와 아이들을 혹하게 하는 학용품 브랜드 스미글Smiggle, 십대들이 사랑하는 팬시점 타이포Typo는 모든 연령대를 만족시켜줄 것이다. 로컬 패션 브랜드인 에디터스 마켓Editor's Market과 포멜로Pomelo에서는 아주 저렴하게 쇼핑이 가능하다. 스포츠에 관심이 많다면 싱가포르 최대 축구 용품 매장인 Goal@313와 운동화 마니아들이 사랑하는 스니커즈 부티크, 리미티드 에디션Limited Edt도 들러볼 만하다.

3층에는 싱가포르에서 가장 유명한 훠궈 집, 하이디라오HaiDiLao가 있다. 가격대는 있지만 맛도 좋고 철저한 위생 관리와 차별화된 서비스로 인기가 많다. 육수에 각종 고기, 해산물, 어묵, 야채 등을 넣어 익혀 먹은 다음, 국수를 주문하

면 눈앞에서 직접 국수를 뽑아내는 재미난 수타쇼도 볼 수 있다. 5층 푸드 코트
는 저렴하게 한끼를 해결하기 좋다. 최근 한국에서 인기있는 마라샹궈 집도 괜
찮고, 큼직한 반죽을 칼로 잘라 만든 면요리 도삭면도 별미다.

▍ 디자인 오차드 Design Orchard

ⓒ 비비시스터즈

디자인 오차드 건물 전경

대형 쇼핑몰들 사이로 눈에 띠
는 나지막한 쉼터 같은 이 건물은
뭘까? 옥상 위로 곱게 펼쳐진 파라
솔과 초록 정원을 보면 당장이라
도 올라가고픈 마음이 든다. 이곳은
2019년 문을 연 디자인 오차드라는
로컬 브랜드의 구상부터 생산, 전시
와 리테일까지 모든 디자인 과정을
한곳에서 이루어지게 한다는 새로
운 컨셉으로 싱가포르 정부의 적극
적인 지원을 받으며 신진 디자이너
들의 인큐베이터 역할을 톡톡히 하
는 중이다.

세계 어디에나 있는 브랜드에 특별한 매력을 느끼지 못한다면 디자인 오차
드로 가보자! 1층에는 화장품, 의류, 액세서리, 가구, 인테리어 소품까지 60개가
넘는 로컬 브랜드 제품이 전시 및 판매되고 있다. 싱가포르 전통 문양에서 영감
을 받은 원피스와 스카프, 열대의 향을 담아낸 향수, 물 대신 불을 뿜고 있는 익
살스러운 멀라이언, 유명 관광지가 아닌 싱가포르 골목 구석구석의 모습이 담긴
마그넷과 컵받침은 뻔한 기념품에 싫증을 느끼는 여행자들의 눈에 생기를 불러
일으킨다. 2층은 로컬 디자이너들의 작업 공간으로 꾸며져 있으며, 루프탑 정원
은 이벤트 공간이자 도심 속 오아시스 같은 쉼터가 된다. 파라솔 그늘 아래 앉아
분주한 오차드 로드를 내려다보고 있노라면 어느새 쇼핑에 지친 몸과 마음도 금
세 활기를 되찾을 것이다.

▌라이브러리@오차드 Library@Orchard

인스타그램 명소로 유명해진 오차드 도서관

오차드 쇼핑거리 한복판에 공립 도서관이라니, 발상 자체가 참 신선하다! 2014년 새롭게 문을 연 이 도서관은 단연코 싱가포르에서 가장 핫한 도서관이 되었다. 이 작은 도서관이 인기를 얻게 된 데는 사실상 인스타그램 덕이 컸다. 편안함이 느껴지는 물결 모양 책장 사이로 무심하게 앉아 책을 들고 찍은 사진들은 많은 이들의 인생샷이 되었고, 점차 유명세를 타면서 세계에서 가장 예쁜 도서관으로 언급되기도 했다. 그리고 몇 년이 지난 지금까지도 여전히 나만의 인생샷을 남기기 위한 방문객들의 발길이 끊이지 않고 있다.

도서관은 313@서머셋과 이어진 오차드 게이트웨이Orchard Gateway 쇼핑몰 3층과 4층에 복층으로 자리하고 있다. 처음 갔을 때 도서관이라고 믿기 어려울 만큼 감각적인 인테리어와 세련된 외관에 넋을 잃고 감탄했던 기억이 있다. 젊은 층이 많이 모이는 서머셋 역 근처였기에 이 도서관은 처음부터 젊은 세대를 주 타깃으로 기획했다고 한다. 그래서 디자인이나 인테리어 관련 도서가 많고 젊은 층들이 즐겨 찾는 소설책도 다양하게 구비되어 있다. 무엇보다도 도서관 곳곳의 아늑한 독서 공간은 카페 같은 분위기로 여유롭게 시간을 보내기 좋다. 또한 이 도서관은 싱가포르 최초로 무인 대여 시스템을 도입한 곳이기도 하다. 예약해둔 책을 찾으려 도서관 카드를 스캔하면 캐비닛 문이 저절로 열리는데, 그 모습이 어찌나 신통하던지 그걸 보는 맛에 책을 빌려보는 재미가 쏠쏠했다. 도서관 카드가 없어도 출입 및 열람이 가능하니 가벼운 마음으로 들러 봐도 좋겠다.

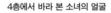

4층에서 바라 본 소녀의 얼굴	1층에서 올려다본 소녀상의 전체 모습, 얼굴이 까마득하다

313@서머셋, 오차드 게이트웨이와 연결된 또 다른 쇼핑몰, 오차드 센트럴은 여행자들보다는 현지인들이 더 즐겨 찾는 듯하다. 무려 3개 층을 사용하는 유니클로 매장과 일본식 슈퍼마켓 돈돈돈키Don Don Donki, 생활용품점 도큐 핸즈Tokyu Hands가 모두 모여 있기 때문이다. 한편 스페인 의류 브랜드 데시구알Desigual 매장이 현란한 색채감으로 여행자들의 눈길을 사로잡고, 뉴욕에서 온 케이크 전문점 레이디M 카페는 통유리창이 있어 거대한 쇼윈도 같은 모습으로 여행자들의 호기심을 자아낸다. 위층에는 오차드 로드가 내려다보이는 요가 스튜디오와 종합 격투기 체육관도 있다.

오차드 센트럴이 특별한 이유는 쇼핑 공간 속에 예술 작품들이 잘 어우러져 있기 때문이다. 입구에 있는 조각상 '넛맥 그로브'를 지나 1층으로 들어서면 빨간 구두가 인상적인 '키 큰 소녀Tall Girl'를 만날 수 있다. 4층 높이로 쭉 뻗어있어 고개를 한껏 제쳐 보아도 소녀의 얼굴은 까마득하기만 하다. 재미있게도 위를 올려다보는 시점에 맞추어 제작되어 소녀의 발은 거대하지만 얼굴로 올라갈

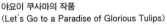

야요이 쿠사마의 작품
(Let's Go to a Paradise of Glorious Tulips)

빅터 탄의 작품
(The Stair, The Clouds and the Sky)

수록 점점 작아지는데, 보는 위치에 따라 작품이 크게 달라 보이는 점도 흥미롭다. 유머가 가득한 이 작품은 독일의 공공미술 작가 그룹 잉어스 이데Inges Idee가 만들었으며 서울을 비롯한 세계 주요 도시에서 이들의 작품을 만날 수 있다.

꼭대기 층인 11층과 12층에는 아는 사람들만 안다는 옥상 정원이 있다. 새소리가 들려오는 푸른 정원과 예술 작품이 어우러진 이 공간은 도심 속 작은 쉼터가 된다. 빨간 드레스를 입은 소녀가 강아지와 함께 알록달록한 튤립 꽃 사이를 뛰노는 동상은 누구라도 미소 짓게 만든다. 이는 세계적인 아티스트 쿠사마 야요이Kusama Yayoi의 작품으로 그녀의 트레이드마크인 물방울무늬가 잘 드러나 있다. 이곳에서는 시각장애를 극복하고 예술가로 성공한 싱가포르 아티스트 빅터 탄Victor Tan의 작품, '계단, 구름 그리고 하늘The Stair, The Clouds and The Sky'도 볼 수 있다. 철사로 이루어진 사람 형상이 공중에 매달려 있는데, 작품이 양쪽 벽면에 비쳐 마치 세 사람이 함께 있는 것처럼 보인다. 그는 마음이 어지러운 현대인들이 작품을 올려다보며 하늘을 바라보고 잠시나마 근심에서 벗어나기를 소망했다고 한다. 우리도 복잡한 오차드 거리에서 벗어나 잠시 하늘을 올려다보자. 마음이 한결 편안해지는 것은 물론, 길 건너편 아기자기한 샵하우스 골목이 비로소 눈에 들어올 것이다.

Chapter 3

복잡한 쇼핑 거리 속 고즈넉한 페라나칸 문화 거리
: 에메랄드 힐

에메랄드 힐

에메랄드 힐 입구

"오차드 로드에 이런 데가 있었어?" 싱가포르에 비교적 오래 거주한 지인들도 에메랄드 힐을 소개할 때면 눈이 휘둥그레져 묻곤 한다. 복잡하고 화려한 쇼핑 거리 속에 이렇게 고즈넉하고 운치 있는 골목이 있는지 전혀 몰랐다고! 오차드 센트럴 건너편의 관광안내소를 끼고 골목 안으로 들어서면 멋스러운 샵하우스들이 보물처럼 서서히 눈 앞에 드러난다. 에메랄드 힐은 1900년대 초 부유한 중국계 페라나칸인들이 모여 살던 곳으로, 그들의 독특한 혼합 문화가 담긴 샵하우스들이 상당수 남아 있다. (BBB에서 언급된 '페라나칸'이 아직 기억에 남아 있길!) 파이브 풋 웨이를 지나며 볼 수 있는 알록달록한 타일과 자기로 만든 동식물 모양의 장식들, 독특한 대문과 창문은 사진을 찍지 않고 그냥 지나치기 어렵다.

현재 싱가포르의 샵하우스는 문화유산 보존지구로 지정되어 정부의 살뜰한 보살핌을 받고 있다. 놀라운 점은 100년이 넘은 샵하우스가 지금도 부동산 시장에서 큰 인기를 누리고 있다는 사실이다. 특히 에메랄드 힐에 있는 샵하우스는 오차드 한복판이라 위치도 좋은데다가 3층의 넉넉한 공간을 자랑하기 때

에메랄드 힐 샵하우스의 파이브 풋 웨이   에메랄드 힐의 분위기 맛집, 앨리 바

문에 보통 우리 돈 50-150억 원 정도에 거래가 된다! 개조는 까다롭지만 외부의 고풍스러움과 내부의 초현대적인 인테리어가 만나 마치 잘 개조한 한옥집처럼 전통의 멋을 간직하면서도 실용적이어서 확실히 일반 주택이나 아파트와는 다른 특별함이 있다.

　　주말 저녁이면 고즈넉하던 에메랄드 힐은 활기가 넘친다. 칵테일 잔을 손에 들고 음악을 즐기거나 친구들과 만나 밀린 이야기를 나누려는 사람들이 모이기 때문이다. 샵하우스를 개조해 만든 바는 밖에서 보면 비슷비슷해 보이지만 안으로 들어가보면 가게마다 개성 넘치는 인테리어가 흥미롭다. 스페인에 와 있는 듯한 타파스 바, 께 빠사Que Pasa, 에메랄드 힐 입구에 있어 항상 붐비는 앨리 바Alley Bar, 밖에서 보면 가정집 같지만 빨간 랜턴이 가득한 내부가 인상적인 No.5 바에서 상큼한 칵테일과 함께 기분 전환을 해보자.

Chapter 4

싱가포르 대통령궁
: 이스타나

이스타나 내부 모습, 일 년에 5차례 일반에 공개된다

　　싱가포르에도 대통령이 있을까? 대통령이 있다면 어디에 살고 있을까? 한국의 청와대 같은 대통령 관저는 어딘가 꼭꼭 숨겨져 있을 것만 같았는데 의외로 아주 가까운 곳에 있었다. 에메랄드 힐을 지나 오차드 로드를 계속 걷다 보면 도비고트 역에 다다르기 직전 범상치 않은 아우라를 풍기는 큰 게이트를 발견할 수 있다. 총을 든 보초들의 삼엄한 경비 속에서도 쉽게 시선을 떼기가 어려운 이 곳은 싱가포르 대통령의 공식 관저인 이스타나다.

　　이스타나는 본래 1869년 영국 총독의 관저로 지어졌다가 싱가포르의 대통령궁이 된 재미있는 역사를 갖고 있다. 게이트 밖에서는 잘 보이지 않지만 내부 규모가 어마어마한데, 무려 13만평에 이르는 부지에는 다양한 건물과 아름다운 정원, 9홀 골프 코스까지 보유하고 있다. 대통령의 집무실과 영빈관, 연회장 등이 있는 메인 건물은 유럽의 신고전주의 건축 양식을 바탕으로 열대 기후에 적합한 넓은 베란다와 큰 창문 같은 말레이 가옥의 양식이 혼합되어 나타나며, 싱

이스타나 맞은편의 작은 휴식처, 이스타나 공원   이스타나 정문 입구

가포르의 중심업무지구가 한눈에 내려다보이는 전망을 자랑한다. 현재 싱가포르 대통령은 직선제로 선출되며 임기는 6년을 원칙으로 한다. 그러나 영국의 영향으로 의원내각제를 따르는 싱가포르에서는 총리가 실질적인 권한을 갖고 있으며, 대통령은 국가원수로서 상징적인 의미가 더 강하다 하겠다. 2022년 현재 제8대 할리마 야콥Halimah Yacob 대통령이 싱가포르의 첫 여성 대통령으로서 임무를 수행 중이다.

　　대통령 관저인 이스타나에는 총리의 공식 관저와 집무실도 함께 있다. 그래서 정상 회담이 있거나 총리의 중대 발표가 있을 때면 이스타나에서 이루어진다. 2018년 북미 회담 당시 트럼프 대통령과 김정은 위원장이 각각 리셴룽 총리와 면담했던 장소도 이스타나였다. 싱가포르의 총리는 정부 수반으로 정치, 행정 및 각 분야에서 최고 권한을 행사하며, 2022년 현재 싱가포르의 제3대 총리인 리셴룽 총리는 리콴유 초대 총리의 장남이기도 하다.

　　보안이 철저한 이스타나지만 일 년 중 5일은 일반에 공개가 된다! 싱가포르의 대표 공휴일인 구정, 노동절, 하리라야 푸아사, 독립기념일, 디파발리가 여기에 해당된다. 오픈하우스 날에는 이스타나 내 정원에서 피크닉과 공연을 즐길 수 있고, 일부 건물은 내부 관람도 가능하다. 한편 매월 첫째 주 일요일 저녁에는 이스타나 정문 앞에서 정복을 차려 입은 경비병들의 교대식이 진행되어 색다른 볼거리를 제공해준다. 그리고 이스타나 맞은 편 공원에 있는 이스타나 헤리티지 갤러리Istana Heritage Gallery라는 작은 박물관에서는 이스타나의 역사와 함께 역대 대통령과 총리가 다른 나라로부터 받은 귀한 선물들도 관람할 수 있다. 무료 입장으로 부담 없이 들르기 좋다.

Chapter 5

싱가포르 최초의 유네스코 세계문화유산
: 싱가포르 보타닉 가든

언제나 싱그러운 보타닉 가든 전경

2015년은 싱가포르에게 아주 특별한 해였다. 독립 50주년을 맞은 데다가 그해 11월, 보타닉 가든이 싱가포르 최초로 유네스코 세계문화유산으로 지정된 것이다! 주말 산책이나 운동 장소로만 생각했던 보타닉 가든이 이집트 피라미드, 중국 만리장성과 어깨를 나란히 하는 세계문화유산이 되었다니 싱가포르에게는 큰 경사가 아닐 수 없었다.

싱가포르 보타닉 가든의 시작은 래플즈경의 집이 있던 포트캐닝파크였다. 당시 래플즈경이 연구를 위해 집 주변에 향신료를 재배했다는 이야기가 얼핏 떠오를 것이다. 이후 자금 부족 등의 이유로 최초의 보타닉 가든은 실패로 끝났지만, 1859년 지금의 자리에 보타닉 가든이 새롭게 조성되면서 동남아시아 지역을 대표하는 식물 연구 기관으로 발돋움하였고, 이제는 싱가포르를 대표하는 공원으로 자리매김하였다. 도시 전체가 디즈니랜드처럼 잘 꾸며진 싱가포르에 살아가는 우리에게 보타닉 가든은 자연의 아름다움을 일깨워주고, 결코 질리지 않는 즐거움을 선사해주는 소중한 곳이다.

싱가포르 보타닉 가든은 유네스코 세계문화유산 중 유일한 열대 식물원이며, 식물원 중에서는 아시아 최초로, 세계에서는 3번째로 문화유산으로 채택되었다. 160년 이상의 역사를 가진 보타닉 가든에는 영국식 정원의 정취가 그대로 남아 있고, 설립 초기부터 있던 유서 깊은 건물들이 잘 보존되어 있다. 그러나 많은 사람들이 여가 장소로만 생각하는 보타닉 가든은 사실 식물학 및 원예학 연구의 중심지로 더욱 의미가 있다. 특히 세계문화유산으로 선정된 데는 19세기 이래 동남아시아 식물 연구의 중심지였던 식민지 시대의 보타닉 가든이 현재까지도 본래 목적을 잃지 않고 세계 수준의 식물 연구 기관으로 성장했다는 점이 주효했다.

놀라운 사실은 보타닉 가든이 동남아시아가 세계 최대 천연 고무 생산지로 성장하는데 지대한 공헌을 했다는 점이다! 설립 초기 보타닉 가든은 새로운 경제 작물 연구에 한창이었다. 그러던 중 1877년 영국의 큐 가든에서 고무나무 묘목을 들여와 어렵게 재배에 성공했지만 당시 고무는 커피, 후추, 설탕 등과 같은 환금성 높은 작물에 비해 인기가 없었다. 그러나 보타닉 가든 초대 관장이었던 헨리 리들리 H.N Ridley는 달랐다. 그는 고무의 경제적 가치를 굳게 믿었으며, 고무 재배와 농장 확보를 위해 엄청난 애를 썼다. 늘 주머니에 고무 씨앗을 넣고 다니며 농장주들을 볼 때마다 꼭 심어 보라고 나눠 줄 정도였으니, 사람들이 그를 '미친 리들리'로 불렀던 것도 이해가 된다. 결국 자동차의 등장으로 고무 수요가 크게 증가하고 고무 붐이 일면서, 보타닉 가든은 1917년까지 동남아시아 전역에 고무 씨앗 약 7백만 개를 공급하게 된다! 만약 보타닉 가든이 없었더라면 동남아시아 경제 발전의 역사가 전혀 다른 방향으로 쓰였을 지도 모른다. 그리고 오늘날 라텍스 쇼핑이 동남아시아 패키지 여행의 필수 코스가 된 데는 이러한 흥미진진한 역사적 배경이 숨어 있었다.

싱가포르 보타닉 가든에서 꼭 가보아야 할 곳 1순위로 꼽히는 곳은 귀한 난꽃들로 가득한 내셔널 오키드 가든이다. 사실 보타닉 가든은 세계 수준의 난 연구 센터로도 유명한데, 여기에는 1920년대부터 20년 이상 관장 직에 있었던 에릭 홀텀 Eric Holttum의 공헌이 컸다. 그는 최초로 보타닉 가든에 난 연구소를 설립하여 난 배양 및 교배 연구를 진행하였다. 그의 성공적인 연구는 싱가포르 난 사업에 크게 기여했고, 오늘날 싱가포르는 주요 난 수출국으로 발돋움하게 되었다. 또한 세계 정상들이나 유명인이 방문할 때마다 새롭게 만든 난에 그들의 이름을 붙여 선물하는 것도 싱가포르만의 특별한 이벤트가 되었다.

매일 오전 5시부터 문을 여는 보타닉 가든은 언제 가더라도 늘 색다른 모습을 선사해준다. 이른 아침에는 뜨거운 태양을 피해 운동으로 하루를 여는 사람들로 에너지가 넘친다. 조깅, 요가, 파워 워킹, 중국 전통의 태극권까지 그 장르

보타닉 가든에서 종종 볼 수 있는 왕도마뱀

도 다양하다. 선선한 바람이 불어오는 늦은 오후가 되면 어느새 돗자리를 깔고 피크닉을 즐기는 가족들과 연인들이 공원을 채운다. 아이들은 호수에서 물고기 밥을 주거나 자유롭게 다니는 새들을 쫓기도 하고 공원을 유유히 돌아다니는 엄청난 크기의 도마뱀에 놀라기도 한다. 주말 저녁이면 종종 무료 콘서트도 펼쳐지고 해지기 직전에는 빛의 마법으로 아름다운 사진도 남길 수 있다.

20만 평의 규모를 자랑하는 보타닉 가든은 크기가 커도 너무 커서 여러 번 방문해도 길을 잃고 헤매거나 볼거리를 놓치기 쉽다. 보타닉 가든은 크게 탕린, 센트럴, 부킷티마의 세 구역으로 나누어지며, 방문하고자 하는 구역과 가까운 출입구를 이용하면 시간과 에너지를 절약할 수 있다. 여기에서는 4개의 주요 출입구인 탕린 게이트, 타이어설 게이트, 나심 게이트, 부킷티마 게이트를 중심으로 주요 건축물 및 볼거리를 소개하고자 한다. 상쾌한 공기와 싱그러운 자연을 만끽하는 잔잔한 시간들은 싱가포르 여행의 색다른 즐거움으로 남을 것이다.

▌ 탕린 게이트(Tanglin Gate) : 보타닉 가든의 얼굴

(위)싱가포르 보타닉 가든의 탕린 게이트, (아래)자랑스러운 유네스코 세계문화유산 표지판

탕린 게이트 일대는 보타닉 가든 내에서도 가장 역사가 오랜 지역으로, 가이드북에서 주로 소개되는 대표 어트랙션이 모여 있어서 일정상 시간이 많지 않다면 이 지역만 돌아보아도 알차게 즐길 수 있다. 입구에는 유네스코 세계문화유산 안내표지판이 당당히 걸려 있으며, 오차드 로드에서 멀지 않아서 오차드 역에서 버스나 택시를 이용해도 좋고, 내피어 역에서 내리면 바로 들어갈 수 있다.

◈ 스완 레이크 Swan Lake

평화로운 스완 레이크   스완 레이크의 청동상

　　스완 레이크는 보타닉 가든에서 가장 오래된 호수이자 '백조의 호수'라는 이름에 걸맞게 우아하게 호수를 가로지르는 백조가 머무르는 곳이다. 혹시 백조를 보지 못하더라도 아쉬워할 필요는 없다. 금방이라도 호수 위로 날아오를 듯한 청동 백조상은 스완 레이크에 활기를 더해주며, 주위의 흐드러지는 꽃과 나무들은 늘 싱그럽다. 아주 오래전, 이 평화로운 호수에 악어가 나타나 사람을 해친 적이 있었는데, 그 악어를 잡기 위해 이 큰 호수의 물을 모조리 빼냈다가 다시 채웠다는 웃지 못할 에피소드가 지금까지도 전설처럼 전해지고 있다. 지금은 백조와 함께 통통한 물고기 떼와 겁없이 고개를 쭉 내미는 거북이들이 볼거리를 더해준다.

◈ 템부수 나무

5달러 지폐 속에 등장하는 보타닉 가든의 템부수 나무

　　스완 레이크 옆 잔디밭에는 약 170년의 역사를 갖고 있는 거대한 템부수 나무가 있다. 5달러 지폐에 새겨져 있어 싱가포르 사람들에게는 아주 친숙한 나무로 큰 가지 하나가 땅에 닿을 듯이 늘어져 있는 것이 특징이다. 예전에는 아이들이 올라 타거나 걸터앉아 쉴 수 있는 놀이터였지만 이제는 나무 보호를 위해 늘어진 가지에 지지대를 세우고 주변에는 울타리가 생겼다. 템부수 나무는 싱가포르가 원산지인 상록수로 저녁에는 꽃 향기가 더욱 짙어진다.

◈ 밴드스탠드 Bandstand

연인들의 포토 스폿으로 사랑받는 밴드스탠드

마치 영국의 옛 정원에서 튀어 나온 듯한 새하얀 팔각형의 밴드스탠드는 보타닉 가든 브로슈어 표지를 장식할 만큼 명실공히 보타닉 가든에서 가장 아름다운 건축물 중 하나다. 1930년대 음악 공연을 위한 무대로 지어진 이곳은 지금까지도 옛 모습 그대로 우아한 멋을 선사해주고 있으며, 특유의 로맨틱한 분위기로 웨딩 촬영 장소로 인기를 얻고 있다. 스완 레이크 옆 언덕길로 올라가면 흔들 그네와 꽃나무가 있는 정원 뒤에서 쉽게 찾을 수 있다.

◈ 싱가포르 국화, 반다 미스 조아킴 Vanda Miss Joaquim

핑크빛의 반다 미스 조아킴

반다 미스 조아킴 정원

밴드스탠드 뒤에는 사람 키 높이쯤 되는 나무 지지대를 타고 피어나 있는 핑크빛 난꽃 무리를 볼 수 있는데, 이 꽃이 바로 싱가포르의 국화인 반다 미스 조아킴이다. 아르메니아인이었던 아그네스 조아킴은 자신의 정원에서 새로운 난을 처음 발견하였고, 당시 보타닉 가든 관장이었던 리들리는 그녀의 이름을 따서 '반다 미스 조아킴'이라고 명명하였다. 밝은 컬러와 1년 내내 피어나는 강인함과 회복력이 싱가포르와 닮아 있다 하여, 1981년 싱가포르 국화로 지정되었다. 전 세계에서 교배종이 국화로 선정된 것은 싱가포르가 유일한데, 다인종 국가인 싱가포르와 잘 어울린다. 재미난 점은 최근 이 난이 반다 종이 아닌 파필리오난테Papilionanthe 종으로 밝혀졌다는 것이다. 그러나 새 이름이 너무 어려운 탓일까 여전히 많은 사람들은 반다 미스 조아킴으로 부르고 있다.

◇ 싱가포르 보타닉 가든 헤리티지 뮤지엄 Singapore Botanic Gardens Heritage Museum

● 이용시간 : 오전 9시 ~ 오후 6시, 매월 마지막주 월요일 휴관
● 입장료 : 무료

싱가포르 보타닉 가든 헤리티지 뮤지엄 건물 전경

탕린 게이트 근처에 위치한 싱가포르 보타닉 가든 헤리티지 뮤지엄은 한낮의 무더위를 피해 보타닉 가든의 역사를 한눈에 볼 수 있는 곳이다. 2013년에 문을 연 이 박물관은 본래 보타닉 가든의 전 관장이었던 에릭 홀텀의 연구실이었으며, 최초로 싱가포르의 난 연구가 이루어진 곳이기도 하다. 박물관 1층에는 보타닉 가든의 발전을 이끌었던 인물들이 소개되어 있어 역대 관장들의 얼굴과 업적을 확인해볼 수 있다. 2층에는 보타닉 가든에서 재배되었던 식물 자료들이 전시되어 있으며, 리들리가 고안해낸 특별한 고무 채취 방식도 볼 수 있다.

▌ 타이어설 게이트(Tyersall Gate) : 보타닉 가든의 필수 코스

시원하게 쏟아지는 진저 가든 내 폭포수

진저 가든 입구

타이어설 게이트는 보타닉 가든의 센트럴 구역으로 쑥 들어와 있어서 택시를 이용하면 보타닉 가든의 필수 코스인 내셔널 오키드 가든 근처까지 편하게 이동할 수 있다. 오키드 가든만 하더라도 관람시간이 약 1시간은 소요되기 때문에 체력을 비축해야 하는 여행자들에게는 타이어설 게이트를 이용할 것을 강력 추천한다. 참고로 싱가포르 시내 시티투어 버스를 이용할 경우에도 타이어설 게이트에서 승하차가 이루어진다.

◈ 진저 가든 Ginger Garden

횃불 모양을 닮은 토치 진저 꽃   가재 집게발 모양을 닮은 헬리코니아

향긋한 생강 내음이 가득할 것만 같은 진저 가든에는 수백 종의 생강과 식물들이 자라고 있으며, 예쁜 연못과 시원하게 쏟아지는 폭포수로 아기자기하게 꾸며져 있다. 이곳에서는 뿌리 채소로만 알고 있던 생강이 이토록 예쁜 꽃을 피운다는 사실에 깜짝 놀라게 될 것이다! 가장 예쁜 생강 꽃 중 하나인 토치 진저Torch Ginger는 이름처럼 활활 타오르는 횃불 모양을 닮았다. 꽃봉오리는 식재료로도 이용되며 싱가포르 로컬 샐러드인 로작rojak에도 들어간다. 진저 가든에서 가장 많이 보이는 생강목 식물은 헬리코니아다. 진녹색 이파리와 대비되는 원색의 꽃들이 지그재그로 피어난 모습에서 열대 식물 특유의 원시적인 에너지가 느껴진다. 놀랍게도 생강목 식물 중에는 우리가 흔히 먹는 바나나도 포함되어 있으니 확인해보자!

◈ 내셔널 오키드 가든 National Orchid Garden

- 이용시간 : 오전 8시 30분 ~ 오후 7시
- 입장료 : 성인 15불, 학생 또는 60세 이상 3불, 12세 미만 어린이 무료

내셔널 오키드 가든 입구

진저 가든을 나서면 관광객들로 붐비는 작은 광장으로 이어진다. 난꽃으로 화려하게 장식된 시계탑이 손짓하는 이곳은 바로 보타닉 가든의 하이라이트, 내셔널 오키드 가든 입구다. 1995년에 오픈한 오키드 가든은 세계에서 가장 큰 난초 관람 시설로, 6만종 이상의 난초와 식물

오키드 가든의 대표적인 포토 스폿인 골든 샤워 터널 | 꽃 모양이 꼭 춤추는 댄서의 모습을 닮았다

들이 서식하고 있다. 난과 꽃을 사랑하는 사람들에게 오키드 가든은 진정한 지상 낙원이다. 각양각색의 난꽃들은 우리의 혼을 쏙 빼놓고, 조경은 또 어쩌나 잘되어 있는지 연신 감탄이 나온다.

오키드 가든에서 처음부터 우리의 마음을 사로잡은 곳은 노란 빛깔의 작은 꽃들이 흐드러지게 피어 있는 아치형 터널이었다. 배경이 예뻐 사진도 잘 나오지만 터널을 통과할 때마다 눈부신 꽃잎들이 머리 위로 쏟아져 내릴 것만 같아 절로 행복한 마음이 든다. 왜 이 난이 '골든 샤워'라고 불리는지 절로 실감이 난다. 온시디움Oncidium이라는 학명을 가진 이 난은 꽃 하나하나를 보면 꼭 치맛자락을 펼치고 춤추는 댄서의 모습을 닮아 있는데, 그래서 종종 '댄싱 레이디'라고도 불린다.

보타닉 가든의 오랜 역사와 함께한 버킬 홀

오키드 가든 안에는 독특한 양식의 버킬 홀Burkill Hall도 볼 수 있다. 1886년에 지어진 이 건축물은 초대 관장인 리들리를 포함한 관장들의 관저로 100년 넘게 이용되었다. 건물 이름은 2대에 걸쳐 관장을 지냈던 아이작 버킬과 그의 아들 험프리 버킬의 이름을 따서 붙여졌다. 심지어 아들 험프리는 이 집에서 태어났다고 하니 참 대단한 인연이다. 버킬 홀은 현재 동남아시아에 남아있는 유일한 앵글로-말레이 플랜테이션Anglo-Malay Plantation 양식의 건물로 그 역사적 의의가 크다. 가장 큰 특징은 냉방시설이 없던 시절, 열대 기후에 맞

게 지어졌다는 점이다. 말레이 전통 가옥의 건축 양식을 따라 집의 기초를 기둥으로 받쳐 올리고 1층 바닥에는 타일을 깔았다. 2층은 자외선을 덜 흡수하는 목재를 주로 이용했고, 넓은 베란다를 설치했다. 오늘날 버킬 홀은 이벤트 장소로 대여가 가능하며, 특별한 결혼식 장소로 각광을 받고 있다.

다이애나 황태자비의 이름을 딴 난
(Dendrobium Memoria Princess Diana)

버킬 홀 뒷뜰에 있는 VIP 난 공원에서는 싱가포르를 방문했던 귀빈들의 이름을 가진 난들을 만날 수 있다. 영국의 엘리자베스 2세 여왕, 전 총리 마가렛 대처, 남아프리카 공화국의 넬슨 만델라 전 대통령, 오바마 전 미국 대통령 부처 등을 비롯하여 중화권 배우 성룡, 한국 배우 배용준과 권상우, 이탈리아 성악가 안드레아 보첼리 등의 이름도 보인다. 2018년에는 싱가포르를 방문한 문

재인 대통령 부처의 이름을 딴 난이 나오기도 했다. 그 중 가장 많은 이들의 주목을 받는 난은 아마도 다이애나 황태자비의 난일 것이다. 1997년 그녀의 방문을 앞두고 난을 준비했지만, 안타깝게도 같은 해 교통사고로 세상을 떠나며 끝내 이 난을 보지 못했다. 2012년이 되어서야 아들인 윌리엄 왕자 부부가 이 난을 볼 수 있었다는 이야기는 많은 이들의 마음을 뭉클하게 한다.

◇ **러닝 포레스트 The Learning Forest**

러닝 포레스트의 고가 보행로

러닝 포레스트 전경

그물로 만들어진 휴식공간

러닝 포레스트는 타이어설 게이트 또는 스완 레이크 근처에서부터 탐방을 시작할 수 있으며, 잠깐이라도 실제 열대 우림 탐험을 하는 듯한 기분을 느낄 수

있는 곳이다. 이 숲의 하이라이트는 '워크 오브 자이언트SPH Walk of Giants'라 불리는 8미터 높이의 산책로다. 이 길을 따라 걷다 보면 마치 거인이 된 것처럼 거대한 나무들과 눈맞춤 할 수 있고, 나무 주변으로는 그물 침대 같은 쉼터가 마련되어 있어 산림 속 휴식을 즐길 수 있다. 러닝 포레스트 속 연못에서는 수생식물과 작은 물고기들을 관찰하며 습지 생태계를 경험할 수도 있다.

◈ 갤롭 익스텐션 Gallop Extension

© 비비시스터즈

싱가포르에서 가장 오래 된 블랙앤화이트 방갈로

2021년 3월에는 타이어설 게이트 근처에 보타닉 가든의 확장판 격인 갤롭 익스텐션이라는 공간이 새롭게 문을 열었다. 이곳의 하이라이트는 오랜 역사를 자랑하는 두 채의 블랙앤화이트 방갈로로, 두 곳 모두 래플즈 호텔과 빅토리아 극장 및 콘서트홀을 지은 건축가 비드웰Regent Alfred John Bidwell이 디자인하였다. 그 중 하나는 싱가포르에 남아 있는 가장 오래된 블랙앤화이트 방갈로로 알려져 있는데, 현재는 포레스트 디스커버리 센터로 바뀌어 싱가포르 숲 생태계에 관한 자료가 전시되어 있으며, 또 다른 건물 역시 보태니컬 아트 갤러리로 바뀌어 2000여점의 식물화 등을 관람할 수 있다. 또한 갤롭 익스텐션에는 자연을 테마로 한 놀이터, 코모 어드벤처 그로브도 있어 온 가족이 시간을 보내기 좋다.

▌나심 게이트(Nassim Gate) : 힐링과 휴식을 위한 공간

나심 게이트는 타이어설 게이트와 마찬가지로 보타닉 가든의 센트럴 구역에 위치하고 있어 택시를 이용하면 편리하다. 싱가포르 사람들이 피크닉과 공연을 즐기는 팜 밸리와도 가깝고, 게이트 근처에 식당이 있어 요기하기도 좋다. 그리고 힐링 가든, 향기 가든, 에볼루션 가든 같은 테마 정원에서는 자연을 즐기며 여유 있는 산책도 가능하다. 편안한 휴식과 힐링을 원한다면 돗자리와 간식을 챙겨 나심 게이트 쪽으로 떠나보자.

◈ 팜 밸리와 심포니 레이크 Palm Valley and Symphony Lake

팜 밸리는 보타닉 가든에서 가장 인기있는 피크닉 장소이자 마음이 편안해지는 힐링 장소로, 포근한 이불을 깔아 놓은 듯한 너른 잔디밭 위로 하늘을 향해 쭉 뻗은 야자수들이 너무나 아름답다. 이곳에는 220종 이상의 야자수Palm가 자

라고 있고, 경사진 계곡 모양 지형 덕분에 '팜 밸리'라는 이름이 붙었다. 주말이면 야자수 그늘 아래서 도시락을 먹거나 책을 읽는 등 저마다의 방식으로 여유를 즐기는 평화로운 풍경이 펼쳐진다. 신나게 뛰노는 아이들의 웃음소리도 끊이지 않는다. 저녁에는 종종 팜 밸리 끝 '심포니 레이크'라 불리는 무대에서 다양한 공연이 펼쳐지는데, 관객들의 뜨거운 호응과 열기로 언제나 흥이 넘친다. 공연 일정은 보타닉 가든 홈페이지에서 확인 가능하다.

(위, 아래) 야외 공연과 피크닉을 즐기는 사람들

◈ EJH 코너 하우스 EJH Corner House

고풍스러운 블랙앤화이트 방갈로 양식의 EJH 코너 하우스

나심 게이트 근처 작은 언덕 위로는 검정색 목재와 하얀 벽으로 고풍스럽게 장식된 블랙앤화이트 하우스를 볼 수 있다. 이 건물은 1910년에 지어졌으며, 1929년부터 1945년까지 보타닉 가든의 부관장이었던 코너Eldred John Henry Corner의 관저로 쓰였다. 현재는 고

급스러운 프랑스 레스토랑으로 보타닉 가든의 특별한 다이닝 공간이 되었다. 멋스러운 옛 건물 안에서 자연과 더불어 우아한 식사를 즐기거나, 소중한 손님을 모시기에 더없이 좋은 곳이다.

▌ 부킷티마 게이트(Bukit Timah Gate) : 현지인들의 휴식처이자 아이들을 위한 공간

MRT를 타고 보타닉 가든 역에 내리면 바로 부킷티마 게이트로 이어진다. 주변이 대부분 주거 지역이다 보니 관광객보다는 현지인들이 더 애용한다. 역 앞에는 현지인들이 즐겨 찾는 브런치 카페와 아기자기한 소품 가게들이 모여 있다. 게이트 안으로 들어서면 작은 호수를 중심으로 산책로가 잘 조성되어 있고 곳곳에 정자와 벤치가 있어 휴식을 취하거나 사색하기 좋다. 꽃나무가 가득한 잔디밭에는 요가나 운동을 즐기는 이들도 많다. 어린이 전용 공원인 칠드런스 가든과도 가까워 아이들과 함께라면 꼭 이용해보기를 추천한다.

◈ 에코 가든과 에코 레이크 Eco-Garden & Eco-Lake

매력적인 흑조들을 만날 수 있는 에코 레이크

흔히 '에코'라고 하면 환경만 생각하는데, 여기서의 에코는 생태계를 뜻하는 Ecological과 경제를 뜻하는 Economic 모두를 의미한다고 한다. 즉, 에코 가든에는 목재, 열매, 송진, 섬유, 향신료 등 인간에게 무수한 산물을 아낌없이 내어 주는 식물들이 가득하다는 얘기다. 에코 레이크에서는 스완 레이크의 백조와는 또 다른 매력이 있는 블랙 스완, 흑조 가족이 우리를 반기며, 해질 녘 호숫가에서 바라보는 붉은 석양도 운치 있다.

◇ 제이콥 발라스 칠드런스 가든(Jacob Ballas Children's Garden)

● 이용시간 : 화-일 오전 8시 ~ 오후 7시(월요일 휴무)

● 입장료 : 무료

● 주의사항 : 성인은 14세 이하 어린이 동반시에만 입장이 가능하며, 12세 이하 어린이는 반드시 성인 보호자와 함께 입장해야 함.

칠드런스 가든 입구

칠드런스 가든에서 신나게 노는 아이들

제이콥 발라스 칠드런스 가든은 유대인 출신의 자선 사업가, 제이콥 발라스가 남긴 아시아 최초의 어린이들만을 위한 정원이다! 아이를 동반하지 않은 어른은 아예 입장이 되지 않아 아이들이 주인공이 되어 즐겁게 체험할 수 있다. 놀이체험시설 이용료가 비교적 비싼 싱가포르에서 무료라는 점도 매력적이다. 12,000평 규모의 정원 안에는 농장 체험을 비롯하여 미로 찾기와 물놀이, 열대 숲 속의 나무집과 흔들 다리, 어린이 전용 집라인, 트램펄린 등 아이들의 호기심과 모험심을 만족시켜주는 테마별 즐길거리가 가득하며, 하나같이 자연과 절묘한 조화를 이루고 있어 아이들의 상상력을 한껏 자극한다.

EAT PLAY SHOP

– 로컬처럼 먹고 즐기고 쇼핑하라

ⓔⓐⓣ 맨하튼 Manhattan

: 1 Cuscaden Rd, Level 2 Regent Singapore, Singapore 249715

© IHG

바 2017-2018년 2년 연속 아시아 최고의 바로 선정된 맨하튼 바는 오차드 로드의 리젠트 호텔 2층에 위치하고 있다. 1900년대 초 뉴욕 사교클럽 같은 분위기와 미국의 역사를 담은 독특한 칵테일 컬렉션으로 유명하며, 위스키를 사랑하는 사람들에게는 무려 200종 이상의 희귀한 위스키로 가득한 위스키 전용 숙성 창고도 매력적으로 다가올 것이다.

ⓔⓐⓣ 수프 레스토랑 SOUP RESTAURANT

: 290 Orchard Rd, #01-44, Singapore 238859

중식 싱가포르에서 꼭 먹어 보아야 할 삼수이 치킨이 있는 곳으로, 아삭한 양상추에 부드럽게 찐 닭고기와 오이를 얹고 이곳만의 특별한 생강 소스를 넣어 싸먹으면 최고의 맛을 느낄 수 있다. 수프 레스토랑인 만큼 현지인들이 보양식으로 즐기는 수프도 있고, 해산물과 두부 요리도 맛있어 모두가 만족스러운 식사를 할 수 있다. 싱가포르 전역에 지점이 있으니 가까운 지점을 찾아 방문해보자.

EAT PLAY SHOP

– 로컬처럼 먹고 즐기고 쇼핑하라

EAT 푸티엔 Putien
: 2 Orchard Turn, #04-12 ION Orchard, Singapore 238801

중식 푸티엔은 현지인들이 특히 사랑하는 레스토랑으로, 2019년에는 미슐랭 1 스타를 받기도 했다. 본래 푸티엔은 중국 푸젠성 지방의 도시로 산과 바다와 맞닿아 있어 농수산물이 풍부하다. 이곳에서는 푸티엔식 가정 요리를 맛볼 수 있는데, 5가지 방식으로 조리하는 담백한 참조기 요리와 대나무 통에 국물과 함께 나오는 새우 요리, 참마 튀김, 푸티엔식 국수 요리가 유명하다.

EAT 피에스 카페 PS.Cafe
: 390 Orchard Rd, #02-09A, Singapore 238871

© PS Gourmet

카페 싱가포르에서 가장 유명한 브런치 카페로, 2019년에는 서울 청담동에 지점을 내기도 했다. 트렌디하면서도 꽃이 가득한 자연 친화적인 인테리어, 맛있는 음식과 디저트, 친근한 서비스로 모두에게 큰 사랑을 받고 있다. 오차드 로드만 해도 몇 군데가 있는데, 태국 대사관 옆 지점이 오차드 역과 가장 가깝고, 보타닉 가든과 가까운 뎀시힐 지점이 가장 크다

바운스 Bounce Singapore
: 8 Grange Rd, #09-01 Cineleisure, Singapore 239695

© Tomorrow Entertainment Holdings

© Tomorrow Entertainment Holdings

싱가포르 어린이들이 사랑하는 실내 트램펄린장으로, 시네레저(Cineleisure Orchard) 쇼핑몰 9층에 위치하고 있다. 연령별, 수준별로 시설이 잘 분리되어 있어 누구나 안전하게 즐길 수 있는 점이 특징이다. 1시간 기본 체험료는 약 25불이며, 유아와 학생은 할인 가격이 적용되므로 방문 전 홈페이지를 확인해보자.

EAT PLAY SHOP
– 로컬처럼 먹고 즐기고 쇼핑하라

PLAY **홈 요가 HOM Yoga**
: 181 Orchard Rd #06-12/13 Singapore 238896

오차드 센트럴에 위치한 요가 스튜디오로, 통유리창을 통해 오차드 로드와 에메랄드 힐 일
대를 내려다 볼 수 있는 점이 특별하다. 1회 이용권 구입이 가능하여 첫 방문자나 여행자들
도 부담없이 원하는 클래스를 택해 참여할 수 있다. 탈의실과 샤워시설을 갖추고 있으며,
요가 매트와 타월도 제공된다. 방문 전 홈페이지를 통해 일정을 미리 확인하는 것이 좋다.

PLAY **마이 아트 스페이스 My Art Space**
: Istana Park, 31 Orchard Rd, Singapore 238888

이스타나 공원 안에 자리한 마이 아트
스페이스는 오차드 로드의 숨겨진 예
술공간이다. 특별한 기념품을 고민 중
이라면 여행의 감성과 추억을 직접 그
림으로 담아 가는 것은 어떨까. 이곳
의 아트 잼 프로그램을 예약하면 2시
간 30분간 캔버스, 미술 도구, 음료가
제공되며 미술을 배운 경험이 없더라
도 즐겁게 작품 활동에 빠져볼 수 있
다. 방문 전 홈페이지에서 예약 가능
여부를 미리 확인하는 것이 좋다.

(SHOP) 더 쇼핑 갤러리 The Shopping Gallery

: 581 Orchard Rd, Singapore 238883

보코 호텔 1, 2층에 위치한 쇼핑 갤러리로 여유롭고 프라이빗하게 명품 쇼핑을 즐길 수 있는 곳이다. 마르니, 이세이미야케, 질샌더 등 다채로운 패션 브랜드와 롤렉스, 파텍필립과 같은 고급 시계점도 있다. 포시즌스 호텔로 이어지는 2층 연결로를 따라가면 싱가포르의 대표 명품 편집샵인 클럽21 매장과 흥미로운 아트 갤러리도 있다.

(SHOP) 세포라 SEPHORA

: 2 Orchard Turn, #B2-09 ION Orchard, Singapore 238801

세포라는 프랑스에서 시작한 화장품 편집샵으로, 싱가포르에서 가장 큰 매장은 아이온과 다카시마야 쇼핑몰에 있다. 한국에도 세포라가 있지만, 아직 우리 나라에는 입점되지 않은 브랜드나 같은 브랜드라도 보다 다양한 상품이 있어 만족도가 높다. 매장 곳곳에 한국 뷰티 브랜드 상품도 볼 수 있어 반갑다.

EAT PLAY SHOP

– 로컬처럼 먹고 즐기고 쇼핑하라

SHOP **바샤 커피 Bacha Coffee**

: 2 Orchard Turn #01-15/16 ION Orchard Mall, Singapore 238801

모로코 프리미엄 커피 브랜드 바샤 커피는 1910년에 시작되었으며, 2019년 싱가포르에 첫 해외 지점이 생기면서 크게 인기를 얻었다. 무려 200종 이상의 다양한 커피가 있으며 이국적이고 화려한 카페 분위기는 커피 향 만큼이나 특별하다. 고급스러운 패키지의 드립백 커피 세트는 선물용으로 좋으며, 다카시마야와 창이 공항에도 분점이 있다.

SHOP **얼빈스 솔티드 에그 IRVINS Salted Egg**

: 277 Orchard Road Orchard Gateway #L1-K3, Singapore 238858

얼빈스 솔티드 에그는 현지인들도 줄을 서서 사 먹는 인기 과자다. 솔티드 에그란 짭짤하게 염장한 계란 노른자를 버터와 섞어 만든 소스로 단짠의 조화가 중독성이 있다. 감자칩도 있지만 생선 껍질을 튀긴 피쉬 스킨 과자가 가장 잘 팔리며, 간식이나 술안주로 좋다. 수퍼마켓에서도 구입이 가능하니 먹어 보고 입맛에 맞으면 대량 구매해도 좋겠다.

PART 10

싱가포르 관광 중심지,
센토사를 새롭게 바라보다
센토사와 하버프론트 일대

센토사와 하버프론트 일대

노을이 아름다운 센토사 비치 전경

"센토사는 꼭 가야지!" 싱가포르 여행을 간다고 하면 아마도 십주변에서 십중팔구 이런 이야기를 해줄 것이다. 많은 이들이 싱가포르 필수 코스로 입 모아 추천하는 센토사는 도대체 어떤 곳일까? 센토사는 싱가포르 본섬 남쪽에 있는 작은 섬으로 크기는 서울 여의도의 절반에 불과하다. 그러나 이 작은 섬은 이름만 들어도 신나는 유니버설 스튜디오를 비롯하여 아쿠아리움, 워터파크, 루지 등 흥미진진한 어트랙션으로 가득하다. 게다가 싱가포르 시내에서 15분만 나가면 시원한 야자수가 있는 에메랄드빛 바다가 펼쳐지니, 센토사는 그야말로 액티비티의 천국이자 꿈만 같은 달콤한 휴양지인 것이다.

처음 '센토사'라는 말을 들었을 때는 무슨 절(불교 사원) 이름인 줄 알았다. 이렇게 생각한 사람이 또 있을까 싶지만, 센토사가 무슨 뜻인지 정확히 아는 사람도 거의 없지 않을까? 센토사 Sentosa는 말레이어로 '평화 또는 고요함'을 뜻한다. 휴양지 센토사 섬과 잘 어울리는 예쁜 이름이다. 그러나 과거 센토사 섬은 오랫동안 '풀라우 블라캉 마티 Pulau Blakang Mati'라는 이름으로 불렸는데, 등 뒤에서 죽음을 맞는 섬이라는 소름끼치는 뜻이다. 해적들이 들끓어 유혈 사태가 많았다는 얘기도 있지만 왜 이런 이름이 붙었는지는 아무도 모른다. 확실한 점은 그 옛날 센토사 섬은 지금과는 다른 무시무시한 곳이었다는 것이다!

센토사는 2018년 트럼프 대통령과 김정은 위원장이 처음으로 만난 북미 정상 회담 장소가 되면서 더욱 유명해졌다. 이름대로 '평화의 섬' 역할을 톡톡히

© 비비시스터즈

© SgTransport

(위) 싱가포르 본섬에서 센토사로 이어지는 도보길, 센토사 보드워크, (왼쪽 아래) 센토사 케이블카, (오른쪽 아래) 센토사 익스프레스

한 셈이다. 센토사에 정상 회담을 할 만한 곳이 있는지 의문을 갖는 사람들도 많았으나 걱정도 잠시뿐, 센토사 최고의 럭셔리 호텔인 카펠라 호텔이 회담 장소로 결정되면서 큰 화제가 됐다. 두 정상의 악수 장면이 아직도 생생한데, 지금도 카펠라 호텔에는 그날의 그 자리를 기념하는 표지석이 놓여 있다. 그리고 이를 계기로 센토사에도 멋진 리조트와 호텔들이 있다는 것이 재조명되며 호캉스 장소로도 주목받게 되었다.

반면 "센토사 꼭 가야하나요?"라고 묻는 여행자들도 꽤 있다. 주로 어른들끼리의 여행인 경우다. 그러나 센토사는 남녀노소 누구나 행복해질 수 있는 곳이기에 한번쯤 꼭 가봐야 한다고 얘기하고 싶다. 루지를 타고 내려오며 아이들처럼 꽥꽥 소리도 질러보고, 집라인 위에서 탁 트인 바다 풍경에도 흠뻑 빠져보자. 한때 영국 군사 기지이기도 했던 센토사에는 꽤 큰 규모의 실로소 요새가 남아 있어, 역사를 좋아하는 이들에게 흥미로운 볼거리가 된다. 그리고 자연과 건축물을 사랑한다면 센토사 주변 지역으로 나서보자. 울창한 숲길을 따라 1시간 가량 걸을 수 있는 훌륭한 도보 트레일 코스도 있다.

싱가포르 본섬에서 센토사로 가는 데는 4가지 방법이 있다. 첫번째는 '센토사 익스프레스Sentosa Express'라는 모노레일을 타는 것이다. 하버프론트Harbourfront 역과 연결되는 비보시티VivoCity 쇼핑몰 3층에 탑승장이 있으며, 저렴한 요금으로 편안하게 갈 수 있다. 두번째는 걸어서 가는 것이다. 날씨가 좋다면 비보시티 쇼핑몰 1층으로 나와 바다를 가로지르는 '센토사 보드워크Sentosa Boardwalk'를 따라 걸어보자. 중간 중간 무빙워크가 있어 걸을 만하고, 무료라는 점도 매력적이다. 센토사로 가는 가장 럭셔리한 방법은 케이블카를 타는 것이다. 하늘 위에서 센토사 섬을 한 눈에 내려다보는 기분이 세상 짜릿하다. 가장 쉽고 빠른 방법은 택시다. 단, 센토사 섬 입장시 2-6불SGD 가량의 추가 요금이 발생할 수 있다.

센토사 안에는 생각보다 여러 호텔과 어트랙션이 있어 걸어서만 이동하면 쉽게 지칠 수 있다. 그래서 센토사 안에서 운행하는 무료 이동수단을 최대한으로 이용하면 좋다. 센토사로 들어올 때 탔던 센토사 익스프레스는 센토사 섬 내에서는 무제한 무료 탑승이 가능하다. 또한 센토사 섬을 순환하는 버스와 센토사 비치를 오가는 비치 셔틀Beach Shuttle도 무료로 운행되고 있으니 잘 활용하면 편리하다. 모든 버스와 비치 셔틀은 매 10-15분 간격으로 운행되며 모두 센토사 익스프레스 종점인 비치 스테이션을 지나니 참고하자.

센토사 익스프레스(모노레일) 노선도

Chapter 1

센토사,
도심 속 휴양지이자 모두를 위한 놀이터

유니버설 스튜디오 싱가포르 Universal Studio Singapore

- 이용시간 : 오전 10시 ~ 오후 9시 (요일 및 이벤트 여부에 따라 다를 수 있음)
- 입장료   : 성인 81불, 어린이 61불, 줄 서지 않고 놀이기구 탑승이 가능한 무제한 익스프 레스 티켓은 별도 구매
- 홈페이지 : https://www.rwsentosa.com/en/attractions/universal-studios-singapore

유니버설 스튜디오를 상징하는 지구본

센토사에서 가장 핫한 어트랙션은 뭐니뭐니해도 유니버설 스튜디오다! 비보시티에서 센토사 익스프레스에 오른 지 얼마 지나지 않아 유니버설 스튜디오의 푸른 지구본이 눈앞에 나타나면 자신도 모르게 가슴이 콩닥거릴 것이다. 주체할 수 없는 흥분을 가라앉히고 일단 인증샷을 찍어보자. 뱅글뱅글 쉴새 없이 돌아가는 지구본은 어느 방향에서 찍어도 멋지지만, 이왕이면 타이밍을 잘 맞춰 UNIVERSAL 글자가 최대한 많이 나오도록 찍어줘야 제대로다.

2010년 리조트 월드 센토사Resorts World Sentosa와 함께 활짝 문을 연 유니버설 스튜디오 싱가포르는 동남아시아에서는 최초이자 유일한 유니버설 스튜디오이고, 아시아에서는 일본 다음으로 두 번째다. 7개의 영화 테마 존으로 구성되어 있으며, 24개의 놀이기구가 있는데 그 중 18개는 싱가포르만을 위해 설계된 것이라고 하니 다른 유니버설 스튜디오에 다녀왔더라도 재방문해볼만하다. 또한 유니버설 스튜디오에는 다채로운 공연과 쇼가 마련되어 있어 입장과 함께 지도 속 쇼타임을 미리 체크해 두면 훨씬 풍성하게 즐길 수 있다.

◆ 헐리우드 (Hollywood)

© ashleyt

70년대 미국 헐리우드 거리를 멋지게 재현한 만큼 다이내믹한 건축물들과 화려한 간판이 눈길을 사로잡는다. 명예의 거리에는 슈퍼스타들의 이름이 새겨진 별 모양 동판도 볼 수 있으며, 가장 핫한 캐릭터 중 하나인 미니언즈 굿즈 상점은 그냥 지나치기 어렵다.

◆ 마다가스카 (Madagascar)

영화 마다가스카에 나오는 귀여운 동물 캐릭터들과 시원한 보트 라이드를 즐길 수 있는 곳으로, 자신도 모르게 영화 주제곡 '아이 라익투 무빗무빗' 노래를 계속 흥얼거릴 정도로 흥이 넘친다. 캐릭터들과 함께 사진 찍을 수 있는 포토존이 여러 군데 있고, 회전목마 같은 누구나 즐길 수 있는 어트랙션이 모여 있어 어린 자녀와 함께하기에 최적의 장소다.

◆ 머나먼 왕국 (Far Far Away)

© Patodikhushi07

존 전체가 슈렉의 머나먼 왕국처럼 꾸며져 있어 영화 슈렉을 재미있게 봤던 사람들이라면 흥분을 가라앉히기 어려운 곳이다! 영화 속 캐릭터들을 4D로 만날 수 있는 극장과 당나귀 친구 동키의 유쾌한 만담으로 관중들과 소통하는 '동키 라이브' 쇼가 인기다. 실내 어트랙션들로만 모여 있어 덥지 않고 쾌적하게 즐길 수 있어 더욱 좋다.

◆ 잃어버린 세계 (The Lost World)

영화 주라기 공원을 테마로 한 곳으로 인기 어트랙션 중 하나인 '워터월드'도 이곳에 있다. 배우들이 열연하는 라이브 공연으로 화려한 액션과 물보라, 실감나는 전투 장면은 보는 것만으로 손에 땀을 쥐게 한다. 보트를 타고 스릴 넘치는 공룡의 세계로 떠나는 '주라기 공원 래피드 어드벤처'도 인기다. 두 어트랙션 모두 물에 젖을 수 있으니 우비를 챙기면 좋다.

◈ 고대 이집트 (Ancient Egypt)

웅장한 고대 이집트 피라미드와 파라오의 무덤이 있어 마치 실제 이집트에 와 있는 것 같은 착각을 일으킨다. 유니버설 스튜디오의 또 다른 인기 어트랙션인 '미이라의 복수'가 있는 곳으로, 어둠 속을 빠르게 달리는 롤러코스터는 반전이 있어 더욱 짜릿하다.

◈ SF 도시 (Sci-Fi City)

3D 전투를 즐기며 탈 수 있는 유명한 '트랜스포머 라이드'와 다소 난이도가 있는 두개의 롤러코스터 '배틀스타 갤러티카'가 있어 놀이공원 마니아들에게는 최고로 인기있는 곳이다. 빨간색 트랙은 인간계인 '휴먼', 파란색 트

랙은 탈인간계인 '싸이클론'이다. 일반적인 롤러코스터와 비슷한 휴먼보다는 매달려 가는 롤러코스터인 싸이클론이 훨씬 더 스릴 있다.

◈ 뉴욕 (New York)

뉴욕의 멋진 랜드마크들을 볼 수 있는 곳으로, 광장에서는 시간대별로 신나는 공연이 펼쳐지고 거리 곳곳에서는 영화 캐릭터들을 만나 사진도 찍을 수 있다. 클래식한 마릴린 먼로부터 쿵

푸팬더, 미니언즈, 세서미 스트리트에 나오는 엘모, 쿠키몬스터까지 장난기 넘치는 캐릭터들과 함께 코믹한 인생 사진을 남겨보자.

▌리조트 월드 센토사 Resorts World Sentosa

리조트 월드 센토사 전경

싱가포르 본섬에 마리나베이 샌즈가 있다면 센토사에는 리조트 월드가 있다! 리조트 월드 센토사는 싱가포르 최고의 복합 리조트로, 온 가족이 함께할 수 있는 다양한 즐길거리로 꽉 채워져 있다. 유니버설 스튜디오를 포함하여 워터파크, 수족관 등의 어트랙션, 서로 다른 매력의 호텔과 레스토랑, 카지노까지 하루 종일 있어도 지루할 틈이 없다.

◈ S.E.A. 아쿠아리움

- 이용시간 : 매일 오전 10시 ~ 오후 5시
- 입장료: 성인 41불, 아동 및 60세 이상 30불
- 홈페이지 : https://www.rwsentosa.com/en/attractions/sea-aquarium

S.E.A. 아쿠아리움의 거대 수족관, 오픈 오션 해비타트 전경

S.E.A. 아쿠아리움은 기존 수족관과는 다른 특별함이 있다. 실제 바다 속으로 들어가는 듯한 착각을 불러일으키는 거대한 바다 터널로부터 시작되는데, 갖가지 모양의 상어와 내 몸보다도 큰 물고기가 머리 위로 유유히 헤엄치는 모습에 황홀해진다. 한참을 봐도 깜찍한 니모와 친구들, 빛을 받아 화려한 색깔을 자랑하며 물 속을 떠 다니는 해파리, 위장술에 능해 자세히 보지 않으면 꼭 해초나 돌멩이 같은 물고기들, 마동석 팔뚝보다도 굵은 곰치가 입을 크게 벌린 채 이빨

을 드러낸 모습들은 우리를 신비로운 바다 세계로 빠져들게 만든다.

이곳의 하이라이트는 뭐니뭐니해도 벽면 전체가 수족관으로 꾸며진 오픈 오션 해비타트Open Ocean Habitat다. 가로 36미터, 높이 8미터에 달하는 엄청난 규모의 수족관은 들어서자마자 우리를 압도하며 "와" 하는 탄성이 절로 나오게 한다. 그리고 마치 하늘을 나는 듯 헤엄치는 상어와 웃는 상의 가오리 떼, 스쿠버 다이빙을 해도 쉽게 모습을 드러내 주지 않는 만타가오리까지 너무나 아름답다. 수족관 앞에는 넓은 좌석이 마련되어 있어 시간만 허락한다면 몇 시간이고 앉아 구경해도 좋다.

S.E.A. 아쿠아리움이 진짜 특별한 이유는 따로 있다. 프라이빗하게 수족관을 감상하며 식사를 즐길 수 있는 오션 레스토랑과, 물고기들과 동침할 수 있는 수족관 뷰의 오션 스위트 호텔이 바로 그것이다! 오션 스위트 호텔에서의 하룻밤은 어떨까? 평화로운 바다 속에서 깊은 휴식을 취하는 기분일까, 아니면 너무 황홀한 나머지 잠들지 못해 피곤함만 남을까? 어느 쪽이든 쉽게 잊지 못할 특별한 경험이 되리라는 것은 확실하다.

◈ 어드벤처 코브 워터파크 (Adventure Cove Waterpark)

- 이용시간 : 매일 오전 10시 ~ 오후 6시
- 입장료 : 성인 38불, 아동 30불
- 홈페이지 : https://www.rwsentosa.com/en/attractions/adventure-cove-waterpark

(왼쪽, 오른쪽) 어드벤처 코브 워터파크

바다로 둘러싸인 센토사 안에도 워터파크가 있다! 어드벤처 코브 워터파크는 다양한 액티비티로 가득한 물놀이 체험장으로, 특히 이곳의 하이라이트인 스노쿨링 체험이 가능하다는 점에서 오픈 때부터 큰 인기를 얻고 있다. 워터파크 안 레인보우 리프Rainbow Reef에는 컬러풀한 열대 물고기들이 살고 있으며, 스노쿨링으로 더욱 가까이에서 만나볼 수 있다.

스노쿨링 외에도 즐길 거리는 많다. 튜브 위에서 여유를 즐길 수 있는 유수풀 어드벤처 리버Adventure River와 정신없이 몰아치는 파도를 즐길 수 있는 블루워터 베이Bluewater Bay는 서로 다른 매력의 즐거움을 선사해 준다. 또한 다양한 난이도의 워터 슬라이드가 있어 골라 타는 재미가 있다. 동남아시아 최초의 수상 롤러코스터이자 이곳에서 제일 핫한 립타이드 로켓Riptide Rocket을 체험해보자. 보통의 슬라이드와는 달리 내려가기만 하는 것이 아니라 올라갔다 뚝 떨어지고 빠르게 회전하여 스릴이 넘친다. 어드벤처 코브 워터파크는 규모가 아주 크지 않아서 반나절 정도면 충분히 즐길 수 있다. 구명조끼와 스노쿨링 장비는 무료로 제공되나 수건은 유료 뿐이니 미리 챙겨가면 좋겠다.

▍임비아 스테이션 - 굿바이, 아빠 멀라이언

모두의 추억으로 남게 된 센토사 멀라이언

마리나베이에 가면 일 년 내내 물을 내뿜는 멀라이언 동상이 우리를 반기 듯이 센토사에 가면 키 37미터의 듬직한 멀라이언 동상이 우리를 반기곤 했다. 멀라이언 중 몸집이 가장 커서 아빠 멀라이언이라고 불렸던 센토사 멀라이언은 많은 사람들에게 센토사 하면 가장 먼저 떠오르는 추억의 장소로 남아 있다. 맨 처음 아빠 멀라이언을 마주했을 때의 감동이 아직도 생생한데, 멀라이언이 입을 쩍 벌리고 있는 전망대로 올라가 이빨을 끌어 안고 사진도 찍었다. 당시 거금 30불을 주고 샀던 그 사진은 지금 어디 있는지…눈물이 앞을 가린다.

2019년 9월 어느 날, 센토사 멀라이언이 곧 사라질 거라는 뉴스가 나왔다. 1995년부터 센토사를 지켜온 멀라이언이 없어지다니, 청천벽력 같은 소식이었다! 소식을 듣고 서둘러 멀라이언으로 달려갔다. 영상 속 멀라이언 스토리는 내용을 뻔히 알아도 재미있었고, 전망대에서 바라본 센토사 풍경은 여전히 아름다웠다. 멀라이언 이빨과 함께 마지막 인증샷도 남겼다. 이제는 성능 좋은 핸드폰이 있어 돈을 주고 사진 살 일은 없었지만, 사진을 찍으며 나름 멀라이언에 이별을 고했다. 굿바이, 아빠 멀라이언, 아쉬운 마음에 밖으로 나오는 발걸음이 무거웠다.

멀라이언이 없는 센토사는 어떤 모습일까? 어느새 '싱가포르도 다 계획이 있겠지' 하는 기대감이 생긴다. 앞으로 센토사는 더욱 새롭고 풍성한 휴양 섬으로 변모할 예정이다. 본섬에서 센토사로 넘어가기 전에 보이는 브라니 섬 항구 시설을 옮기고, 센토사 섬과 브라니 섬을 통합하여 재개발될 것이다. 그리고 멀라이언이 있던 자리에는 유니버설 스튜디오 광장에서부터 센토사 비치를 잇는 산책로가 생긴다고 한다. 아직 구체적인 계획은 공개되지 않았지만, 새로운 센토사의 모습을 기대해본다.

◈ 스카이헬릭스 센토사 (SkyHelix Sentosa)

- 이용시간 : 매일 오전 10시 ~ 오후 9시 30분
- 입장료 : 성인 18불, 아동 15불
- 홈페이지 : https://www.mountfaberleisure.com/attraction/skyhelix-sentosa/

ⓒ 비비시스터즈

스카이힐릭스 센토사

임비아 스테이션에서 케이블카 승강장 쪽으로 언덕을 오르면 2022년에 새로 생긴 스카이헬릭스라는 곤돌라 타워가 나온다. 곤돌라는 서서히 빙글빙글 돌아가면서 해발 79미터 높이까지 올라가는데 이는 센토사에서 가장 높은 뷰 포인트 중 하나가 된다. 다른 곤돌라와는 달리 시야를 가리는 유리창이 없어 360도로 탁 트인 전망이 눈앞에 시원하게 펼쳐진다. 멀리 케펠 베이와 센토사 주변 섬까지 한 눈에 감상할 수 있으며, 해질녘과 해진 후 야경도 볼만하다.

Chapter 2

센토사
3대 비치 이야기

　　센토사 섬 남쪽 끝에 도달하면 쭉 뻗은 야자수와 하얀 모래사장이 빛나는 환상적인 비치가 펼쳐진다. 센토사가 관광지로 개발되면서 만들어진 인공 해변이긴 하지만 이런들 어떠하며 저런들 어떠하리. 시내에서 차로 고작 15분 나왔을 뿐인데 이런 아름다운 해변을 볼 수 있다니, 새삼 싱가포르가 고마워지는 순간이다. 센토사에는 해안선을 따라 세 개의 비치가 있으며, 서쪽부터 차례로 실로소 비치, 팔라완 비치, 탄종 비치라 부른다. 서로 다른 매력으로 어디가 더 좋다 말하기는 어려우므로 취향에 맞게 골라 가면 좋겠다. 다만 세 군데의 비치는 3킬로미터 이상 넓게 펼쳐져 있어 걸어서 이동하기는 다소 무리가 있다. 신나게 놀기 위한 에너지 비축을 위해 센토사 3대 비치를 오가는 무료 셔틀을 이용해보자.

▍실로소 비치 Siloso Beach

　　실로소 비치는 센토사 익스프레스 종착역인 비치 스테이션에서 가까워 가장 많은 사람들이 찾는 곳으로 한국 여행자들이 사랑하는 루지, 메가집을 비롯해서 번지점프, 스카이다이빙 체험과 같은 활동적인 어트랙션이 모여 있는 액티비티 천국이다. 해변에는 SILOSO라는 거대한 글자가 있어 오로지 인증샷만을 위해 찾아가는 여행자들도 있다. 날이 어두워지면 해변가 야외 무대에서 윙스오브타임 쇼가 펼쳐지고, 노을 지는 바다를 바라보며 맥주나 칵테일을 즐기기도 좋다. 모두의 놀이터가 될 수 있는 센토사의 진수를 보여주는 곳으로 가족 동반 여행자들에게 강력 추천한다.

◈ 스카이라인 루지(Skyline Luge)

● 이용시간 : 매일 오전 10시 ~ 오후 7시 30분 (금, 토요일에는 오후 9시 30분까지)
● 입장료 : 2회권 22불부터

　'Once is never enough!' 라는 문구처럼 한 번으로는 절대 충분치 않은 극강의 즐거움을 주는 것이 바로 루지다. 센토사 최고 인기 어트랙션 중 하나로 스키장 리프트처럼 생긴 스카이 라이드를 타고 언덕 위로 올라간 다음, 무동력 카트인 루지를 타고 트랙을 따라 신나게 내려오면 된다. 운전이 어려우면 어쩌나 하는 걱정은 접어두자. 출발 전 직원이 무려 한국어로 쪽집게 강사처럼 작동법을 알려준다. 루지보다 스카이 라이드가 더 스릴 있다는 평이 많은데, 처음에는 조금 긴장되지만 여유를 부려 뒤를 바라보면 눈 앞에 푸른 바다가 시원하게 펼쳐진다. 남녀노소 모두가 사랑하는 루지, 레이싱 게임 속 주인공이 되어 신나게 달려보자!

◈ 메가 어드벤처(Mega Adventure)

● 이용시간 : 매일 오전 11시 ~ 오후 7시
● 입장료 : 메가집(Mega Zip)만 이용시 60불

　메가 어드벤처는 메가집, 메가 점프, 메가 클라임, 메가 바운스의 4가지 액티비티를 포함하고 있지만, 가장 인기 있는 것은 단연 메가집이다! 메가집을 타면 72미터 상공에서 푸른 숲을 지나 하얀 모래사장이 있는 비치까지 시원하게 바람을 가르며 날 수 있다. 일상

의 스트레스를 모두 날려버릴 수 있을 만큼 짜릿하고, 위에서 내려다보는 아름다운 풍경에 마음도 행복해진다. 출발 전에는 살짝 떨리지만 막상 출발하면 오히려 너무 순식간이라 아쉬움이 남을 지 모른다. 누구나 도전할 수 있는 메가집에서 잊지 못할 추억을 만들어보자.

◇ 윙스오브타임(Wings of Time)

- 이용시간 : 매일 오후 7시 30분, 주말과 공휴일에는 8시 30분 추가 공연(공연 시간 20분)
- 입장료 : 18불

매일 저녁 어둠이 깔리면 실로소 비치 야외 공연장에서는 윙스오브타임이라는 특별한 쇼가 시작된다! 전설의 새 샤바즈와 친구들을 따라 신나는 시간 여행을 떠나보자. 영국 산업혁명부터 중국의 실크로드, 그리고 바다 속 세계와 아직 가보지 않은 미래 세계까지 3D 영상을 통해 실감나게 감상할 수 있다. 화려한 레이저쇼와 시원하게 쏟아지는 분수, 그리고 뜨거운 불꽃 쇼는 센토사에서의 밤을 더욱 특별하게 만들어 줄 것이다.

◇ 번지점프(AJ Hackett Sentosa)

- 이용시간 : 매일 오전 11시 30분 ~ 오후 7시
- 입장료 : 번지점프 89불

"쓰리, 투, 원, 번지!" 47미터 높이 번지점프대에 올라서면 아름다운 실로소 비치가 온전히 나의 것이 된다. 극강의 스릴을 즐길 줄 아는 여행자라면 싱가포르에 단 하나밖에 없는 센토사 번지점프가 매력적으로 다가올 것이다. 몸무게가 40-150킬로그램 사이라면 누구나 뛸 수 있으니, 관심이 있다면 도전해보자.

◈ 아이 플라이(iFly Singapore)

● 이용시간 : 매일 오후 12시 ~ 오후 9시 30분(요일에 따라 조금씩 상이함)
● 입장료 : 첫 체험시 89불

번지점프는 너무 짧아 아쉽고 평소 수퍼맨처럼 멋지게 하늘을 날아 보고 싶었다면 스카이 다이빙에 도전해보는 건 어떨까. 아이 플라이는 실내 스카이 다이빙 체험장으로 밑에서 쏘아 올리는 강력한 바람으로 공중 부양이 가능하며, 전문가들의 친절한 안내로 안전하게 즐길 수 있다. 7세 이상이면 누구나 체험이 가능하다.

◈ 올라 비치클럽(Ola Beach Club)

● 이용시간 : 매일 오전 11시 ~ 오후 8시(요일에 따라 조금씩 상이함)
● 입장료 : 워터 스포츠 체험 1인당 25-35불선

올라 비치클럽은 온 가족이 함께 물놀이를 하며 시간을 보내기에 더없이 좋은 곳이다. 클럽 내 수영장에서 물장구를 치거나 모래 놀이를 할 수도 있고, 클럽 앞 바다에 나가 다양한 워터 스포츠 체험도 할 수 있다. 센토사 푸른 바다 위에서 카약, 스탠드업 패들링, 바나나 보트, 도넛보트를 즐겨보자. 물 위를 나는 제트팩도 체험 가능하다. 하와이를 테마로 하고 있어 하와이식 음식과 열대 칵테일을 맛볼 수 있다는 점도 좋다.

▌ 팔라완 비치 Palawan Beach

　팔라완 비치는 센토사 3대 비치 중 가장 가족적인 분위기의 비치로 알려져
있다. 액티비티보다는 자연 자체를 즐기고픈 여행자들, 그리고 편안하게 해수
욕이 가능한 곳을 찾는 가족 여행자들에게 추천한다. 팔라완 비치에는 아시아
대륙에서 가장 적도에 가깝다는 자그마한 섬이 있는데, 그 섬까지 이어진 출렁
다리가 한 폭의 그림 같은 풍경을 만들어낸다. 섬과 섬 사이 수심이 낮은 해변
가에는 해수욕을 즐기는 사람들도 보인다. 물에 젖어도 괜찮은 신발과 여벌옷,
거기에 약간의 모험심을 더해 팔라완 비치로 떠나보자. 복잡하다고만 생각했던
센토사와는 다르게 여유 있는 시간을 보낼 수 있을 것이다.

◈ 아시아 대륙 최남단 포인트(Southernmost Point of Continental Asia)

| 팔라완 비치의 명물 출렁 다리 | 출렁 다리를 건너면 볼 수 있는 아시아 대륙 최남단 포인트 표지판 |

　팔라완 비치에서 물에 닿을 듯 말 듯한 출렁 다리를 따라 작은 섬으로 건너
가면 '아시아 대륙 최남단 포인트'라는 표지판을 볼 수 있다. 인증샷을 찍고 나
면 조금 힘들어도 섬 안에 있는 3층 높이 전망대까지 꼭 올라가보자. 에메랄드
빛 바다와 출렁 다리가 어우러져 눈부신 아름다움을 선사해주며, 유유히 떠 있
는 큰 무역선들과 오일 탱커들도 장관을 이룬다.

▌ 탄종 비치 Tanjong Beach

　탄종 비치는 실로소 비치에서 가장 멀리 떨어져 있어 한적함을 자랑하며,
관광객들보다는 싱가포르 거주자들이 즐겨 찾는다. 야자수 아래 책을 읽는 사람
들의 모습에서 여유가 느껴지며, 강아지를 데리고 산책을 하거나 비키니 차림으

로 태닝을 즐기는 무리들도 보인다. 그러나 한적하다고 해서 늘 조용하기만 한 것은 아니다. 센토사의 숨은 핫플레이스 탄종 비치 클럽에서는 전 세계 젊은이들과 어우러져 흥을 즐길 수도 있다. 바쁜 여행 일정은 잠시 접어 두고 시간에 나를 맡긴 채 어른들만의 여유로운 휴가를 즐겨보자.

◈ 탄종 비치클럽(Tanjong Beach Club)
- 이용시간 : 매일 오전 11시 ~ 오후 10시(요일에 따라 조금씩 상이함)
- 홈페이지 : https://www.tanjongbeachclub.com/home

하얀 모래사장과 에메랄드 빛 바다가 펼쳐진 탄종 비치클럽은 싱가포르 최고의 비치클럽 중 하나로 손꼽히는 곳이다. 신나는 음악과 칵테일, 그리고 비키니 파티까지, 누구나 한번 쯤 꿈꾸었던 진정한 휴가를 바로 이곳에서 즐길 수 있다. 주중에는 주말보다 여유롭지만, 흥이 넘치는 파티 분위기를 원한다면 주말 오후 시간대를 추천한다. 해질 무렵이면 흥겨웠던 비치클럽은 로맨틱 모드로 바뀐다. 반짝이는 별 아래 파도 소리를 배경 음악 삼아 즐기는 로맨틱 디너는 특별한 날을 기념하기에도 좋다. 수영장을 이용하려면 수영복이나 래쉬가드를 입어야 입수가 가능하니 미리 챙겨가고, 주말이면 자리 잡기 어려워지는 선베드는 홈페이지에서 미리 예약도 가능하다.

◆ 센토사 골프 클럽(Sentosa Golf Club)

© Sentosa Golf Club

　일부러 찾지 않으면 눈에 잘 띄지는 않지만 센토사 안에는 골프 클럽도 있다. 골프 팬이라면 아마도 센토사 골프 코스가 그리 낯설지만은 않을 것이다. 왜냐하면 2019년 LPGA(미국 여자 프로골프) HSBC 위민스 월드챔피언십에서 한국의 박성현 선수가 마지막 날 역전 우승을 한 곳으로 알려져 있기 때문이다. 센토사 골프 클럽은 2019년 세계 골프 어워드World Golf Awards에서 '세계 최고의 골프 클럽' 및 '싱가포르 최고의 골프 코스'를 수상한 세계적으로 명성 있는 곳이다. 36홀 코스로 전통적인 세라퐁 코스와 최근 새단장한 뉴 탄종 코스가 있다. 세라퐁 코스는 원래 포트 세라퐁Fort Serapong이라는 군사시설이 있던 곳을 골프장으로 바꾼 곳으로, 아름다운 전경과는 달리 벙커와 워터 해저드 등이 많은 도전적인 코스로 알려져 있다. 뉴 탄종 코스는 세라퐁 코스와 비교하면 조금 편안하지만 역시 만만치 않은 코스라고 한다. 그러나 두 코스 모두 싱가포르의 아름다운 풍경을 조망할 수 있어 전 세계 골퍼들에게 호평을 받고 있다.

Chapter 3

센토사에서의 호캉스
: 샹그릴라 vs 카펠라

상그릴라 라사 리조트 & 스파 전경 · · · · · · · · · · · · · · · · · · · 상그릴라 키즈풀

　　몇 년 전만 하더라도 누가 센토사로 쉬러 간다 했다면 고개를 갸우뚱 했을
듯하다. 센토사 하면 복잡한 관광지의 이미지가 먼저 떠올라 과연 쉬러 갈 만한
곳인가 하는 의심 때문이었다. 그러나 알고 보면 센토사 안에는 호캉스를 즐길
만한 호텔과 리조트가 꽤 많다. 그래서 일단 센토사에 묵기로 정했다 하더라도
어디로 가야하나 하는 새로운 고민이 시작된다. 그러나 자고로 호캉스라 하면
바쁘게 여행 일정을 소화하기보다는 최대한 호텔 시설을 이용하며 시간을 보
내는 것이 아니던가! 이런 면에서 볼 때 센토사에서 진정한 호캉스 장소로 가
장 손꼽히는 곳은 샹그릴라 라사 센토사 리조트 & 스파와 카펠라 호텔이라 하
겠다.

　　샹그릴라 라사 센토사 리조트 & 스파는 가족 동반 여행자들에게 항상 1순
위로 추천되는 곳이다. 싱가포르에서 유일하게 해변과 맞닿아 있는 리조트로 휴
양지 기분을 제대로 즐길 수 있다. 모든 객실에는 발코니가 있어 싱가포르 특유

의 싱그러운 열대 정원과 푸른 바다를 실컷 볼 수 있는 것도 장점이다. 마리나베이에서의 화려한 스카이라인과는 또 다른 매력으로 마치 싱가포르가 아닌 다른 나라에 와 있는 기분이 들기도 한다.

그러나 가족 동반 여행자들에게 샹그릴라가 특히 사랑 받는 이유는 따로 있다. 바다를 바라보며 수영할 수 있는 야외 수영장에는 성인풀과 키즈풀이 널찍하게 조성되어 있으며, 워터 슬라이드도 있다. 수영장은 실로소 비치로 이어지는데, 투숙객들만 이용할 수 있는 프라이빗 비치가 조성되어 있어서 늘 북적이는 실로소 비치를 한적하게 즐길 수 있다. 또한 가족 여행에 적격인 4인 객실이 있고, 연령대별로 나누어져 있는 키즈 클럽도 매력적이다. 그리고 아이들이 사랑하는 루지, 집라인 같은 어트랙션도 모두 호텔 근처에 모여있다.

반면 2018년 북미 정상회담 장소로 세계의 주목을 받은 카펠라 호텔은 무려 36,000평에 달하는 울창한 녹지에 자리하고 있다. 카펠라 호텔이 회담장으로 결정된 데에는 센토사 섬 내에서도 진입로가 깊고 나무가 울창해 경호나 보안 유지에 수월하다는 평가를 받았기 때문이라는 분석이다. 카펠라 호텔은 영국의 하이테크 건축가로 유명한 노먼 포스터 Norman Foster가 디자인했다. 그는 19세기 영국 군인들이 사용했던 2개의 건물을 모태로 하여, '열대 우림 속의 안식처'라는 콘셉트로 호텔을 설계했다고 한다. 택시를 타고 호텔 입구에 내리면 보이는 본관 건물이 바로 식민지 시대 때의 건물이며, 로비를 통과하면 옛 건물은 객실이 있는 현대 건물과 자연스레 연결되며 밖에는 푸르른 숲이 펼쳐진다.

카펠라 호텔에는 숲 속에 위치한 빌라를 포함하여 총 112개의 객실이 있다. 그러나 그 숙박 비용은 만만치 않다. 1박에 최저 50만원부터 시작하며, 가장 비싼 방은 800만 원에 달한다. 사방이 숲으로 둘러싸인 수영장에서는 저 멀리 바다 위의 배들도 볼 수 있어 운치 있다. 카펠라 호텔에는 근처 팔라완 비치까지 나갈 수 있는 연결로가 있다. 샹그릴라처럼 프라이빗 비치가 있는 것은 아니지만 팔라완 비치의 안락한 해변을 충분히 즐길 수 있다. 센토사의 주요 어트랙션까지 조금 떨어져 있는 점이 아쉽긴 하지만 호텔의 버기 서비스와 셔틀 버스를 이용하면 크게 문제될 것은 없다.

샹그릴라와 카펠라 두 호텔은 모두 5성급 이상의 럭셔리 호텔이지만 그 분

(위)카펠라 호텔 수영장, (왼쪽 아래)카펠라 호텔 본관 입구, (오른쪽 아래)카펠라 호텔 전경

위기는 전혀 다르다. 샹그릴라는 가족적인 분위기로 어른부터 아이까지 만족시
킬 수 있는 다양한 시설과 프로그램이 마련되어 있어 모두가 행복한 휴가를 보
낼 수 있다. 반면 카펠라는 프라이빗한 분위기와 세심한 서비스로 호텔 안에서
편안하고 여유롭게 지낼 수 있다는 점이 장점이다. 어떤 곳이 더 나은지는 백 퍼
센트 개인의 취향 문제지만, 어디를 선택하든 싱가포르 최고의 호캉스를 보낼
수 있으리라는 건 확실하다.

Chapter 4

센토사는 원래
군사 시설이었다

포트 실로소 Fort Siloso

- 이용시간 : 오전 10시 ~ 오후 6시
- 입장료 : 무료
- 홈페이지 : https://www.sentosa.com.sg/en/things-to-do/attractions/fort-siloso/

상그릴라 호텔 입구 바로 뒤에 위치한 포트 실로소 입구

포트 실로소까지 이어지는 스카이워크

스카이워크에서 바라보는 파노라믹 뷰

휴양지 섬 센토사가 원래 군사 시설이었다니 쉽게 상상이 되지 않는다. 그러나 센토사 주변을 한번 둘러보면, 집채만한 컨테이너들이 가득한 무역항이 시야에 들어온다. 관광 도시라고만 생각했는데 큰 항구가 있어 놀라는 사람들도 종종 있지만 역사를 되돌아보면 싱가포르가 지금도 세계 최고 수준의 항구 시설을 갖추고 있는 것이 이상할 일은 아니다. 케펠 항Keppel Harbour이라 부르는 이곳은 19세기 후반부터 싱가포르의 대표 항구로 발전해왔다. 배들이 케펠 항으로 들어오기 위해서는 반드시 센토사를 지나야 했고, 센토사에는 케펠 항을 지키기 위한 군사시설이 자연스레 들어서게 되었다.

옛 센토사에는 총 3개의 요새fort와 1개의 포대battery가 있었다. 2차 세계대전을 앞두고 시설이 강화되었다지만, 우리는 영국이 결국 일본에 패했다는 사실을 알고 있기에 전쟁을 대비했던 영국군들의 노력이 큰 성과를 거두지는 못했다는 것을 짐작해 볼 수 있다. 당시 영국은 일본이 센토사가 있는 남쪽 바다를 통해 들어올 거라 예상했으나, 일본은 그 예상을 깨고 북쪽의 현재 말레이시아를 거쳐 육로로 들어왔다. 싱가포르로 넘어 온 일본군들을 공격하기 위해 원래 남쪽

(왼쪽, 오른쪽) 포트 실로소에 남아있는 옛 건물과 포대

바다로 향해 있던 센토사의 대포들을 황급히 돌려 본섬을 향해 쏘았다고 전해지는데, 우스우면서도 입가에 씁쓸함이 남는다. 센토사는 싱가포르 독립 후 1970년대 초까지 군사 시설로 사용되었으나 대부분 사라졌다.

포트 실로소는 센토사에 있던 군사 시설 중 유일하게 남아 있는 해안 요새다. 해안가를 따라 설치된 대포와 요새 건물, 터널 등이 비교적 잘 보존되어 있으며, 요새 내 군사 박물관에서는 다양한 전시물을 통해 당시의 전시 상황을 생생하게 경험할 수 있어 살아있는 역사의 현장으로 가치가 있다. 또한 포트 실로소는 싱가포르 생활 중 너무 늦게 알게 된 것이 아쉬울 정도로 괜찮은 나들이 장소다. 샹그릴라 뒤에 있는 11층 높이의 스카이 워크는 포트 실로소로 이어지는데, 스카이 워크에서 바라보는 탁 트인 파노라믹 뷰가 너무나 아름답다. 특히 해질 무렵에는 붉은 노을과 함께 센토사 섬의 아름다움이 배가 된다.

스카이 워크 끝에 닿으면 마치 타임머신을 타고 과거로 돌아간 듯 옛 군사 시설과 대포들이 눈에 들어온다. 가장 높은 곳에 위치한 옛 지휘소에 올라가보니 일본군 침략 당시 사이렌 소리와 함께 다급하게 명령을 내리는 영국군들의 모습이 그대로 재현되어 있다. 옛 막사 건물과 탄약고에도 들어갈 수 있는데, 2차 세계대전 당시의 유물들과 싱가포르의 어려웠던 생활 모습을 엿볼 수 있어 같은 비극을 겪었던 우리로서는 많은 공감이 되기도 했다.

포트 실로소의 하이라이트는 박물관 내부에 있는 '항복의 방Surrender Chambers'이다. 실제 사람 크기의 밀랍 인형으로 항복 장면을 재현해 놓은 모습이 매우 인상적이다. 1942년 2월에 있었던 영국군 항복 장면에서는 테이블을 사이에 두고

(왼쪽, 오른쪽) 당시의 긴장감이 느껴지는 항복의 방 모습

한껏 긴장한 영국 장교들과 기세등등한 일본 장교들의 모습이 대조적이다. 반대로 1945년 9월에 있었던 일본군 항복 장면에서는 빳빳하게 다린 하얀 제복의 영국 장교들 사이로 보이는 일본 장교들이 그렇게 작아 보일 수가 없다. 팽팽한 긴장감이 느껴지는 이 방을 지날 때면 자신도 모르게 마치 그날의 현장에 와 있는 듯 숨죽이며 그들의 표정 하나 하나를 살펴보게 될 것이다.

포트 실로소 탐방은 위트 있는 벽화 감상으로 재미있게 마무리된다. 싱가포르 벽화 작가 입유총이 2019년 래플즈경 상륙 200주년을 기념하여 그린 것으로 그의 작품 중 가장 큰 규모라고 한다. 그의 벽화로 밋밋했던 성벽은 옛 모습을 되찾은 듯 활기가 넘치고, 산책로 곳곳의 귀여운 그림들은 마치 보물찾기라도 하듯 발견의 기쁨을 준다.

(왼쪽, 오른쪽) 포트 실로소에서 만날 수 있는 입유총 작가의 재미난 벽화들

Chapter 5

최근 떠오르는 럭셔리 핫플레이스
: 센토사 코브

그림 같은 센토사 코브 전경

"이대로 싱가포르에 살고 싶어요!" 센토사 W호텔 후기에 심심치 않게 등장하는 얘기다. 왜 아니 그렇겠는가? 바다에는 크고 작은 요트들이 그림처럼 정박해 있고, 주변에는 럭셔리한 주택과 아파트가 가득해서 꼭 외국의 세련된 휴양지 같은 이 동네는 바로 센토사 동쪽 끝에 자리한 센토사 코브다. 후기 속, 산책을 나온 강아지마저 럭셔리해 보였다는 얘기를 그저 농담으로 듣기에 이곳은 우리도 한번 쯤 살아보고 싶은 싱가포르의 고급 주거지 중 하나다. 특히 이곳의 방갈로 하우스는 모든 집이 바다와 맞닿아 있어 집 앞에 개인 요트를 정박할 수 있게 지었다고 하니 영 딴 세상 이야기라 잘 실감이 나지 않는다.

센토사 코브의 주택가는 보안이 철저하여 외부인이 그냥 둘러보기는 어렵지만, 센토사 코브의 분위기를 즐기고 싶다면 W 호텔에 묵는 것도 괜찮다. W 호텔 특유의 트렌디한 객실 안에서 센토사 코브의 멋진 풍경을 편안

그림 같은 센토사 코브 전경   센토사 코브 내 W호텔

하게 감상할 수 있으니 말이다. W 호텔 건너편에는 ONE°15 마리나 요트 클럽 ONE°15 Marina Sentosa Cove이 있다. 아시아에서 가장 세련된 럭셔리 요트 클럽으로, 요트를 위한 훌륭한 시설과 세심한 서비스로 무려 7년간 올해의 베스트 아시아 마리나(요트 정박지)로 선정되었다. 싱가포르 주변 섬들과 일몰을 감상할 수 있는 프라이빗한 크루즈 투어도 운영하고 있으니 관심이 있다면 찾아봐도 좋겠다. 한편 센토사 코브에는 쇼핑 컴플렉스 키사이드 아일 Quayside Isle에는 해변가를 따라 분위기 좋은 레스토랑과 카페가 늘어서 있다. 따스한 햇볕이 드는 테라스에 앉아 시원한 바다와 멋진 요트들을 바라보고 있노라면, 그 이름처럼 센토사 섬의 평화로움과 고요함을 만끽할 수 있을 것이다.

Chapter 6

자연과 함께 하는 건축 여행
: 서던 리지스 트레일 도보 여행

서던 리지스 전경

"검색하다 우연히 봤는데 서던 리지스Southern Ridges는 어떤가요? 정말 좋은가요?" 가끔 이런 질문을 받으면 반가운 마음에 입 꼬리가 먼저 실룩거린다. 서던 리지스는 싱가포르 본섬 남부 지역을 따라 이어지는 10킬로미터 가량의 숲 속 산책로로, 한국 여행자들에게는 조금 생소할 수 있지만, 한때 트립어드바이저에서 싱가포르 어트랙션 1위를 차지했을 정도로 인기있는 곳이다! 도심에서 벗어나 자연을 벗삼아 도보로 즐기는 코스다 보니 주로 활동적인 액티비티를 선호하는 서양 여행자들에게 주목을 받았다. 길을 따라 걷다 보면 신비로운 열대 동식물과 특색 있는 건축물도 감상할 수 있어 신선한 재미가 있다.

평소 파워 워킹과 등산으로 다져진 여행자들에게는 평탄한 코스지만, 한여름 날씨에 10킬로미터는 힘들 수 있다. 그러나 전체 코스 중 절반만 걸어도 그 매력을 충분히 경험할 수 있으니 부담 갖지 말고 도전해보자. 싱가포르 국립공원공단NPark에서는 다음 코스를 추천한다. 하버프론트 역 D번 출구에서 '마운트 페이버 파크'로 올라가 '헨더슨 웨이브'를 건넌 다음, '포레스트 워크'를 지나

'알렉산드라 아치' 다리에서 마치는 약 5킬로미터 코스로, 1시간 반이면 여유 있게 즐길 수 있다. 체력이 허락한다면 호트 파크Hort Park나 라브라도 자연 보호구역Labrador Nature Reserve까지 계속 걸어도 좋다. 그러나 우리는 이 코스를 거꾸로 가는 것을 추천한다! 우선 택시나 버스로 알렉산드라 아치까지 간 다음, 포레스트 워크, 헨더슨 웨이브, 마운트 페이버 파크, 하버프론트 역으로 내려오는 코스다. 종착지인 하버프론트 역에서 MRT를 이용하기도 편리하고, 비보시티가 있어 당충전하기도 좋다. 잠깐의 휴식 후에는 센토사 보드워크를 건너 센토사 비치까지도 걸어갈 수 있다.

싱가포르 국립공원공단(NPark) 추천 코스

하버프론트 MRT역 -> 마운트 페이버 파크 -> 헨더슨 웨이브 -> 포레스트 워크 -> 알렉산드라 아치 -> (계속해서 호트 파크로 산책 가능)

비비시스터즈 추천 코스

(택시로 이동) 알렉산드라 아치 -> 포레스트 워크 -> 헨더슨 웨이브 -> 마운트 페이버 파크 -> 하버프론트 MRT역 -> (계속해서 센토사로 산책 가능)

▌ 알렉산드라 아치와 호트 파크 Alexandra Arch & Hort Park

© 비비시스터즈

© 비비시스터즈

(위)알렉산드라 아치
(아래)사람 키만한 바나나

알렉산드라 아치는 호트 파크와 포레스트 워크를 잇는 다리로, 위에서 내려다보면 꼭 넓은 잎사귀가 활짝 펼쳐진 모양을 하고 있다. 야간에는 시시때때로 색깔이 바뀌는 화려한 LED 조명으로 다른 매력을 선보인다. 한편 우리말로 원예공원 쯤으로 번역되는 호트 파크는 식물을 사랑하는 사람들에게는 천국 같은 곳이다. 가슴이 탁 트이는 넓은 정원들이 예쁘게 가꾸어져 있고, 직접 씨앗을 심고 키우는 가드닝 교육과 모종을 판매하는 바자회도 종종 열린다. 알렉산드라 아치에서 호트 파크까지 가는 길목에 보이는 사람 키만한 바나나 송이는 언제 보아도 신비롭다.

▌서던 리지스 속 독특한 건축물 (1) : 더 인터레이스(The Interlace)

© Mike Cartmell

더 인터레이스 전경

알렉산드라 아치에 오르면 마치 레고 블록을 쌓아 올린 것 같은 독특한 외관을 자랑하는 건물이 보인다. 이는 2007년에 완공된 더 인터레이스라는 이름의 콘도미니엄으로 완공 당시부터 많은 이들의 관심을 한 몸에 받았으며, 2015년 세계건축박람회에서 올해의 건축물Building of the Year 중 당당히 우승작으로 뽑히기도 했다! 독일 출신 건축가 올레 스히렌의 작품으로 누구나 아는 젠가 게임에서 영감을 받아 디자인했다고 한다. 네모반듯한 6층 높이 건물 31개가 대각선으로 엇갈려 쌓여있는 구조로 아슬아슬해 보이면서도 묘한 안정감을 준다. 싱가포르에 있는 그의 또 다른 건축물로는 캄퐁글람의 듀오DUO가 있다.

▌포레스트 워크 Forest Walk

© 비비시스터즈

포레스트 워크 구름다리

포레스트 워크는 서던 리지스 도보 여행의 하이라이트 중 하나로, 약 1.3킬로미터 구간이 구름다리로 되어 있어 긴장과 스릴이 넘친다. 발이 닿는 곳이 방충망처럼 촘촘히 짜여져 있긴 하지만 땅이 훤히 내려다 보여 처음에는 조금 겁이 날 수 있다. 그러나 아주 튼튼한 구조물로 전혀 흔들림이 없으니 걱정 말고 힘차게 걸어보자. 보통 숲을 걸을 때면 나무 둥치만 볼 수 있는데, 여기서는 풍성한 나무 윗부분을 볼 수 있어서 큰 나무의 잎사귀, 꽃과 열매, 그리고 가지 사이로 바삐 오가는 동물들까지 가까이서 관찰할 수 있다.

포레스트 워크 구름다리   포레스트 워크로 가는 길   원숭이를 맞닥뜨렸을 때의 주
의사항이 적혀 있는 표지판

원숭이에게 먹이를 주지 말라는 표지판이 나타나면 혹시 말로만 듣던 야생 원숭
이를 볼 수도 있다는 기대감에 두근거릴지 모른다. 그러나 실제로 이곳에서 원
숭이를 맞닥뜨린 것은 단 한 번 뿐, 야생 원숭이를 봐야 한다면 맥리치 공원이나
부킷티마 공원이 확실하다.

▌헨더슨 웨이브 Henderson Waves

파도 모양으로 곡선을 그리는 헨   헨더슨 웨이브 위 아치형 쉼터
더슨 웨이브

울창한 숲길을 오르다 보면 갑자기 멋진 다리가 눈앞에 나타난다! 싱가포
르가 자랑하는 헨더슨 웨이브는 현대 건축물이지만 숲과 숲을 연결하며 자연과
완벽한 조화를 이룬다. 지상 36미터 높이로 싱가포르에서 가장 높은 보행자 다
리로도 유명한데, 실제로 아래를 내려다보면 그 높이를 실감할 수 있다. 다리 위
에서는 푸른 바다와 센토사 섬을 볼 수 있는데, 시야가 확 트이니 기분도 상쾌해
진다. 헨더슨 웨이브를 멀리서 바라보면 웨이브wave라는 이름에 걸맞게 평화롭

게 출렁이는 파도의 움직임이 잘 느껴진다. 파도가 이랑을 만들어낸 자리마다 쉼터가 마련되어 있는데, 여기에 등을 기대고 앉아 감상하는 해질녘 풍경은 참 황홀하다.

▌ 서던 리지스 속 독특한 건축물 (2) : 리플렉션 앳 케펠 베이(Reflections at Keppel Bay)

© 비비시스터즈

© Erwin Soo

헨더슨 웨이브에 서면 멀리 해안 가에 독특한 건출물도 눈에 띈다. 리플렉션 앳 케펠 베이라 부르는 이 콘도미니엄은 각기 다른 곡선을 그리고 있는 6개의 타워와 11개의 저층 빌라가 하

(위) 헨더슨 웨이브에서 바라본 리플렉션 앳 케펠 베이, (아래) 리플렉션 앳 케펠 베이 전경

나의 단지를 이루고 있다. 각각의 건물은 모두 각기 다른 모양이지만 마치 하나의 조형물처럼 조화를 이루고 있으며, 마운트 페이버의 푸른 자연과 탁 트인 바다, 그리고 평화로운 센토사 섬까지 볼 수 있는 환상적인 전망을 자랑한다. 리플렉션 앳 케펠 베이는 베를린 유대 박물관을 설계한 건축가 다니엘 리베스킨트Daniel Lebeskind가 아시아 최초로 설계한 주거용 프로젝트로 부산의 해운대 아이파크도 그의 작품이다. 주로 직선보다는 사선을 이용하기 좋아하는 그의 건축 철학이 잘 담긴 디자인이라 할 수 있겠다.

▌마운트 페이버 파크 Mount Faber Park

마운트 페이버 꼭대기의 멀라이언 동상

헨더슨 웨이브를 지나 마운트 페이버 정상에 서면 센토사와 주변 섬들이 더욱 선명하게 보인다. 서쪽으로는 주롱 산업 단지의 공장 굴뚝도 보이고, 늘 수많은 배들이 정박해 있는 케펠 항, 싱가포르 본섬과 센토사 사이를 쉼없이 왕복하는 케이블카 행렬도 원없이 바라볼 수 있다. 멀라이언이 왜 여기서 나와? 낯선 곳에서 마주친 익숙한 얼굴이 더욱 반갑다. 멀라이언 파크에서 본 것보다는 아담하지만 싱가포르 관광청에서 인정하는 자랑스러운 공식 멀라이언이다!

행복의 종으로 올라가는 무지개 계단

꼭대기를 지나 조금 더 걷다 보면 센토사 케이블카 탑승장이 보인다. 이곳에서는 가끔 종소리가 들리는데, 폴란드에서 선물 받은 '행복의 종 Bell of Happiness'이 바로 그 주인공이다. 종을 울리면 행복을 가져다 준다고 하여 케이블카를 타러 온 관광객들은 다들 힘차게 종을 치곤 한다. 종이 있는 곳까지는 무지개색 계단이 나 있는데, 특별한 의미가 있는 것은 아니지만 오로지 그 색깔 때문에 인스타그램 사진 명소가 되었다! 산길을 따라 조심스레 내려오다 보면 금세 하버프론트 역 도착이다. 도시보다는 자연이 좋은 여행자라면 편안한 신발에 시원한 물과 모자를 챙겨 서던 리지스로 떠나보자. 분명 색다르지만 특별한 싱가포르 여행이 될 것이다.

EAT PLAY SHOP

– 로컬처럼 먹고 즐기고 쇼핑하라

EAT 딘타이펑 리조트 월드 센토사 Din Tai Fung

: 26 Sentosa Gateway, #01-217 Resorts World Sentosa, Singapore 098138

중식 육즙 가득한 샤오롱바오로 유명한 딘타이펑은 유니버설 스튜디오, S.E.A. 아쿠아리움과 가깝고 센토사 내 다른 식당에 비해 가격도 적당해 그 인기가 대단하다. 각종 만두 종류 외에도 돼지갈비를 얹은 계란 볶음밥과 우육탕면이 특히 맛있다. 센토사 외에도 싱가포르 전역에 지점이 있으니 가까운 지점을 찾아 방문해보자.

© Alpha

EAT 바리스타트 커피 Baristart Coffee

: 40 Siloso Beach Walk, Singapore 098996

유제품으로 유명한 일본 홋카이도에서 온 커피 전문점으로 비치 스테이션에서 실로소 비치 방향으로 가는 길에 작은 매장이 있다. 홋카이도산 우유를 사용한 카페 라떼가 인기가 많고, 아이들의 눈길을 사로잡는 귀여운 곰돌이 얼굴을 한 우유 빙수와 부드러운 소프트 아이스크림도 맛있다.

EAT PLAY SHOP

– 로컬처럼 먹고 즐기고 쇼핑하라

EAT FOC 센토사 FOC Sentosa

: 110 Tanjong Beach Walk, Singapore 098943

중식 팔라완 비치에 위치한 비치 클럽 느낌의 레스토 랑으로 관광객보다는 주로 현지인들이 즐겨 찾는 곳이다. 스페인 음식에 지중해식 터치를 가미한 이국적인 음식을 전문으로 하고 있으며 해산물 요리와 작은 타파스, 여럿이 나눠 먹기 좋은 빠에야가 인기다. 야외 비치 바와 수영장, 선베드가 마련되어 있어 휴가 분위기를 내기도 좋다.

EAT 그린우드 피쉬 마켓 Greenwood Fish Market @ Quayside Isle

: 31 Ocean Way, 01-04/05, Singapore 098375

중식 센토사 코브에 위치하고 있어 평화로운 요트 정박지 풍경과 바닷바람을 즐기며 여유롭게 식사할 수 있는 해산물 전문 식당이다. 싱싱한 굴, 해산물 파스타, 피쉬앤칩스, 초밥 등 다양한 요리가 있으며, 생선과 해산물은 찜, 구이, 튀김 등 원하는 조리 방식으로 주문할 수 있어 현지인들에게도 인기가 많다.

PLAY 싱가포르 케이블카 Singapore Cable Car

: https://www.mountfaberleisure.com/attraction/singapore-cable-car/

© Maksym Kozlenko

케이블카에 오르면 푸른 바다와 함께 센토사의 주요 어트랙션을 한 눈에 내려다 볼 수 있어 더욱 짜릿하다. 싱가포르 본섬의 탑승장은 마운트 페이버와 하버프론트 타워 두 곳에 있으며, 센토사 섬에 도착하면 센토사 내 3개 탑승장 만을 오가는 센토사 라인으로 환승하여 이용하면 된다. 자세한 정보 및 티켓 구입은 홈페이지를 확인해보자.

EAT PLAY SHOP
– 로컬처럼 먹고 즐기고 쇼핑하라

SHOP) 비보시티 VivoCity
: 1 Harbourfront Walk, Singapore 098585

© Calvin Teo

비보시티는 명실공히 싱가포르에서 가장 큰 쇼핑몰로 상점, 레스토랑, 극장, 도서관, 어린이들을 위한 놀이시설까지 한 곳에 다 모여 있다. 3층에는 '센토사익스프레스' 탑승장이 있으며, 탑승장 근처 푸드 코트에서는 센토사로 들어가기 전후에 저렴하게 한 끼를 해결하기 좋다. 지하에는 대형 수퍼마켓도 있으니 참고하자.

SHOP) 캔딜리셔스 리조트 월드 센토사 Candylicious Resorts World Sentosa
: 26 Sentosa Gateway, 01-225-230, Singapore 098138

아이들의 천국이라 불릴 만큼 알록달록한 초콜렛과 젤리빈 등 달콤한 간식거리가 가득한 곳으로, 원하는 만큼 담은 후 무게를 달아 구입할 수 있다. 유니버설 스튜디오 앞 광장에 위치하고 있어 금방 찾을 수 있는데, 특히 가게 앞 대형 사탕이 주렁주렁 걸린 거대한 나무들은 재미난 사진 포인트가 되기도 한다.

PART 11

창이 공항과 주얼 창이

우리에게 공항은 항상 설렘과 기대감으로 들뜨는 마법 같은 장소다. 여행을 떠나는 행복감에 발걸음도 경쾌해지고 집을 나설 때만해도 무거웠던 가방도 깃털처럼 가벼워지는 그 기분, 아마 누구나 한번 쯤은 경험해 보았을 것이다. 단조로운 일상에 지쳐갈 때면 어딘가로 떠나고 싶어 몸이 근질거리지만 훌쩍 떠날 수 없는 현실! 그럴 때면 우리는 공항으로 간다. 하늘 길을 바삐 오가는 비행기들과 세련된 유니폼의 파일럿과 승무원 무리들, 이미 휴양지에 도착하기라도 한 듯 멋진 옷차림을 뽐내며 지나가는 사람들 속에서 커피라도 한 잔 해야 답답한 마음이 조금이나마 뻥 뚫린다.

싱가포르 섬 동쪽 끝에 위치한 창이 공항은 싱가포르의 대표 공항이자 세계 최고의 시설을 자랑하는 국제 공항이다. 여행지의 첫 관문인 공항은 때때로 한 나라의 인상을 결정하기도 한다. 창이 공항에 처음 도착했을 때를 떠올려보면 두 가지 기억이 아직도 선명하다. 하나는 가방이 나오길 멍하니 기다리다 우연히 본 안내판에 공항에서 시내까지 가는데 드는 대략의 택시 요금이 적혀 있던 것이다. 별 거 아닐 수도 있지만 여행 시작부터 바가지를 당하지 않게 배려하는 것 같아 꽤나 인상 깊었다. 또 하나는 짐을 찾아 출국장으로 가던 중 신기하게도 유리창 너머 출국장 밖에서 손 흔드는 사람들을 볼 수 있던 것이다. 보통은 굳게 닫힌 게이트를 나서야 보이는 광경인데 말이다. 당시에는 싱가포르에 대해 아는 바가 거의 없었음에도 안전하고 투명한 나라라는 생각이 들었다.

싱가포르에서 살면서 창이 공항은 우리에게 더욱 친숙한 공간이 되었다. 작은 나라다 보니 주변국으로 휴가나 출장을 가는 일이 많은 데다가 공항까지의 거리도 가까워 자주 드나들 수 있어서다. 창이 공항은 무려 100개가 넘는 항공사들이 취항하고, 100여개국 380개 도시와 연결되어 있어 전 세계 어디로든 여행이 쉽다. 평소 인천 공항이 최고라 여겼던 여행자라도 창이 공항을 경험하고 나면 그 믿음이 조금은 흔들릴 지도 모르겠다. 창이 공항에는 다양한 브랜드가 포진된 쇼핑몰과 예상외로 맛있는 고퀄리티의 식당들, 신나는 어트랙션을 포함하고 있어 공항이라는 공간의 고정관념을 깨어준다. 최근에는 주얼 창이 Jewel Changi라는 세계에서 가장 큰 실내 폭포를 앞세운 복합 문화 공간까지 더해지며 세계 최고 공항이라는 타이틀은 당분간 창이 공항이 독점할 기세다. 열정이 넘치는 여행자라면 여행 말미 창이 공항에서의 반나절을 추가해보자. 돌아가는 비행기에 몸을 싣기 직전까지 아직 여행은 끝난 것이 아니다!

Chapter 1

싱가포르 대표 공항
창이 공항 (Changi Airport)

▌ **싱가포르 공항 이야기**

창이 공항의 랜드마크인 관제탑과 주얼 창이 전경

몇 년 전 싱가포르에서 포켓몬고Pokemon GO가 한창 유행하던 시절, 그 게임에 푹 빠진 친구들 손에 이끌려 창이 빌리지Changi Village에 간 적이 있다. 그곳에 가면 흔히 레어템이라 하는 희귀한 포켓몬들이 많이 나타난다면서 말이다. 창이 빌리지는 창이 공항에서 멀지 않은 곳에 있는 해변 공원이다. 바닷가에 잠깐만 앉아 있어도 몇 초 간격으로 꼬리에 꼬리를 물고 쉼없이 날아드는 비행기들을 볼 수 있는데, 끊임없는 비행기 행렬을 바라보고 있자니 그제서야 세계 최고의 공항이라는 말이 실감이 났다. 실제로 창이 공항은 2013년 영국 항공 서비스 전문 조사 기관인 스카이트랙스Skytrax가 세계 최고 공항World's Best Airport으로 선정한 이후 7년 연속 1위 자리를 놓친 적이 없다! 이뿐만 아니라 동서양을 잇는 무역 중심지로서 화물 수송에 있어서도 세계에서 가장 바쁜 공항 중 하나이며, 아시아의 대표 허브 공항으로 창이 공항을 거쳐가는 환승객 수만도 어마어마하다.

창이 공항은 1981년 말 싱가포르를 대표하는 민간 공항으로 문을 열었다.

창이 공항 출국장 입구

그러나 창이 공항이 본래 쇼난토(일제 강점기) 시절 일본 공군 기지로 지어졌다
는 사실은 모르는 사람들이 더 많을 것이다. 당시 일본에 패하며 하루 아침에 전
쟁 포로가 된 영국 연합군들이 공군 기지 건설에 참여했고, 그러다 일본이 항복
한 후에는 영국이 공군 기지를 차지하고 역으로 일본인들을 활주로 공사에 동원
시켰다는 이야기는 언제 들어도 흥미롭다. 현재 창이 공항은 2017년에 추가한
제 4터미널을 포함하여 총 4개의 터미널을 갖고 있으며, 그 중심에는 처음부터
창이 공항의 역사와 함께 한 78미터 높이의 관제탑과 2019년에 새로 생긴 주얼
창이가 나란히 서 있다. 2030년경에는 기존 4개 터미널을 합친 것보다 클 것이
라는 제 5터미널 완공도 예정되어 있어 기대감을 높인다.

세계 최고의 공항이라는 명성 만큼 창이 공항은 최고의 시설과 서비스를
자랑한다. 그 중에서도 이용자들이 꼽는 창이 공항의 가장 큰 장점은 빠른 체크
인 서비스일 것이다. 창이 공항에서는 좀처럼 긴 줄을 보기가 어려운데, 최근에
는 무인 체크인과 셀프 백드롭(자동 수하물 위탁) 서비스가 늘어나며 더욱 편리
해졌다. 덕분에 공항에 도착해서 입국장까지 가는데 최대 1시간을 넘지 않는다.
다만 대부분의 공항과는 달리 수하물 검색 절차가 출국장 내 탑승 게이트 앞에
서 이루어지기 때문에 조금 여유 있게 탑승 게이트로 가야한다는 점을 잊지 말
자. 창이 공항의 또 하나의 장점은 싱가포르 시내와 가깝고 교통 체증도 거의 없

창이공항 내 GST 환급 신청소 　　　　창이공항 셀프 체크인 키오스크

다는 것이다. 공항에서 도심지까지는 약 20킬로미터로, 차로는 약 30분, MRT를 이용해도 한 시간이면 도착 가능하다. 그러나 여행하는 동안 쇼핑한 물품에 대한 면세 혜택을 받으려면 조금 일찍 가는 것이 좋겠다. 시내의 지정된 상점에서 100불SGD 이상 구매 시, 구매 내역의 7%(2022년 기준)에 해당하는 상품 및 서비스세GST : Goods and Service Tax를 환급 받을 수 있으며, 창이 공항에서 신청할 수 있다. GST 환급 신청소는 출국 심사대를 지나기 전후 어디서나 찾을 수 있지만, 신청 시 여권과 영수증, 구매한 물품을 반드시 소지하고 있어야 한다.

▌ 창이 공항에서 싱가포르 시내까지

　　낯선 외국 공항에 도착할 때면 시내까지 어떻게 시내까지 어떻게 가야 하는지가 늘 스트레스로 다가온다. 분명 여행지로 향하는 비행기 안에서는 룰루랄라 즐겁기만 했는데, 막상 공항에 내리면 아무리 열심히 준비를 했어도 덜컥 걱정이 된다. 게다가 나홀로 여행도 아니고 나만 믿고 따라온 식구들까지 줄줄이 있는 상황이라면 나도 모르게 식은땀이 흘러내리는 경험을 해보았으리라. 그러나 창이 공항에서는 그 걱정을 내려놓아도 좋겠다. 짐을 찾고 입국장으로 나오자마자 눈 앞에 보이는 표지판을 잘 살펴보자. 친절하게도 택시, 버스, MRT를 타는 방향이 잘 나와있으니, 무엇을 탈지만 미리 생각해두면 된다.

　　창이 공항에서 시내까지 가는 가장 저렴한 방법은 MRT나 일반 시내버스를 이용하는 것이다. 일반 시내버스는 비용은 저렴하나 정류장을 찾기도 번거롭고

(왼쪽, 오른쪽)입국장 어디에서나 볼 수 있는 교통 안내 표지판

시간도 오래 걸려 크게 추천하지는 않는다. 반면 MRT는 비용도 2불SGD 가량으로 저렴한데다가 이용이 쉬워 추천하는 방법이다. 입국장 표지판에서 'Train to City' 방향을 따라가면 쉽게 창이 공항 MRT역을 찾을 수 있고, 역에서 바로 교통카드인 이지링크EZ-Link도 구매할 수 있다. 그리고 모든 역에서 에스컬레이터나 엘리베이터 이용이 가능하여 큰 짐이 있어도 부담이 덜하다. 나홀로 여행자라면 시내 주요 호텔까지 운행하는 시티 셔틀City Shuttle을 이용해도 좋다. 매 30분마다 출발하며 9불SGD이라는 가격으로 호텔 앞까지 데려다 준다. 입국장 내 안내 데스크에서 티켓 문의 및 구매가 가능하다.

창이 공항에서 시내까지 가는 가장 편리한 방법은 뭐니뭐니해도 택시다. 공항에는 항시 수십 대의 택시가 대기하고 있어 기다리는 줄이 길더라도 금세 내 차례가 온다. 공항 요금도 저렴한 편으로 보통 시내까지는 30~50불SGD 가량이 나온다. 인원이 많거나 짐이 많은 경우 특히 편리한데, 4인 이상이면 안내 직원이 알아서 큰 택시로 안내해준다. 최근에는 공유 차량 업체인 그랩Grab을 많이 이용하는데, 어플리케이션을 다운 받아 현 위치와 목적지를 입력하면 그랩 기사를 호출할 수 있다. 일반 택시보다 조금 저렴한 편이고 승차 전 이용료가 확정되기 때문에 안심하고 이용할 수 있다. 단, 그랩 차량은 일반 택시 승강장으로 오지 않으므로 주의해야 한다. 입국장에서 'Arrival Pick-up'이라고 쓰여진 표지판을 따라가면 나오는 픽업 포인트에서 탈 수 있으며, 찾기 어려울 때는 헤매지 말고 반드시 공항 직원들의 도움을 받도록 하자.

공항 밖을 나설 때 훅 느껴진 싱가포르의 무더운 열기도 잠시, 시원한 차 안에서 바라보는 싱가포르의 풍경은 우리가 꿈꾸는 동남아시아 휴양지의 모습 그대로다. 열국의 야자수와 사시사철 피어나는 화려한 꽃들 사이로 이스트 코스트 파크 해안도로를 달리는 기분이 상쾌하다. 하지만 상쾌함을 느끼는 것도 잠시뿐, 길어야 30분이면 시내 목적지 도착이다. 보통 공항에서 호텔 도착까지 긴 시간을 허비해야 하는 다른 도시들을 떠올려 보면, 싱가포르에서의 몇 시간은 덤으로 얻은 것 같아 시작부터 행복해진다!

▌창이 공항의 즐길 거리

4터미널의 헤리티지 존의 샵하우스 거리

여행을 마치고 다시 공항으로 돌아가야 하는 시간이 다가오면 어쩐지 마음은 초조해지고 아쉬움은 커져만 간다. 그러나 창이 공항은 단순히 비행을 위한 장소가 아닌 싱가포르 여행의 마지막 코스로 삼아도 손색이 없을 정도로 즐길 거리가 가득하다. 쇼핑부터 시작해서 대형 슬라이드, 영화, 게임 같은 놀이 시설과 자연을 즐길 수 있는 다양한 테마 가든, 루프탑 수영장, 역사와 예술을 즐길 수 있는 헤리티지 존과 공항 곳곳의 예술 작품까지, 모든 것이 다 준비되어 있다.

쇼핑을 사랑하는 여행자들에게 공항 하면 가장 먼저 떠오르는 것은 아마 면세점일 것이다. 창이 공항에는 한국의 신라 면세점을 포함하여 드넓은 쇼핑 공간이 있다. 면세점에서 흔히 볼 수 있는 명품 브랜드부터 싱가포르 시내에서 흔히 보았던 찰스 앤 키스나 자라 같은 중저가 패션브랜드와 스포츠 브랜드까지 입점해 있어 아쉽게 놓친 쇼핑 기회를 다시 잡을 수 있다. 면세점 안에는 TWG와 바샤 커피도 들어와 있다. 여행 선물로 가장 인기가 많은 티백 세트와 마카롱은 공항에서 사는 것이 가장 저렴하다.

창이공항 내 면세점

　평소 쇼핑을 즐기지 않거나 어린 아이들을 동반한 가족이라면 비행까지 남은 한 시간이 열 시간처럼 느껴질지도 모른다. 이 때 창이 공항의 진가가 드러난다. 창이 공항 내 모든 터미널에는 어린이를 위한 실내 놀이터가 제법 알차게 꾸며져 있어 오랜 시간 아이들의 관심을 붙잡아 둘 수 있다. 특히 3터미널에는 무려 4층 높이의 대형 미끄럼틀이 있고, 4터미널의 엔터테인먼트 코너에서는 몸으로 직접 즐길 수 있는 엑스박스 키넥트 게임룸과 고전 게임을 즐길 수 있는 오락실도 있다. 피곤한 여행자들은 창이 공항 곳곳의 휴식 공간이나 영화 상영관을 찾아 시간을 보내도 좋고 공항 내 스파나 샤워시설을 이용해도 좋다.

　공항이라는 장소의 한계를 뛰어넘는 창이 공항의 독특한 시설 중 하나는 자연을 즐길 수 있는 다양한 테마의 정원들이다. 2터미널에는 야외 정원인 해바라기 가든Sunflower Garden과 다양한 난꽃들이 가득한 난초 가든Orchid Garden이 있다. 3터미널에 위치한 버터플라이 가든Butterfly Garden에서는 시원한 폭포가 쏟아지는 실내 정원에서 1,000마리 이상의 열대 나비를 만날 수 있다. 한편 시간 여유가 있는 환승객이라면 1터미널에 있는 트랜짓 호텔 내 루프탑 수영장을 이용해도 좋다. 시원한 물에 몸을 담근 채 세계를 향해 날아오르는 비행기를 감상하는 것도 특별한 경험이 될 것이다. 만약 최소 5.5시간의 환승 대기 시간이 예정되어 있

(왼쪽 위) 창이 공항의 해바라기 가든, (오른쪽 위),(아래) 창이 공항의 버터플라이 가든

다면 창이 공항에서 제공하는 무료 투어에 참여할 수 있다. 차이나타운 등을 돌아보는 헤리티지 투어, 마리나베이 샌즈 등을 포함한 시티 투어, 주얼 창이 워킹 투어 중 선택이 가능하다. 모든 투어는 약 2시간 30분이 소요되며 영어로 진행된다.

한국 여행자들은 아마도 대한항공 탑승 터미널인 4터미널을 가장 많이 이용할 것이다. 가장 최근 오픈한 4터미널에는 특별한 볼거리들이 더욱 많다. 2층 출국장 안에는 1930년대 싱가포르의 샵하우스 거리를 재현해 놓은 헤리티지 존이 생겼다. 알록달록한 샵하우스는 그 자체로도 훌륭한 포토 스폿이 되며, 싱가포르 로컬 브랜드 상점들이 모여 있어 구경하는 재미가 있다. 지하 1층에 가면 싱가포르 구석구석 재미난 벽화를 남긴 입유총 작가의 작품을 다시 만날 수 있어 반갑다.

Chapter 2

싱가포르의 빛나는 보석
주얼 창이 공항 (Jewel Changi Airport)

2019년 4월, 모두가 한 마음으로 기다리던 주얼 창이 공항이 드디어 문을 열었다. 뉴스 속에서 처음 보았던 거대한 돔 모양의 건축물인 주얼 창이는 주얼Jewel이라는 이름처럼 보석처럼 영롱하게 빛나고 있었고, 돔 지붕 가운데서 쏟아지는 거대한 인공 폭포 인증샷은 연일 인스타그램을 달구며 우리의

© Gerald Waldo Luis

가까이에서 본 주얼 창이 돔의 모습

마음을 들뜨게 했다. 몇 번을 벼르고 별러 도착한 주얼 창이는 싱가포르에 오래 산 우리도 감탄이 절로 터져 나올 정도로 신세계였다. 기둥 하나 없이 서 있는 거대한 유리 돔 속에 펼쳐진 울창한 숲과 시원한 폭포가 어우러진 모습을 마주하니 뜬금없이 멀리 떨어져 있는 가족들이 떠올랐다. 아마도 좋은 풍경을 보니 사랑하는 사람들과 함께 나누고 싶은 마음이 먼저 들었나 보다. 마리나베이 샌즈 이후 처음으로 새로운 설렘을 안겨 준 주얼 창이는 아니나 다를까 오픈 직후 싱가포르 최고의 핫플레이스로 등극하였다!

재미있게도 실내 폭포와 함께 주얼 창이의 인기를 견인했던 것은 유명 햄버거 식당인 쉐이크쉑Shake Shack 매장이었다. 미국의 3대 버거 중 하나로 손꼽히는 쉐이크쉑은 서울 강남에 첫 매장을 열었을 당시 두 세시간 줄을 서야 먹을 수 있을 정도로 인기가 많아 화제가 됐던 것을 기억할 것이다. 싱가포르에서도 마찬가지였다. 오픈 첫날부터 현지인, 외국인 할 것없이 수많은 사람들이 줄을 서서 몇 시간의 기다림 끝에 맛보았다는 버거 인증샷이 매일같이 올라왔고, 어느덧 우리도 그 열풍에 동참하고 있었다.

싱가포르의 새로운 랜드마크가 된 주얼 창이는 독특한 외관으로 전 세계 건축 애호가들의 뜨거운 관심을 받았다. 가운데가 살짝 들어간 도넛 모양의 거대한 유리 돔 지붕을 씌우고, 지붕 가운데 있는 작은 원 안으로 폭포가 쏟아지도

록 설계되었다. 마치 공상 과학 영화 속 미래 도시에 나올 법한 이 건축물은 마리나베이 샌즈의 건축가인 모세 샤프디가 디자인하였다. 돔 지붕은 각기 다른 모양을 가진 약 9천개의 유리판을 퍼즐을 맞추듯 끼워 넣어 완성했다고 하니 그 정교함에 입이 떡 벌어진다.

언젠가 싱가포르 여행을 마치고 한국으로 돌아가는 지인을 배웅하던 날, 주얼 창이를 꼭 보고 가야 한다며 잔뜩 바람을 넣고 출국 5시간 전에 주얼 창이로 향했다. 도착하자마자 1층 얼리 체크인 카운터를 찾아갔지만 이게 웬걸, 대한항공은 이곳에서 체크인이 불가능했다. 대한항공 카운터가 있는4터미널까지 가서 체크인을 하고 돌아올까 잠시 고민했지만 멀리 떨어져 있어 다녀오는 시간이 아까웠다. 결국 약간의 비용을 지불하고 보관소에 가방을 맡길 수밖에 없었는데, 가벼운 마음으로 주얼 창이를 즐기려면 체크인을 어떻게 할지 미리 생각해두는 것이 좋을 듯하다. 나중에 알아보니 한국 여행자들이 많이 이용하는 항공사 중에는 싱가포르 항공, 아시아나 항공, 스쿠트 항공만 주얼 창이에서 얼리 체크인이 가능했다.

싱가포르 시내에서 주얼 창이로 가려면 MRT나 택시를 이용하면 쉽다. 공항 이용객이라면 창이 공항에서 먼저 출국 수속을 마치고 주얼 창이로 가는 방법도 있다. 창이 공항 1터미널 입국장과는 바로 연결되어 있으며, 2터미널과 3터미널에서 가려면 2층 출국장에서 이어지는 연결 다리Link Bridge를 이용하면 된다. 연결 다리 위에서 바라보는 창이 공항 관제탑의 모습도 꽤나 멋지다. 4터미널에서는 공항 내 무료 셔틀 버스를 타고 3터미널로 이동한 다음 연결 다리를 이용해야 해서 조금 번거롭지만 얼리 체크인 서비스나 짐 보관소 이용도 가능하니 싱가포르를 떠나기 전 마지막 열정을 끌어 모아 주얼 창이를 즐겨보자.

▎ 주얼 창이의 얼굴 : 대형 실내 폭포 레인 볼텍스

주얼 창이로 들어서자마자 압도적인 존재감으로 사람들을 끌어당기는 대형 폭포는 바라보는 것만으로도 얼음 띄운 사이다를 한 사발 들이킨 것처럼 가슴 속이 시원해진다. 레인 볼텍스Rain Vortex라 불리는 이 폭포는 세계에서 가장 높은 실내 인공 폭포로 40미터 높이의 어마어마한 규모를 자랑하며, 주얼 창이의

(왼쪽),(오른쪽 위)지하층에서 볼 수 있는 투명 튜브를 지나는 폭포의 모습, (오른쪽 중간)빛과 소리의 쇼가 펼쳐지는 레인 볼텍스, (오른쪽 아래)주얼 창이의 랜드마크인 레인 볼텍스 실내 폭포와 포레스트 밸리

얼굴이 되었다. 폭포를 따라 시원하게 쏟아지는 물은 빗물을 재활용한 것으로 발상 자체도 대단하지만 비현실적일 것만 같은 계획을 실현시킨 기술력도 감탄할 만하다. 물줄기가 떨어지기 시작하는 돔 가운데의 작은 원은 실제로 직경 11미터의 원형 창인데, 폭우가 잦은 싱가포르에서 한꺼번에 많은 양의 비가 쏟아질 때도 늘 안정적으로 적정량의 폭포수가 떨어지도록 설계되었다고 한다.

저 많은 양의 물이 40미터 높이에서 쉼없이 떨어진다면 건물 바닥은 얼마나 버틸 수 있을까? 폭포가 일으키는 시원한 물보라를 맞으며 문득 엉뚱한 생각이 들었다. 알고 보니 자유 낙하한 물은 지하 2층까지 내려가는데, 건물에 손상을 줄이는 완충작용을 위해 두꺼운 아크릴로 된 튜브를 따라 흐르게 했다. 그래서 지하 1층과 2층에 내려가면 폭포에서 떨어진 물이 투명한 아크릴 벽을 따라 시원하게 흘러내려 장관을 이루는 모습을 볼 수 있다. 두꺼운 벽 때문에 물이 떨어지는 소리는 들리지 않지만 벽에 손을 대어 보면 힘차게 흐르는 물이 만들어내는 에너지가 느껴진다. 이렇게 떨어진 물은 지하 5층의 탱크에 모인 다음 폭포수로 다시 재활용된다.

레인 볼텍스 주위로는 자연의 푸르름을 즐길 수 있는 포레스트 밸리Forest Valley가 조성되어 있다. 1층부터 4층에 이르는 계단식 숲에는 900 그루 이상의 나무와 6만 그루 이상의 작은 관목들이 자라고 있어 마치 실제 숲 속에 와 있는 듯한 기분이 든다. 이 중에는 스페인에서 공수해 온 100년이 넘은 올리브 나무도 있는데, 이 나무를 온전하게 가져오는 것만으로도 큰 도전이었다고 한다. 싱그러운 녹색 숲과 어우러진 폭포는 언제 보아도 신비롭게 느껴지며, 숲 속에서 즐기는 달콤한 휴식은 비행 전 긴장된 마음을 달래준다.

흥미로운 사실은 레인 볼텍스가 돔의 정가운데에 있지 않고 살짝 벗어나 있다는 점이다. 주얼 창이를 짓기 전부터 그 자리에는 공항의 각 터미널을 연결하는 스카이트레인이 지나고 있어, 중앙에 폭포를 함께 설치하는 것은 큰 도전 과제였다. 결국 폭포를 약간 옆으로 옮겨 설치할 수밖에 없었고, 비대칭의 도넛형 돔 지붕이 만들어진 것이다. 건축가 샤프디는 그런 비대칭의 모습이 오히려 기하학적으로 긴장감을 자아내며 심오한 아름다움을 창조한다고 이야기한 바 있다. 현재 2터미널과 3터미널을 잇는 스카이트레인은 힘차게 떨어지는 폭포 가까이를 아찔하게 지나 주얼 창이를 관통한다. 시간 여유가 없다면 스카이트레인을 탄 채로 주얼 창이를 즐기는 것도 좋은 방법이다! 단, 스카이트레인 이용 시 주얼 창이 내 하차는 불가능하다.

어둠이 찾아오면 폭포는 새로운 모습으로 변신한다. 레인 볼텍스에서는 매일 저녁 8시와 9시, 주말에는 10시에 한차례 더 빛과 소리의 쇼Light & Sound Show를 선보인다. 커튼처럼 가지런하게 떨어지는 폭포의 물줄기가 빛의 캔버스가 되는 시간이다. 총 25개의 스피커에서 흘러나오는 음악에 맞추어 찬란한 빛과 물이 만들어내는 환상적인 쇼는 우리의 눈과 귀를 즐겁게 하며, 싱가포르 여행에 기분 좋은 마침표를 찍게 해준다.

▍ 주얼 창이의 즐길 거리

주얼 창이의 랜드마크를 즐기고 나면 슬슬 배도 고파지고 주변의 쇼핑몰도 눈에 들어오기 시작할 것이다. 복합 문화 공간인 주얼 창이에는 지상 5층, 지하 5층으로 구성된 쇼핑몰이 포함되어 있다. 꽤나 큰 쇼핑몰이지만 길을 잃을 염려는 하지 않아도 된다. 쇼핑몰 어디서나 보이는 중앙의 폭포를 각 층마다 둥글게 둘러 싸고 있는 구조라 자꾸 걸어 나가면 결국은 제자리로 돌아오게 되기 때문

ⓒ 비비시스터즈

쉐이크쉑 버거 입구에서 입장을 기다리는 사람들

이다. 주얼 창이에는 무려 280개 이상의 브랜드 매장이 입점해 있으며, 이 중 동남아시아 최대 규모의 나이키 매장, 일본 밖에서는 최초로 문을 연 포켓몬 센터 등은 싱가포르 사람들의 큰 관심을 받고 있다. 여행자들에게는 로컬 디자이너들이 만든 독특한 기념품을 찾을 수 있는 수퍼마마Supermama와 나이스Naiise가 주목할만하다.

주얼 창이에는 쉐이크쉑 버거 외에도 전세계 음식을 맛볼 수 있는 식당들이 입점해 있다. 쉐이크쉑 버거 앞에는 한국의 파리바게트가 있어 반갑다. 싱가포르의 쉐이크쉑은 파리바게트와 같이 한국의 SPC 그룹이 사업운영권을 갖고 있어 둘이 나란히 있는 모습이 조금은 어색하지

주얼 창이 인증샷 찍는 중

만 어찌 보면 당연한 것이다. 또한 주얼 창이에는 싱가포르의 대표 인기 식당들도 다 모여 있다. 싱가포르 여행자라면 누구나 한 번은 방문한다는 점보 시푸드, 송파 바쿠테, 바이올렛 운, 딘타이펑 같은 줄이 긴 식당들도 주얼 창이에서는 비교적 여유롭게 입장이 가능하니 못다한 맛집 탐방을 이어가도 좋겠다.

◈ 캐노피 파크 (Canopy Park)

● 관람시간 : 매일 오전 10시 ~ 오후 10시 (주말 및 공휴일은 11시까지)
● 입장료 : 5불 (기본 시설 4가지 외 놀이 시설 이용 시 추가 요금을 지불해야 한다)

캐노피 브리지

　　주얼 창이 5층에는 남녀노소 모두를 위한 놀이 공원, 캐노피 파크가 있다! 어린 아이들뿐 아니라 어른들까지도 동심의 세계로 돌아갈 수 있는 곳이니 비행 전까지 시간 여유가 있다면 캐노피 파크로 떠나보자. 비행 중 아이들의(혹은 어른들까지도) 편안한 숙면을 보장해 줄 것이다. 기본 티켓을 구매하면 4가지의 기본 시설을 이용할 수 있다. 식물을 여러 동물 모양으로 정교하게 다듬어 놓은 모습에 영화 '가위손'이 떠오르는 토피어리 워크Topiary Walk, 어른들도 즐길 수 있는 대형 미끄럼틀인 디스커버리 슬라이드Discovery Slides, 작은 안개가 솟아올라 마치 구름 속에서 뛰어노는 듯한 기분이 드는 포기볼Foggy Bowls, 꽃들이 만발한 꽃잎 가든Petal Garden이 그것이다.

　　추가 티켓을 구매하면 더 많은 시설을 즐길 수 있다. 폭포를 더 가까이에서 볼 수 있는 23미터 높이의 캐노피 브리지Canopy Bridge는 다리 중간이 통유리로 되어 있어 아찔함을 더해준다. 온 가족이 함께 참여하기 안성맞춤인 울타리 미로Hedge Maze는 1.8미터 높이의 숲길로 이루어진 싱가포르에서 가장 큰 미로로, 마지막에는 미로 전체를 조망할 수 있는 전망대가 있어 방금 전까지 고군분투하던

(왼쪽 위)디스커버리 슬라이드, (오른쪽 위)거울 미로, (아래)스카이 네트

미로를 돌아보며 인증샷을 남길 수 있다. 입구에서부터 신비로움이 느껴지는 거울 미로Mirror Maze는 거울에 비친 상 때문에 주의를 기울이지 않으면 금방이라도 부딪칠 것만 같아 조마조마한 재미가 있다.

스카이 네트Sky Nets는 공중에 매달린 그물을 이용한 놀이기구로, 프랑스 예술가팀이 설치에 참여해 놀이기구인 동시에 예술 작품이 되도록 했다. 워킹 네트Walking Net는 그물 위를 걸으며 주얼 창이 전체를 조망할 수 있도록 만들어졌으며, 바운싱 네트Bouncing Net는 탄성이 좋은 그물 위에서 신나게 점프를 즐길 수 있어 아이들에게 특히 인기다.

Chapter 3

'좋아요'를 부르는
싱가포르의 멋진 건축물

싱가포르가 인기 여행지로 손꼽히는 이유 중 하나는 개성 넘치는 건축물들이 많기 때문일 것이다. 다양한 문화의 영향을 받은 독특한 건축 양식의 옛 건물들과 기발한 상상력을 현실화한 창의적인 현대 건축물들은 그 자체로 훌륭한 볼거리가 되며, 건축을 사랑하는 사람들에게는 도시 전체가 하나의 박물관으로 느껴진다. 이 책에서 우리는 올드시티부터 창이 공항에 이르기까지 싱가포르에서 꼭 보았으면 하는 대표적인 건축물들을 재미난 스토리와 함께 소개하였다. 앞서 소개된 건축물들을 둘러보기에도 한 번의 싱가포르 여행만으로는 일정이 빠듯하겠지만, 아직 목마른 열정 가득한 여행자들을 위해 핫한 건축물 몇 군데를 더 담아 보았다. 자신도 모르게 '좋아요' 버튼을 찾아 손가락이 움찔하는 설렘 가득한 장소를 찾았다면, 주저하지 말고 새로운 모험을 떠나보자.

▌쿤셍로드 페라나칸 샵하우스 Koon Seng Road

싱가포르에서 가장 예쁜 거리로 손꼽히며 인스타그래머들의 성지가 된 쿤셍 로드는 싱가포르 동쪽에 있는 카통 & 주치앗Katong & Joo Chiat 지역에 있다. 1920년대에 부유한 페라나칸인들이 지은 이 샵하우스들은1990년대 초 문화유산 보존지구로 지정되어 지금까지도 옛 모습 그대로의 독특한 매력을 뽐내고 있다. 마치 그림 속에서 툭 튀어나온 것 같은 파스텔 컬러의 샵하우스들은 톡톡 튀는 색감 덕분에 어느 각도에서 찍어도 인생샷이 나온다. 단, 이곳의 샵하우스는 실제 사람들이 살고 있는 거주지이므로, 거주자들의 프라이버시를 침해하지 않도록 유의하고, 쿤셍 로드 위로 끊임없이 지나가는 차들도 조심해야 한다.

▌난양기술대학교 더 하이브 The Hive at Nanyang Technological University

더 하이브는 완공되자마자 싱가포르의 새로운 랜드마크가 된 건축물로 싱가포르 국립대National University of Singapore, NUS와 함께 싱가포르의 최고 대학 중 하나인 난양기술대학교NTU 캠퍼스 안에 위치해 있다. 러닝 허브Learning Hub라고도 부르는 대학 내 다목적 건물인데, '하이브'라는 이름처럼 거대한 벌집 모양의 독특한 디자인 때문에 멀리서도 일부러 찾아오는 특별한 장소가 되었다. 싱가포르 사람들은 딤섬 바구니를 쌓아 놓은 것 같다고 해서 '딤섬 바스켓 타워'로 부르기도 한다. 2012년 런던 올림픽 성화대와 뉴욕 허드슨야드의 새로운 랜드마크 베슬Vessel을 디자인한 영국의 유명 건축가 토마스 헤더윅Thomas Heatherwick의 작품으

로, 긴 복도와 네모 반듯한 강의실의 천편일률적인 대학 건물에서 벗어나 학생과 교수가 자유롭게 소통하며 배울 수 있는 공간을 창조하였다. 12개의 원통형 타워 안에는 56개의 타원형 스마트 강의실이 있으며, 각 타워가 만들어내는 내부 공간은 넓은 발코니를 통해 유기적으로 연결된 느낌이다. 사진을 찍기에는 햇살이 충분한 낮 시간대가 가장 좋으며, 아래서 위를 올려다보거나 위에서 아래를 내려다보는 각도 모두 훌륭하다.

▌차이니즈 헤리티지 센터 Chinese Heritage Centre

ⓒ 비비시스터즈

더 하이브에서 언덕을 따라 조금 걸어 내려오면 방금 보았던 초현대식 건물과는 완전히 상반되는 중국식 건물이 나타난다. 이 건물은 1953년에 지어진 난양대학교 행정관 건물로, 난양대학교는 당시 화교들이 설립한 최초의 중국 대학교였다. 차이니즈 헤리티지 센터는 난양대학교의 자율 연구 센터로, 해외 화교에 대한 연구에 중점을 두고 있으며 안에는 도서관과 연구실, 그리고 중국 이민자들과 난양대학교의 역사를 소개해 둔 박물관으로 구성되어 있다. 현재 이 건물은 싱가포르 국립 기념물로 지정되어 있으며, 박물관 내부를 관람한 후 차이니즈 헤리티지 센터 바로 앞에 있는 아름다운 윈난 정원Yunnan Garden과 난타 호수Nantah Lake를 함께 산책하면 좋다.

▌마리나 원 Marina One

도시와 자연과의 완벽한 공존이 이런 것일까? 2017년 완공 당시부터 싱가포르에서 큰 관심을 불러 모았던 마리나 원은 안다즈 호텔이 있는 듀오DUO(캄퐁글람 편에 수록) 건물과 함께 말레이시아와 싱가포르 두 나라의 합작 투자사인 M+S가 설립하였다. 바깥에서 보면 별 특징이 없어 보이지만, 이 건물의 진짜 매력은 오피스와 아파트로 이용되는 4개의 타워가 둘러싸고 있는 중앙 정원인

그린 하트Green Heart에 있다. 위에서 내려다보면 꼭 심장 모양처럼 생긴 이 정원은
아시아의 계단식 논에서 영감을 받아 디자인 되었는데, 여러 층에 걸쳐 아름다
운 곡선을 이루고 있어 풍성함을 더해준다. 열대 우림에서 영감을 받은 13미터
높이의 폭포는 도심 속의 평화로운 오아시스로 누구에게나 편안한 쉼터가 된다.
도심 속에 살아가면서도 최대한 자연과 가까이 할 수 있게 만든 노력이 곳곳에
드러나, 미래 주거지의 완벽한 예를 보여주는 듯하다.

▌파크 로얄 컬렉션 피커링 PARKROYAL COLLECTION Pickering

별 생각 없이 길을 걷다 앞 사람이 갑자기 걸음을 멈추고 사진을 찍는 통에
하마터면 앞 사람과 제대로 부딪힐 뻔했다! 그래도 덕분에 우리도 그냥 지나치
지 않고 이 멋진 건물을 직접 올려다 볼 수 있어 참 다행이었다. 2013년 문을 연
파크 로얄 컬렉션 피커링 호텔은 마치 거대한 자연 절벽 위에 푸른 나무들이 우

거져 있는 듯한 독특한 외관으로 언제나 지나는 사람들의 시선을 사로잡는다. 특히 호텔 주변에는 중심업무지구의 고층 건물들이 빽빽이 들어서 있어 '도심 속 오아시스'라는 말이 더욱 피부로 와 닿으며 그 모습도 더욱 드라마틱하게 느껴진다. 호텔 건물 매 4층마다 설치된 테라스 가든에는 싱그러운 꽃나무와 열대 식물들이 가득하여 모든 객실을 아름다운 가든뷰로 만들어준다. 5층 테라스 가든에 위치한 인피니티 풀에서는 멀리 싱가포르 강변과 올드시티를 바라볼 수 있으며, 수영을 하다 휴식을 취할 수 있는 새장 모양의 카바나는 호텔 투숙객들의 인생샷을 부르는 인기 장소가 되고 있다.

▌탬피니즈 HDB 아파트 Tampines Street 41 Blk 418

창이 공항 근처 탬피니즈 지역에는 재미난 그림이 있는 HDB 아파트가 있어 현지인들의 새로운 인스타그램 성지로 주목을 받고 있다. 아파트 건물 속 그림이 무엇인지 한 눈에 알아 보았다면 당신은 최소 80년대생?! 요즘은 24시간 내내 텔레비전을 켜기만 하면 방송을 볼 수 있지만, 예전에는 자정이 지나면 방송이 끝나버려 더는 볼 수가 없었다. 대신 '지금은 화면 조정 시간입니다'라는 말과 함께 이 그림과 같은 화면이 나왔다. 아날로그 감성이 담긴 이 그림은 많은 이들에게 그 시절 추억을 떠올리게 하며, 젊은 세대들에게는 하나의 추상화 같

은 독특한 색감으로 호기심을 자아낸다. 벽화 전체를 사진으로 잘 담으려면 아파트 Block 417 6층으로 올라가서 Block 418을 찍는 것이 가장 좋다. 단, 실제 사람들이 살고 있는 거주지이므로 프라이버시를 침해하지 않도록 주의하자.

▌레드힐 MRT역 Redhill MRT Station

특별한 건축물은 아니지만 모두의 가슴을 설레게 하는 핑크색 MRT역으로 입소문을 타면서 순식간에 싱가포르 젊은이들의 인스타그램 사진 명소가 되었다. 역 내부의 벽, 천장, 바닥까지 핑크색으로 되어 있으며, 특히 지하철 플랫폼으로 내려가는 핑크빛 에스컬레이터는 마치 블랙핑크의 '마지막처럼' 뮤직 비디오의 한 장면을 떠오르게 해준다. 레드힐은 '붉은 언덕'이라는 뜻으로 이 지역에 붉은 토양이 많아 자연스레 레드힐이라는 이름이 붙었다. 지명의 유래를 알고 나면 핑크색 인테리어는 역 이름에 딱 맞는 필연적인 선택이었을 지도 모르겠다. 레드힐 MRT역 근방을 포함하여 싱가포르 남부 지역을 부킷 메라Bukit Merah라고 부르는데, 이는 역시 말레이어로 '붉은 언덕'이라는 뜻이다.

▌길만 버락 Gillman Barracks

옛 영국군의 군사 기지가 싱가포르의 새로운 현대미술 갤러리로! 길만 버락은 영국군 장교인 웹 길만 장군Webb Gillman의 이름을 따서 1936년에 완공된 곳으로, 영국의 제 1대대를 위한 군 막사, 기혼자 숙소, 레크레이션 시설까지 모두

갖춘 군사시설이었다. 2차 대전 중에는 길만 버락 주변에서 싱가포르가 일본에 함락되기 전 마지막 전투가 벌어지기도 했으며, 독립 후에는 싱가포르의 주요 군사 훈련지로 사용되었다. 현재는 국제 아트 갤러리를 비롯한 여러 갤러리와 NTU 현대 미술 센터NTU Centre for Contemporary Art, CCA가 함께 있는 현대미술의 새로운 아지트로 탈바꿈하여 세계의 많은 미술 애호가들을 사로잡고 있다. 싱가포르의 싱그러운 열대 숲과 옛 영국 주둔지로 사용했던 식민 시대 건축물이 어우러져 멋진 사진을 남기기에도 좋고, 모든 갤러리가 무료 입장이라 작품 감상을 하기에도 좋다. 서던 리지스Southern Ridges* 코스 중 알렉산드라 아치 다리에서 가까워 함께 들러 보아도 좋겠다.

---

* 센토사 편에 수록

PART 12

싱가포르 현지인들은 어디에 살고 있을까?
싱가포르 주거공간
HDB & 콘도미니엄

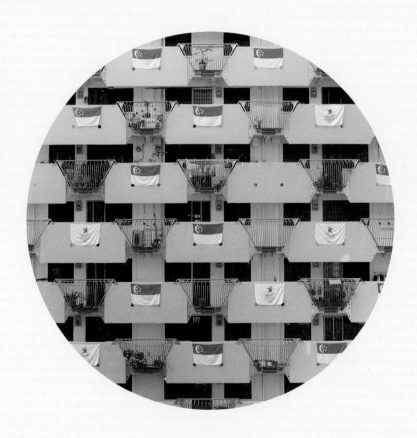

Chapter 1

싱가포르인 대부분이 거주하는
공공아파트 HDB

"싱가포르 사람들은 어디에 사나요?" 외국에서 한달 살기가 한창 유행하던 무렵 유독 많이 받았던 질문이다. 세계에서 가장 안전하고 깨끗한 나라로 손꼽히는 싱가포르는 아마도 해외 생활을 경험해 보기에 꽤 괜찮은 도시로 다가왔을 것이다. 그런데 "싱가포르 사람들은 대부분 아파트에 살아요"라는 대답을 하면 분명 틀린 말이 아닌데도 질문의 맥을 잘못 짚은 셈이 된다. 왜냐하면 사람들이 진짜 궁금해하는 것은 어디 사느냐 라기 보다는 십중팔구 싱가포르 집값이 얼마나 되느냐 이기 때문이다. 최근 계속해서 싱가포르가 세계에서 가장 물가가 비싼 도시 상위권에 랭킹되는 것을 보면 부동산 역시 비쌀 것이라는 추측이 가능하다. 그렇다면 싱가포르의 집값은 도대체 얼마나, 왜 비싼 것일까?

싱가포르는 전 세계에서 홍콩과 뮌헨 다음으로 집값이 비싼 국가 로 알려져 있다. 평균 집값을 따져보면 우리 돈으로 10억이 훌쩍 넘는다.* 게다가 한국과 같은 전세 제도가 없기 때문에 집을 사지 않는다면 월세를 내며 지내야 하는데 그 비용이 결코 만만치 않다. 30평 가량의 방 3개짜리 아파트(콘도미니엄)의 경우 적게는 월 200만원부터 많게는 월 1,000만원 가량의 임대료를 지불해야 한다!

서울시와 비슷한 면적의 도시 국가인 싱가포르에는 약 570만명(2020)의 인구가 살고 있다. 천만 인구를 가진 서울시에 비해 인구밀도는 낮지만, 우리나라에서는 공항과 산업시설, 군사시설 등을 서울시 밖으로 분산시킬 수 있는 반면 싱가포르에서는 모든 국가 기반 시설을 제한된 토지 자원을 최대한으로 활용해서 건설해야 한다는 큰 차이점이 있다. 싱가포르에서 땅은 너무나 소중한 자원이기에 이곳의 부동산이 비싼 것은 어쩌면 당연한 것인지 모른다. 그러나 싱가포르에 사는 사람들 입장에서는 얼핏 계산해봐도 내 집 마련은 영영 이루지 못

---

* 세계 최대 상업용 부동산 서비스 및 투자회사 CBRE그룹이 발표한 보고서 'Global Living 2020'

할 먼 꿈처럼 느껴지고 월급으로 얼마를 받아야 월세를 감당할 수 있을지 한숨이 절로 나온다. 그렇지만 여기에는 식스센스급 반전이 숨어 있는데, 정작 싱가포르 사람들은 크게 집값 걱정을 할 필요가 없다는 것이다!

싱가포르 사람들의 집값 걱정이 덜한 이유는 싱가포르 정부의 성공적인 주택정책이 있기 때문이다. 싱가포르의 거주지는 크게 HDB 아파트와 콘도미니엄, 단독주택 등으로 나누어 볼 수 있는데, 싱가포르 사람들 중 무려 80% 이상이 HDB 아파트에 살고 있다. HDB Housing Development Board 란 싱가포르의 주택개발청을 뜻하며, 우리나라의 LH한국토지주택공사와 비슷한 정부 기관으로 일찍부터 싱가포르 사람들의 주거 안정에 목표를 두고 공공아파트를 만들어 보급하였다. 같은 지역, 같은 크기의 아파트를 비교해 보면 HDB 아파트가 민간 아파트인 콘도미니엄에 비해 가격이 훨씬 합리적인 것을 알 수 있다.

지금은 전혀 상상이 되지 않지만 2차 대전 직후 싱가포르의 주거 환경은 슬럼이나 다름없었다. 차이나타운 헤리티지 센터에서 잠깐 엿볼 수 있었듯이, 1960년대 이전까지만 하더라도 싱가포르 사람들은 인구 과밀이 심각한 도심지의 오래된 샵하우스에서 작은 쪽방을 빌려 살거나, 캄퐁이라 불리는 시골 마을에서 판잣집을 짓고 사는 경우가 대부분이었다. 전기, 수도 시설은 상상하기 어려웠고 부엌과 화장실 같은 기본 시설조차 여러 가족이 나누어 써야 하는 경우가 허다했다. 게다가 전쟁 이후에는 인구가 빠른 속도로 증가했고, 엎친데 덮친 격으로 당시의 큰 홍수와 화재는 하루 아침에 수많은 사람들의 터전을 앗아갔다.

싱가포르 자치정부가 출범한 다음해인 1960년, 주택 부족 문제 해결과 주거 환경 개선을 위해 HDB가 설립되었다. HDB의 첫 5개년 계획의 목표는 5만 호의 아파트를 건설하여 빠르게 주택을 공급하는 것이었다. HDB는 무려 3년 만에 2만호 이상 완공을 달성하였는데, 이는 영국 식민 정부 산하에 있던 HDB의 전신인 SIT Singapore Improvement Trust가 32년간 공급했던 주택 물량과 같은 수준이었다! 캄퐁의 판잣집과는 다르게 HDB 아파트는 쾌적하고 위생적이었으며, 수도관, 전기, 가스, 현대식 화장실까지 갖추고 있었다. 그렇다면 과연 모두가 행복했을까? 사람들이 HDB 아파트로 이주한 지 얼마 되지 않았을 때, 12층에 살면서도 엘리베이터가 고장 날까 두려워 계단 만을 고집 했다거나, 본래 시골집에서 키우던 돼지와 오리, 닭까지 아파트로 데리고 들어와 키웠다는 이야기는 웃음이 나면서도 그들의 걱정과 불만을 짐작해볼 수 있다. 그러나 한편으로는 HDB가 당시 싱가포르 사람들의 생활 방식에 얼마나 획기적인 변화를 가져왔는지 보여주는 대목이기도 하다.

다른 나라의 공공주택이 대부분이 임대인 것에 비해 싱가포르는 HDB 아파트 거주자 중 약 90%가 아파트를 소유하고 있다는 것이 특별하다. 싱가포르에서도 초기에는 저소득 계층의 주거 안정을 위해 정부에서 싼 임대료를 받고 HDB 아파트를 빌려주는 식으로 운영되었다. 그러나 1964년부터는 싱가포르 시민이라면 누구나 HDB 아파트를 구입할 수 있도록 법을 개정하였는데, 이를 통해 대부분이 이민자 출신인 싱가포르 사람들에게 이곳이 내 나라라는 생각을 갖게 해주었고, 정부는 안정된 주택 공급을 통해 경제, 사회의 빠른 안정화를 이룰 수 있었다.

HDB가 이렇게 많은 물량의 아파트를 저렴한 가격으로 공급할 수 있었던 데는 1973년에 있었던 싱가포르 정부의 국가 토지수용법 The Land Acquisition Act 개정이 주효했다는 것이 일반적인 분석이다. 개정의 주요 내용은 토지 수용의 기준 완화와 함께 특히 토지 보상금을 평가할 때 기준일(1973년 11월 30일) 가격으로 모든 토지의 가치를 평가하게 함으로써 토지의 시장가치가 보상가에 반영될 수 없도록 했다는 것이다. 당시 정부의 설명은 국가 사업으로 인해 올라간 토지의 가치가 보상가에 반영되는 것은 불합리하다는 것이었다. 결국 땅 주인들은 시가보다 훨씬 낮은 가격의 보상금을 받고 소유권을 넘겨줄 수밖에 없었고, 그 덕분에 정부는 저렴한 가격으로 대량의 토지를 수용하여 HDB 아파트 건설 부지로 활용할 수 있었다. 그리고 낮은 토지 가격은 자연스럽게 낮은 분양가로 이어질 수 있었다.

Chapter 2

HDB와 콘도미니엄은
무엇이 다를까?

© Brian Jeffery Beggerly

독립기념일 무렵 HDB 아파트에 집집마다 싱가포르 국기를 내건 모습

싱가포르 여행을 하다 보면 곳곳에 아파트들을 흔히 볼 수 있다. 싱가포르의 아파트는 공공아파트인 HDB와 민간 아파트인 콘도미니엄 두 종류로 나누어지는데, 이렇게 얘기하면 그 둘을 도대체 어떻게 구분하는지 많이 궁금해한다. 혹시 층수나 지어진 연도로 구분이 가능할까? 흔히 공공주택하면 오래된 저층 아파트를 생각하기에 이런 추측도 가능하다. 그러나 차이나타운의 피나클 앳 덕스톤을 떠올려 보라. 50층 높이의 HDB 아파트로 세계에서 가장 높은 공공주택이자 가장 긴 스카이가든을 가진 최신식 건물이 아닌가. 비공식적으로는 창 밖으로 빨래가 걸려 있는지를 보면 구분이 가능하다고도 하는데 영 틀린 얘기는 아닌 듯하다. HDB 아파트에는 창가에 긴 빨랫대를 꽂을 수 있는 시설을 갖추고 있는데, 집집마다 빨래가 널린 모습은 싱가포르만의 정겨운 풍경이 된다.

HDB 아파트 단지의 모습

　　HDB 아파트와 콘도미니엄 사이에는 실제로 많은 차이점이 있다. 우선 HDB 아파트는 싱가포르 시민권자만 분양 받을 수 있는 반면, 콘도는 싱가포르 사람이던 외국인이던 누구나 분양 및 매매가 가능하다. HDB 아파트도 분양 후 의무 거주 기간인 5년이 지나면 시장에 내놓아 되팔 수 있지만, 싱가포르 시민권자나 영주권자만이 구매가 가능하다. 시작부터 부동산 투기를 막고 안정된 주택 공급을 목적으로 만든 HDB 아파트이기에 그 구매 조건이 까다로울 수밖에 없는 것이다. 덕분에 두 부동산의 가격은 어마어마한 차이를 보인다. 싱가포르가 세계에서 세번째로 집값이 비싼 국가가 된 것은 서민들이 사는 HDB 아파트가 아닌 전 세계 투자자들이 쉽게 투자할 수 있는 콘도의 영향이 크다.

　　HDB 아파트는 거주자 중 약 90%가 아파트를 소유하고 있을 만큼, 자가 보유율이 높은 것이 특징이다. 그러나 엄밀히 말하면 HDB 아파트를 샀다고 해서 영원히 내 집이 됐다고 보기는 어렵다. HDB 아파트는 싱가포르 정부가 분양하는 것으로 그 땅의 소유권은 정부에게 있으며, 정부 소유의 땅에 지은 아파트를 장기 임대하는 식이다. 통상적으로 임대 기간은 99년이며, 그 기간이 지나면 집의 소유권이 정부로 다시 넘어가게 된다. 그래서 HDB 아파트의 거래 가격은 남

은 임대 기간이 얼마인지에 영향을 받는다. 반면 콘도의 경우에는 99년 장기 임대인 곳도 있고 토지와 건물에 대한 영원한 소유권을 가질 수 있는 곳도 있다.

HDB 아파트가 아무리 콘도보다 저렴하다 해도 내 집 마련에는 목돈이 들어가기 마련이다. 그러나 싱가포르 사람이라면 크게 걱정할 필요가 없겠다. 왜냐하면 싱가포르의 연금 제도인 중앙적립기금 CPF Central Provident Fund가 있기 때문이다. CPF는 싱가포르 시민권자와 영주권자 모두 의무 가입으로, 회사와 개인이 급여의 일정 비율을 함께 부담하는데 최대 37%까지 적립이 가능하다. HDB 아파트 구매 시에는 이 CPF 적립금을 이용할 수 있다. 그래서 목돈을 준비할 필요 없이 은행에서 저리의 대출로 집값의 약 70~80%를 해결한 다음, CPF 적립금으로 나머지 자금을 마련할 수가 있는 것이다. 여기에 생애 최초로 HDB를 구매한다거나 신혼부부, 다자녀 가구 등 다양한 명목으로 우선권이나 정부 지원금 혜택을 받을 수도 있다. 콘도를 구매할 때에도 CPF 적립금을 이용할 수 있기는 하지만 콘도 구매자의 높은 비율을 차지하는 외국인들은 CPF 가입자가 아니며 정부 지원금도 없다.

고급 아파트 같은 외관의 새로 지은 HDB - SkyVille@Dawson

　정부에서 지은 공공아파트라고 해서 교통도 불편하고 편의시설도 부족하다고 생각하면 큰 오산이다. HDB 아파트는 싱가포르 시내의 중심업무지구를 제외하고는 역세권에 해당하는 MRT역 가까이에 짓게 되어 있어, 교통이 매우 편리하다. 자동차 구매 비용이 우리나라의 약 3배에 달하는 싱가포르에서 편리한 대중 교통은 부동산 입지를 따질 때나 실생활에 있어서 아주 중요한 포인트라 하겠다. 또한 아파트 단지 주변에는 항상 학교, 시장, 호커 센터, 공원, 병원 등의 편의시설이 함께 조성되어 있어 생활에 불편함이 없고 물가도 저렴하다.

　간혹 싱가포르 어르신들 중에는 은근히 캄퐁 시절을 그리워하는 분들이 계신다. 아파트에서의 생활이 훨씬 편리하지만 기쁠 때나 슬플 때 이웃과 함께 정을 나눌 수 있었던 시골 마을에서의 삶이 문득 그리워지는 것은 비단 이곳 사람들만이 느끼는 감정은 아닐 것이다. 그래서일까 HDB 아파트는 이웃간 교류가 용이한 구조로 설계된 것이 특징이다. 지금도 단지 내 공용 공간에서는 이웃들이 모여 이야기를 나누는 모습을 흔히 볼 수 있으며, 때때로 결혼식이나 장례식이 진행되는 진귀한 장면도 볼 수 있다. 반면 콘도는 개인의 사생활을 중요시하는 구조로 되어 있으며, 24시간 보안 시스템으로 경비 직원이 항시 출입을 관리

한다. 또한 콘도 내 주민들을 위한 놀이터, 수영장, 바베큐장, 헬스장, 테니스 코트, 이벤트를 위한 다목적실 등의 시설을 이용할 수 있어 편리한 장점이 있다.

싱가포르 사람들의 80% 이상이 거주하는 곳인 만큼 HDB 아파트에는 그들의 생활 모습이 고스란히 담겨 있다. 긴 장대 위에 널린 빨래만큼 우리를 매료시킨 것은 독립기념일 무렵이 되면 볼 수 있는 싱가포르 국기였다. 마치 서로 경쟁이라도 하듯 집집마다 빼곡히 걸린 빨간색과 흰색의 국기 물결은 언제나 장관을 이룬다. 그러다 또 다른 명절이 다가오면 집집마다 각 민족의 전통과 개성이 드러나는 장식을 하고 이웃과 함께 축하를 한다. 다양한 민족의 사람들이 한 아파트에 모여 살며 서로의 명절을 기념하는 것은 결코 우연이 빚어낸 일이 아니다. HDB 아파트에는 단지마다 민족별 거주자 비율이 정해져 있어 반드시 여러 민족이 함께 살도록 되어 있다. 서로 이웃으로 지내며 가까이 교류하다 보면 쉽게 민족간 통합이 이뤄질 수 있다고 생각해서 도입된 싱가포르만의 독특한 정책이다. 시간이 허락한다면 HDB 아파트 내 호커 센터나 시장에 들러보자. 다양한 민족이 어울려 조화롭게 살아가는 싱가포르 사람들의 삶의 현장을 마주할 수 있을 것이다.

싱가포르 시티갤러리에서
도시국가 싱가포르를 한 눈에 조망하며 마치다

과연 끝을 맺을 수 있을까 하는 의심 속에 쉼없이 달려온 우리의 싱가포르 이야기도 드디어 마침표를 찍을 시간이다. 이 책과 함께 싱가포르 이곳저곳을 쉼없이 돌아 여기까지 온 분들께도 큰 박수를 보내고 싶다. 모르긴 몰라도 지금쯤이면 '작은 나라 싱가포르에 뭐 그리 볼 게 있겠어' 하는 생각은 슬그머니 사라지지 않았을까. 글로벌한 도시국가로 빠르게 성장해온 싱가포르의 화려한 모습과 우리나라보다 훨씬 짧은 역사를 가졌음에도 불구하고 도시 구석구석 옛 전통과 다양한 문화를 보존하기 위해 끊임없이 노력하는 싱가포르의 모습, 그런 두 얼굴이 늘 공존하기에 싱가포르의 매력은 파도 파도 끝이 없는 듯하다.

다시 차이나타운이다. 우리의 이야기를 어디서 마치면 좋을까 한참을 고민하다 결국 차이나타운 끝자락에 있는 싱가포르 시티갤러리로 발걸음을 옮겼다.

시티갤러리는 싱가포르의 도시 디자인과 토지 이용 계획을 책임지고 있는 도시재개발청URA, Urban Redevelopment Authority에 딸린 작은 갤러리로, 지난 50년간의 싱가포르 도시 발전 변천사와 모두가 궁금해하는 싱가포르의 도시 계획 이야기를 재미있게 전시해 둔 곳이다.

싱가포르 시티갤러리의 하이라이트는 단연 싱가포르 중심부를 400대 1로 축소하여 만든 건축 모형이다. 세계에서 가장 큰 건축 모형 중 하나라는 그 규모도 대단하지만, 무엇보다도 여행 중 보았던 랜드마크들을 한 자리에서 볼 수 있다는 점이 가장 매력적이다. 게다가 실제 모습과 거의 똑같은 건물 모양과 디테일은 절로 감탄을 자아낸다. 멀리서도 금세 눈에 띄는 마리나베이 샌즈 호텔과 싱가포르 플라이어가 가장 먼저 우리를 반기고 깨알 같지만 존재감이 느껴지는 멀라이언 동상, 올드시티의 대표 주자인 내셔널 갤러리와 팔각정 모양 지붕이 눈에 띄는 오차드 로드의 탕스 백화점도 보인다. 여유를 갖고 찬찬히 들여다보면 실제로는 웅장하지만 모형 속에서는 *꼬꼬마*처럼 보이는 차이나타운의 불아사 사원과 캄퐁글람의 술탄 모스크, 리틀인디아의 힌두 사원, BBB의 래플즈 호텔 등 이 책에 소개했던 모든 건축물들이 눈에 들어온다.

'나무만 보지 말고 가끔은 숲을 보라'는 말이 있다. 일종의 직업병인 걸까. 작은 골목 끝 건물 하나, 길가의 나무 한 그루, 모퉁이의 작은 표지판도 그냥 지나치지 못하고 들춰 봐야 직성이 풀리는 우리에게 싱가포르 시티갤러리는 숲과 같은 곳이다. 그래서 싱가포르에 대해 시시콜콜한 것까지 파고들다 답답해질 때면 우리는 이곳을 찾는다. 특히 이 건축 모형 앞에 서면 마치 높은 산 위에 올라 싱가포르 시내를 내려다 보는 듯한 기분이 든다. 한 걸음 멀리서 바라보면 익숙한 싱가포르의 풍경도 달리 보이고, 평소에 보지 못하던 것도 보인다. 무엇보다도 반짝이는 고층 빌딩 숲으로 이루어진 현대 도시와 나지막한 옛 샵하우스로 이루어진 문화유산 보존지구가 딱 맞는 퍼즐 조각처럼 완벽하게 이어져 도심을 이루고 있는 모습은 언제 보아도 인상적이다.

흔히 싱가포르를 문화의 용광로라고 말한다. 다양한 민족이 어울려 살아가는 곳인 만큼 다양한 문화가 섞여 있는 곳이기 때문이다. 그러나 싱가포르에 살아보니 이곳은 용광로가 아니라 '샐러드 볼'이었다. 여러 문화가 뜨거운 용광로 속에서 녹아 한데 섞여버린 것이 아니라, 각각의 재료의 맛이 살아 있으면서도 샐러드 볼 안에서 하나의 훌륭한 요리가 되는 샐러드처럼 싱가포르에서는 서로 다른 문화와 종교가 고유함을 잃지 않고 공존하며 조화를 이루고 있기 때문이다. 그래서 싱가포르는 하나의 작은 세계와 같으며, 한 나라 안에서 세계의 문화를 모두 경험할 수 있어 더욱 특별하다.

'여행의 이유'라는 책에서 김영하 작가가 여행에 대해서 말하길 '우리의 내면에는 우리가 미처 깨닫지 못하는 강력한 바람이 있다. 여행을 통해 '뜻밖의 사실'을 알게 되고, 자신과 세계에 대한 놀라운 깨달음을 얻게 되는 것, 그런 마법

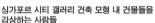

싱가포르 시티 갤러리 건축 모형 내 건물들을   위에서 내려다 본 싱가포르 시티 갤러리 건축 모형
감상하는 사람들

적인 순간을 경험하는 것'이라고 했다. 이 책은 싱가포르에 대한 아주 다양하고
세세한 이야기를 담고 있지만 결코 이것이 싱가포르의 전부는 아니다. 하지만
분명 싱가포르는 누구에게나 영감을 줄 수 있는 곳이며, 뜻밖의 사실과 놀라운
깨달음을 얻는 마법적인 순간을 경험하는 것은 순전히 자신의 몫일 것이다. 이
책을 통해 조금이나마 싱가포르에 대한 호기심이 생기고 싱가포르로 떠나 마법
적인 순간을 경험하고 싶은 바람이 생긴다면 그것만으로도 우리는 이 책을 세상
에 선보인 소기所期 목적을 달성한 것이라고 생각한다.

우리에게 너무도 익숙한 이야기들도 막상 글로 남기려 하니 처음에는 한
문장 완성하기도 쉽지 않았다. 새삼스레 글쓰기의 무게를 실감하는 동안 갑자기
온 세상이 멈추어 버린 것만 같았던 2020년과 2021년 또한 훌쩍 지나갔다. 모두
가 그랬듯이 힘겨웠던 시간만큼 우리도 성장통을 겪은 것처럼 아주 조금은 자라
지 않았을까. 그 긴 시간 동안 응원과 지지를 아끼지 않았던 소중한 가족들과 친
구들, 출판사 식구들에게도 큰 감사의 마음을 전하고 싶다.

마지막으로 한가지 더 감사하고 싶은 것은 글을 써가면서 다 아는 곳이라
고 여겨왔던 싱가포르를 새롭게 보게 되었다는 점이다. 어느덧 뻔한 일상이 되
어버린 싱가포르 생활에 다시 한 번 여행자의 마인드를 장착하게 된 셈이다. 문
득 지도를 보니 우리가 이 책에서 다룬 곳은 싱가포르 전체 면적의 5% 남짓 뿐
이었다. 그렇다면 아직 95%의 미지의 세계가 남았다는 얘기다. 해외여행이 다
시금 소중해진 요즘이지만, 언젠가 다시 여건이 허락하는 그날을 기다리며 비비
시스터즈의 긴 여정은 앞으로도 계속될 것이다.

알록달록 세계 문화를 입은

싱가포르
건축여행

1판 1쇄 인쇄 2022년 9월 15일
1판 1쇄 발행 2022년 9월 20일

지 은 이 비비시스터즈
발 행 인 이미옥
발 행 처 J&jj
정　　가 25,000원
등 록 일 2014년 5월 2일
등록번호 220-90-18139
주　　소 (03979) 서울 마포구 성미산로 23길 72 (연남동)
전화번호 (02) 447-3157~8
팩스번호 (02) 447-3159

ISBN 979-11-86972-96-0 (03910)
J-22-03